Einführung in das betriebliche Rechnungswesen

Finanzbuchhaltung

mit EDV-Unterstützung

Von

Dr. rer. pol. Günther Dey

Akademischer Rat
an der
Universität Oldenburg

R. Oldenbourg Verlag München Wien

CIP-Titelaufnahme der Deutschen Bibliothek

Dey, Günther:
Einführung in das betriebliche Rechnungswesen -
Finanzbuchhaltung mit EDV-Unterstützung / von Günther
Dey. - München ; Wien : Oldenbourg, 1989
ISBN 3-486-21086-6

Gesamtherstellung: Huber KG, Dießen

ISBN 3-486-21086-6

VORWORT

Dieses Lehrbuch stellt eine grundlegende Einführung in die **inhaltlichen Sachverhalte der Finanzbuchführung** dar. In Verbindung damit werden Aufbau und Abwicklung einer **EDV-gestützten Buchführung** erläutert.

Für Absolventinnen und Absolventen wirtschaftswissenschaftlicher Studiengänge an Universitäten und Fachhochschulen sind fundierte Kenntnisse im betrieblichen Rechnungswesen unbedingt erforderlich. Hinzu kommt, daß seit mehreren Jahren seitens der Praxis verstärkt auch Kenntnisse der elektronischen Datenverarbeitung gefordert sind, die nicht zuletzt im Rechnungswesen eines ihrer zentralen betrieblichen Einsatzfelder hat.

Seitdem der Personal Computer als kompakter Kleinrechner kommerziell nutzbar geworden ist, sind im übrigen auch kleinere und mittlere Betriebe zunehmend vor die Entscheidung gestellt, die EDV für betriebliche Abrechnungs-, Auswertungs-, Analyse- und Planungsaufgaben zu nutzen.

Dabei **ersetzt** die **EDV nicht** die **inhaltlichen Kenntnisse** über Aufgaben und Abwicklungen im Rechnungswesen. Ein Computer erleichtert nur die oft komplizierten Buchungs-, Abrechnungs- und Abschlußarbeiten. Durch den Einsatz moderner Software-Produkte werden zudem flexible Auswertungs- und Planungsrechnungen ermöglicht. Die Grundlagen betriebswirtschaftlich sinnvoller EDV-Nutzung bilden jedoch immer fundierte Kenntnisse der Inhalte des betrieblichen Rechnungswesens.

Das vorliegende Lehrbuch will den Anspruch, diese Kenntnisse in einem Kernbereich des betrieblichen Rechnungswesens - der Finanzbuchführung - in Verbindung mit einer Einführung in die Grundstrukturen ihrer EDV-Unterstützung zu vermitteln, in folgender Weise erfüllen:

Das **Einführungskapitel** stellt die Finanzbuchführung in den größeren Rahmen des betrieblichen Rechnungswesens und erläutert dessen wesentliche Aufgaben. Zusätzlich wird ein Überblick über die einzelnen Komponenten von EDV-Systemen gegeben.

Die Grundlagen der Buchführung mit einer Darstellung der Aufgaben der Finanzbuchführung, der einzelnen Rechenwerke, des formalen Buchungssystems sowie der rechtlichen Grundlagen sind Gegenstand des **zweiten Kapitels**. In diesem Rahmen wird auch der grundsätzliche Aufbau von Finanzbuchführungs-Software erläutert. Dies geschieht - ebenso wie bei den detaillierteren Ausführungen in den Folgekapiteln - unter Zugrundlegung des Finanzbuchführungsprogramms der Kölner Firma GFU Software Service GmbH. Zum Verständnis der Programmabläufe ist es nicht erforderlich, parallel zum Lehrbuch mit dem Programm zu arbeiten.

Im **dritten Kapitel** werden die wichtigsten Felder der laufenden Buchführung an zahlreichen Beispielen vorgestellt. Die Darstellung ihrer Abwicklung mit Hilfe eines EDV-Programmes schließt sich in didaktisch vereinfachter Form im **vierten Kapitel** an.

Durch den EDV-Einsatz hat sich die praktische Bedeutung von Nebenbuchführungen, wie z.B. der Offenen-Posten-Buchführung für Kunden und Lieferanten, gegenüber konventionellen Buchführungsformen weiter erhöht. Die Abwicklung wie auch die zusätzlichen Nutzungsmöglichkeiten für dispositive und auswertende Zwecke sind Gegenstand des **fünften Kapitels**.

Aus den inhaltlichen Ausführungen zum Buchungsstoff wie aus den Darstellungen zur EDV-Abwicklung wird deutlich, auf welch vielfältige Weise Teilbereiche des betrieblichen Geschehens voneinander abhängen und miteinander verwoben sind. Daraus entstehen besondere Anforderungen an die Organsiation des Rechnungswesens, aber auch an die EDV. Diese Abhängigkeiten sind in einer integrierten Sichtweise zu berücksichtigen. Dem Charakter eines Einführungslehrbuches entsprechend wird dies an einem vereinfachten Beispiel der Rechnungsschreibung aus dem zugrundegelegten EDV-Programm im **sechsten Kapitel** erläutert.

Den Schluß des Buches bilden das **siebte Kapitel** über die Erstellung des Jahresabschlusses sowie das **achte Kapitel** zur Gewinnverbuchung bei unterschiedlichen Rechtsformen der Unternehmung. Auch hier ist jeweils die Umsetzung der Fachaufgaben in einem EDV-Programm zusätzlich zu den notwendigen inhaltlichen Ausführungen angesprochen.

Zum Verständnis der theoretischen Ausführungen sollen zahlreiche Beispiele beitragen. Insgesamt 19 **Übungsaufgaben**, deren Lösungen im Anhang wiedergegeben sind, können zur Selbstkontrolle genutzt werden.

INHALTSVERZEICHNIS

1
EINFÜHRUNG

1.1 Das betriebliche Rechnungswesen als quantitatives Abbild des Unternehmensgeschehens

Das ökonomische Geschehen in Betrieben ist nicht isoliert vom sonstigen Geschehen in einer Volkswirtschaft oder anderen ökonomischen Einheiten zu sehen. Betriebe sind mehr oder weniger eingebunden in den gesamtwirtschaftlichen Kreislauf von Güter- und Geldströmen. Die Außen-Beziehungen zur betrieblichen Umwelt stellen sich aus einzelwirtschaftlicher Sicht einerseits als **INPUT** von Sach- und Nominalgütern dar, die über die Beschaffungsmärkte für Kapital, Material, Anlagen und Personal dem Betrieb zugeführt werden; das Ergebnis des betrieblichen Leistungserstellungsprozesses wird andererseits über die Absatzmärkte als **OUTPUT** den Betrieb wieder verlassen. Diesen Güterströmen laufen wertentsprechende Zahlungsströme entgegen. Die Phase zwischen Output und Input ist die **TRANSFORMATION**, in der die beschafften Produktionsfaktoren zum Zweck der Leistungserstellung miteinander kombiniert werden. Dieser Kombinationsprozess hat vielerlei Gesichter, die von der Art der Leistungserstellung (etwa: Produktion oder Handel), der verwendeten Materialien, der Betriebsgröße u.a.m. abhängen.

Für die Produktion beispielsweise von Automobilen wird der Hersteller eine Vielzahl von Einzelteilen als **Rohstoffe** benötigen, die er auf den Beschaffungsmärkten einkauft. Alle diese Teile werden wie auch **Hilfs- und Betriebsstoffe** (z.B. Schrauben und Energie) von den Lieferanten angeliefert, es erfolgt eine Rechnungs- und Qualitätskontrolle, und danach werden diese Teile zunächst in Eingangslägern deponiert, sofern sie nicht unmittelbar der Produktion zugeführt werden.

Im weiteren sind unterschiedlichste **Betriebsmittel** vom Unternehmen angeschafft worden, Förderbänder für den innerbetrieblichen Transport, Pressanlagen, Montageroboter, Werkzeuge u.a.m.; technisches Gerät im weitesten Sinne, das dem Unternehmen für längere Zeit zum Gebrauch dient. Diese Betriebsmittel sind z.T. von hohem Wert, sie müssen gewartet und ggf. repariert werden, um ihre Funktionen im Rahmen der Leistungserstellung erfüllen zu können. **Arbeitskräfte** im Beschaffungs-, Produktions- und Absatzbereich wie auch in der Verwaltung stellen einen weiteren Produktionsfaktor dar, der zum Zweck der Automobilproduktion mit den anderen Produktionsfaktoren **kombiniert** wird.

Am Ende des Produktionsprozesses werden die fertiggestellten Erzeugnisse in Ausgangslägern noch einmal zwischengelagert, bevor sie an die Händler oder Direktabnehmer ausgeliefert werden.

INPUT		TRANSFORMATION		OUTPUT
Werkstoffe Betriebsmittel Personal Information	→	Kombinations- prozeß	→	Produkte Information

Abb. 1: Schematische Darstellung des betrieblichen Leistungsprozesses

Wir haben es also sowohl mit externen wie internen Vorgängen zu tun. Die externen Vorgänge, die Geschäftsvorfälle, umfassen die Kontakte zu Marktpartnern auf der Beschaffungs- und Absatzseite, die internen Vorgänge charakterisieren den betrieblichen Faktorkombinationsprozeß.

Dieser Prozeß der betrieblichen Leistungserstellung und -verwertung wird von einer Vielzahl von **Informationen** begleitet und überlagert. "Information" ist einer verbreiteten betriebswirtschaftlichen Definition gemäß "zweckorientiertes Wissen"; das bedeutet, daß nicht jede der nachfolgend angesprochenen Abbildungen des betrieblichen Geschehens von vornherein Informationscharakter trägt, denn die Bindung an bestimmte Zwecke ihrer Verwendung ist dieser Definition gemäß zwingend. Auf die Zwecke wird nachfolgend ausführlich eingegangen. Viele Abbildungen haben demnach zunächst nur den Charakter von Nachrichten über dieses oder jene betriebliche Geschehen, erst mit ihrer Nutzung für bestimmte Zwecke werden sie zu Informationen.[1] Die Grundlage für Nachrichten wie Informationen des betrieblichen Rechnungswesens stellen Daten dar. Dabei ist Voraussetzung, daß es sich um Vorgänge handelt, die in **Zahlen ausdrückbar** sind. Nicht quantifizierbare Sachverhalte können demnach keine Daten sein. In vielen Fällen, etwa der zahlenmäßigen Darstellung des Betriebsklimas, müssen daher Hilfsgrößen wie z.B. die Fehlzeiten hinzugezogen werden.

Die Daten beziehen sich einerseits auf **Mengengrößen**, andererseits auf **Wertgrößen**; das Rechnungswesen interessiert sich z.B. für die Anzahl beschaffter

1 Ein einfaches Beispiel mag dies verdeutlichen: Der tägliche Wetterbericht hat Nachrichtencharakter, wenn beabsichtigt ist, in jedem Fall mit diesem Buch zu arbeiten. Er bekommt Informationscharakter, wenn ein Ausflug als Alternative gedacht wird.

Rohmaterialien oder abgesetzter Erzeugnisse ebenso wie für die in Währungseinheiten ausgedrückten wertmäßigen Dimensionen. Von Bedeutung sind also Größen wie die Zahl von 326.000 Beschäftigten oder von 41 Milliarden DM Umsatz des Daimler-Benz-Konzerns im Jahre 1987. Insbesondere die **Monetarisierbarkeit**, also der Ausdruck in Geldeinheiten, ist im Hinblick auf die zentralen betrieblichen Grössen **Erfolg** und **Liquidität** von Bedeutung.

Das betriebliche Rechnungswesen, in dem die Vielzahl von betrieblichen Vorgängen quantitativ abgebildet wird, ist in Theorie und Praxis in verschiedene Bereiche eingeteilt, denen durchaus auch unterschiedliche Abteilungen in den Betrieben entsprechen können.

Eine klassische Einteilung, die in den meisten Lehrbüchern zu finden ist, läßt sich wie folgt beschreiben:

RECHNUNGSWESEN	
EXTERN	INTERN
Finanzbuchführung und Jahresabschluß	Kosten- und Leistungsrechnung Betriebliche Statistik Betriebliche Planung

Abb. 2: Einteilung des Rechnungswesens

Diese - klassische - Einteilung ist heute um die modernen **Controlling**-Konzepte zu erweitern, die unter Einbeziehung organisatorischer Konzepte in einer integrierten Sichtweise die Rechnungswesen-Bestandteile zusammenführen.

(1) Die Finanzbuchführung:

Die Finanz- (auch: Geschäfts)-buchführung bildet zusammen mit dem daraus abgeleiteten Jahresabschluß das externe Rechnungswesen, da wesentliche Adressaten neben der Geschäftsleitung aussenstehende Institutionen wie der Fiskus oder die interessierte Öffentlichkeit sind. In der Finanzbuchführung werden alle Vorgänge aufgezeichnet, die eine Veränderung von Vermögen oder Schulden des Betriebs zum Inhalt haben. Solche Veränderungen können sich auf die Höhe und auf die Zusammensetzung von Vermögen oder Schulden beziehen. Mit dem Jahresabschluß dient die Finanzbuchführung der stichtagsbezogenen Ermittlung der Bestände an Vermögens- und Schuldteilen wie auch der Ermittlung des Jahreserfolges als Gewinn oder Verlust, indem Aufwendungen und Erträge gegenübergestellt werden..

(2) Die Kosten- und Leistungsrechnung

Die Kosten- und Leistungsrechnung (auch: Betriebsbuchführung) stellt den wichtigsten Bereich des internen Rechnungswesens dar. Hier werden all jene Aufwendungen und Erträge aufgezeichnet und für verschiedene Zwecke weiterverarbeitet, die dem eigentlichen Betriebszweck (in unserem Beispiel: der Produktion und dem Verkauf von Autos) dienen. Kosten und Leistungen werden erfaßt und systematisiert (Artenrechnung), den Orten ihres Entstehens zugeordnet (Stellenrechnung) und den Erzeugnissen als ihren Verursachern zugerechnet (Trägerrechnung). Diese Rechnungen dienen im wesentlichen der internen Kontrolle und Steuerung des Betriebsgeschehens. Der Betriebserfolg als positives oder negatives Ergebnis der Produktion von Autos wird hier in Abgrenzung zum Gesamterfolg des Unternehmens ermittelt, der u.a. auch Gewinne und Verluste etwa aus Beteiligungen an anderen Unternehmen erfaßt.

(3) Die betriebliche Statistik

In der Statistik wird eine Vielzahl betrieblicher Erscheinungen zahlenmäßig dargestellt, wobei Listen, Tabellen oder Grafiken unterschiedlichste betriebliche Erscheinungen abbilden. Die Statistiken können Datenmaterial aus den beiden bisher genannten Rechnungswesen-Bereichen beinhalten, daneben aber auch reine Mengenangaben ohne monetäre Bewertung, etwa die Anzahl der Kunden pro Region oder die Zahl der Arbeitsunfälle pro Periode. In der Statistik wird mit absoluten und mit Verhältniszahlen gearbeitet, die bestimmte Sachverhalte auf prägnante Art und Weise abbilden.

Die zentralen Aufgabenbereiche der Statistik liegen im innerbetrieblichen Zeitvergleich, indem Daten verschiedener Perioden miteinander verglichen werden, und im Betriebsvergleich, mit dessen Hilfe Daten des eigenen Unternehmens mit denen anderer vergleichbarer Unternehmen, etwa derselben Branche, in Beziehung gesetzt werden. Auf diese Weise können Stärken und Schwächen des eigenen Betriebs herausgefiltert werden.

(4) Die Planung

Die Planung als entscheidungsbezogene Vorausschau des Betriebsgeschehens hat durch die zunehmende Komplexität und schnelle Veränderung der betrieblichen Umwelt einen starken Bedeutungszuwachs erhalten. Als Bestandteil des betrieblichen Rechnungswesens hat sie Daten zu prognostizieren und u.U. einzelnen betrieblichen Bereichen und Stellen vorzugeben, die sich auf die o.g. Teilbereiche des Rechnungswesens beziehen. Man unterscheidet zwischen gesamtunternehmensbezogener Planung, die sich auf die zentralen Größen Erfolg und Liquidität bezieht, und der Planung betrieblicher Teilbereiche wie z.B. die Absatz- und Umsatzplanung, die Produktionsplanung oder die Beschaffungsplanung. Teilbereichs- und Gesamtplanung können dabei nicht voneinander unabhängig gesehen werden, da eine Vielzahl von Interdependenzen zu beachten ist.

(5) Controlling

Zunehmend häufiger werden auch in kleineren und mittleren Betrieben Konzepte des Controlling realisiert, die als moderne Form des Rechnungswesens anzusehen sind. Controlling kann als Management-Service-Funktion definiert werden, dessen zentrale Aufgabe in der Unterstützung der Unternehmensleitung liegt. Die entscheidungsorientierte Konzipierung und Koordination betrieblicher Pläne und Kontrollrechnungen für die Führungsaufgaben der Planung, Steuerung und Kontrolle des Betriebsgeschehens stellen die wesentlichen Aufgabeninhalte dar. Controlling erhält damit eine integrierende Funktion hinsichtlich der bisher genannten klassischen Teilbereiche des betrieblichen Rechnungswesens.

1.2 Die wesentlichen Aufgaben des betrieblichen Rechnungswesens

Im ersten Kapitel war bereits die Rede von den zentralen Aufgaben der Unternehmensführung: **Planung, Steuerung und Kontrolle des Betriebsgeschehens.** Zur Erfüllung dieser Aufgaben bedarf es zunächst einer Informationsbasis, die auf die **Vergangenheit orientiert** ist. Denn ohne Kenntnis der vergangenen und der aktuellen betrieblichen Situation lassen sich auch zukunftsbezogene Aufgaben nicht bewältigen. Zusätzlich allerdings sind in der heutigen Situation auch Informationen von Bedeutung, die das zukünftige Geschehen im Unternehmen und seiner Umwelt abbilden. Somit können wir auch die Aufgaben des Rechnungswesens in vergangenheits- und zukunftsorientierte unterteilen:

1.2.1 Vergangenheitsorientierte Aufgaben: Dokumentation, Rechenschaftslegung, Kontrolle

Diesen Aufgaben ist als Basis aller auf das jeweilige Unternehmensziel ausgerichteten Aktivitäten die **Erfassung** der betrieblichen Geld- und Güterströme vorgelagert. Die Erfassung entspricht damit der ersten - und für alle weiteren grundlegenden - Aufgabe der **Dokumentation** betrieblicher Ereignisse. Nur wenn diese lückenlos und in einer den weiteren Verwendungszwecken entsprechenden Form aufgezeichnet werden, können die einzelnen Bestandteile des Rechnungswesens ihren Zweck erfüllen. Für die Dokumentationsaufgabe ist hinsichtlich des **externen** Rechnungswesens, also der Finanzbuchführung, im Handelsgesetzbuch eine zentrale Vorschrift kodifiziert:

> "Jeder Kaufmann ist verpflichtet, Bücher zu führen und in diesen seine Handelsgeschäfte und die Lage seines Vermögens nach den Grundsätzen ordnungsmäßiger Buchführung ersichtlich zu machen."[1]

Diese Aufzeichnungspflichten dienen neben den nachgenannten Zwecken auch zur Schaffung von Beweismitteln bei Rechtsstreitigkeiten zivil-, straf- und steuerrechtlicher Art.

Die zweite Aufgabe - **Rechnungslegung** - ist ebenso wie die erste in Normen des Handelsgesetzbuches verbindlich festgeschrieben. Die §§ 242 ff. HGB enthalten Vorschriften über die Aufstellung des aus der Finanzbuchführung entwickelten Jahresabschlusses, der aus der Bilanz und der Gewinn- und Verlustrechnung besteht. Kapitalgesellschaften haben darüberhinaus noch einen Anhang und einen Lagebericht zu erstellen.

Die Rechnungslegung als Rechenschaft über eine Periode betrieblicher Ereignisse dient allerdings keinem Selbstzweck. Sie ist auf dem Hintergrund der Informations**interessen** zu sehen, die von unterschiedlicher Seite gegenüber dem Unternehmen bestehen:

Nach verbreiteter Meinung in der Betriebswirtschaftslehre ist der **Betrieb als Koalition** zwischen Partnern mit recht verschiedenen Interessen anzusehen, deren individuelle Zielsetzungen aufgrund von Verhandlungsprozessen und der Ausübung von Macht im Betrieb zur Geltung kommen[2]. Die Interessengruppen lassen sich gemäß dem nachfolgenden Schaubild skizzieren.

---

1 § 238, Abs.1 HGB. Auf weitere wichtige Rechtsvorschriften wird später eingegangen. Für das interne Rechnungswesen, v.a. für die Kosten- und Leistungsrechnung, bestehen solche Vorschriften bis auf bestimmte Fälle nicht.

2 Vgl. z.B. Heinen,E., Industriebetriebslehre, 7.Aufl., Wiesbaden 1983, S.640ff.

Interessen an der Rechnungslegung

Interessent	Informationsinteresse
Eigentümer	Verzinsung des eingesetzten Kapitals (Ausschüttungsinteresse)
Darlehensgeber	Sicherheit des zur Verfügung gestellten Kapitals und damit der Zinsen
Belegschaft	Sicherheit des Gesamtunternehmens und damit der Arbeitsplätze
Lieferanten	Sicherheit des Gesamtunternehmens und damit ihres Absatzes
Kunden	Sicherheit des Gesamtunternehmens und damit ihrer Beschaffung
Fiskus	korrekte Besteuerungsunterlagen für Zwecke der Steuereinnahmen
Potentielle Anleger	Generelle Informationen über die Güte des Betriebs bei Interesse an einer Kapitalanlage
Generelle Öffentlichkeit	Informationen über die Güte des Betriebs bei allgemeinen oder besonderen Informationsinteressen (z.B. Bürgerinitiativen, Presse)
Management	neben "privaten" Interessen der Manager auf die Funktionen der Unternehmensleitung gerichtete Informationen über das betriebliche Geschehen [1]

Abb. 3: Adressaten der Rechnungslegung und ihr Informationsinteresse

Diese unterschiedlichen Interessen, deren Realisierung zunächst ausreichende Informationen über das Betriebsgeschehen voraussetzt, finden - wenigstens teilweise - ihre Ausprägung in den Formulierungen der rechtlichen Normen zum Jahresabschluß, auf die weiter unten noch detaillierter eingegangen wird.

Die Informationsaufgabe des Rechnungswesens ist in Bezug auf den obigen Adressatenkreis überwiegend vom externen Rechnungswesen zu leisten. Für die Unternehmensleitung, das Management, ist das interne Rechnungswesen eine wichtige zusätzliche Datenbasis. Der Kosten- und Leistungsrechnung als dem Kernbereich des internen Rechnungswesens kommt unter vergangenheitsorientierten Aspekten dabei vor allem die Aufgabe der **Kontrolle der**

1 Das Informationsinteresse der Unternehmensleitung wird sich allerdings in der Regel aus zusätzlichen Quellen neben dem nach außen gerichteten Jahresabschluß befriedigen lassen.

Wirtschaftlichkeit zu. Dies bedeutet, daß in regelmäßigen Abständen der Verbrauch an Produktionsfaktoren unter mengen- und wertmäßigen Gesichtspunkten überprüft wird, wobei diese Überprüfung in der Regel auf die Kostenstellen als Orte der Kostenverursachung gerichtet ist. Eine sinnvolle Kontrolle kann allerdings nur durchgeführt werden, wenn für die Kostenstellen **Sollgrößen** (Vorgabegrößen, Richtgrößen) bestimmt wurden, denen die **Istgrößen** als tatsächliche Größen zum Vergleich gegenübergestellt werden.

1.2.2 Zukunftsorientierte Aufgaben: Grundlagenbildung für Kalkulation und Planung, Datenbasis für dispositive Zwecke

Für die sinnvolle Verwertung der betrieblichen Leistungen auf den Absatzmärkten ist es unabdingbar, die Kosten zu kennen, die bei ihrer Erstellung entstehen. Sie stellen die Grundlage für die Preissetzung dar, wenn ein Marktpreis noch nicht existiert; ihre Kenntnis ist aber auch erforderlich, wenn der Marktpreis bekannt ist. Dann muß der Betrieb anhand seiner Selbstkosten überprüfen können, ob er in der Lage ist, durch den Absatz der Leistungen diese Kosten zu decken. Die für diese Zwecke erforderliche **Kalkulation** ist eine weitere wichtige Aufgabe des Rechnungswesens, die vor allem mit dem Instrumentarium der Kosten- und Leistungsrechnung zu erfüllen ist. Die Kalkulation kann im Voraus, während des Leistungserstellungsprozesses oder im Nachhinein zu Kontrollzwecken (Vor-, Zwischen- oder Nachkalkulation) durchgeführt werden.

Die Kalkulation bezieht bekannte Daten aus der Vergangenheit in ihre Rechnungen ein, zusätzlich aber auch Plandaten als geschätzte oder prognostizierte Werte, wenn die Vergangenheitsdaten nicht mehr zuverlässig sind oder noch gar nicht existieren. Solche Planwerte hat das betriebliche Rechnungswesen zur Erfüllung der **Planungsaufgabe** ebenfalls zu liefern.

Planungen werden sich **periodisch regelmäßig** auf die Ertragslage unter Einbeziehung von Planerlösen und Plankosten (Planerfolgsrechnung), auf die Vermögens- und Kapitalstruktur (Planbilanz) und auf die Finanzlage (Liquiditäts-, Finanzpläne) beziehen. **Fallweise** von bestimmten Situationen abhängig werden daneben Planungsrechnungen für Investitionen in Sach- und Finanzanlagen sowie zur Beschaffung von Material und Personal durchzuführen sein. Es hängt dabei von den Eigenarten des Betriebes ab, wie häufig solche Planungsrechnungen durchgeführt werden.

Der dritte und letzte Bereich der zukunftsorientierten Aufgaben des Rechnungswesens ist ebenfalls auf wechselnde betriebliche Situationen zugeschnitten. Als Entscheidungsvorbereitungs- und unterstützungsinstrument liefert das Rechnungswesen die Grundlagen für Entscheidungen über die Zusammensetzung des Produktionsprogramms oder des Warensortiments, über die Wahl des richtigen Produktionsverfahrens, über die Wahl des besten Vertriebsweges u.a.m. In diesem Sinne dient das Rechnungswesen **dispositiven Zwecken**.

Das folgende Schaubild soll die unterschiedlichen Aufgaben des Rechnungswesens noch einmal auf einen Blick verdeutlichen:

<table>
<tr><th></th><th>INTERN</th><th>EXTERN</th></tr>
<tr><td>PERIODISCH</td><td colspan="2">Darstellung der Vermögens, Finanz- und Ertragslage zur Dokumentation und (Selbst-)information;</td></tr>
<tr><td>FALLWEISE</td><td>Kontrollrechnungen zur Wirtschaftlichkeit, Produktivität, Zielerreichung;
Dispositionen für Programmplanung, Preissetzung, Vertrieb etc.;
Planungsrechnungen über Umsätze, Kosten und Finanzen.</td><td>Prüfung der Kreditwürdigkeit und Vertragssicherheit;
Prüfung von Anlagemöglichkeiten.</td></tr>
</table>

Abb. 4: Aufgaben des Rechnungswesens

1.3 Die Funktion der automatischen Datenverarbeitung

Das betriebliche Rechnungswesen und hier vor allem die Finanzbuchhaltung sowie die Lohn- und Gehaltsabrechnung waren mit die ersten betrieblichen Bereiche, in denen die elektronische Datenverarbeitung Verwendung fand. Dies liegt an ihren Eigenschaften, bei entsprechender Programmierung schnell große Mengen an Daten verarbeiten und für die gewünschten Zwecke bereitstellen zu können. Die **Bewältigung des Massendatengeschäfts** vor allem in den beiden genannten Bereichen zählt auch heute noch zu den zentralen Einsatzgebieten der EDV, wenn sie auch zunehmend mehr durch neue

Hardware-Technologien wie auch durch neue Software-Produkte für dispositive und Planungszwecke verwendbar wird.

Ein EDV-System besteht im wesentlichen aus den Bestandteilen

HARDWARE

SYSTEMSOFTWARE

ANWENDUNGSSOFTWARE

Auf allen diesen drei Ebenen bestehen vielerlei Spielräume für die Gestaltung, die Konfiguration des Systems, weshalb die EDV-Technologie als sehr flexible Technologie anzusehen ist. Dies gilt auch für die vierte Komponente, die

ORGANISATION

d.h. die organisatorische Einbettung der EDV in die betrieblichen Abläufe. Die Gestaltungsspielräume in diesen vier Dimensionen werden in der folgenden Darstellung kurz skizziert.

1.3.1 Die Hardware, insbesondere Personal Computer

Die heute verbreiteten Computer sind in der Regel nach der sog. v.Neumann-Architektur aufgebaut. D.h., sie bestehen aus einer Zentraleinheit, Eingabegeräten, Ausgabegeräten, externen Speichermedien sowie Kanälen zur Verbindung dieser Bestandteile. Diese Architektur ist im Prinzip auch bei Personal Computern (PCs) gegeben, deren kompakte Bauweise jedoch eine Integration der Bestandteile in einem Gerät ermöglicht.[1]

1 Die nachfolgende Darstellung ist im wesentlichen auf den PC orientiert, da diese Art von kleineren Kompaktcomputern inzwischen in weitem Maße auch kommerziell nutzbar ist und durch eine Vielzahl von Programmen auch im Bereich des Rechnungswesens Anwendung finden kann. Zudem ist das Beispielsprogramm für Rechnungswesen-Software u.a. für PCs geschrieben.

Die Zentraleinheit setzt sich aus dem Zentralprozessor, bestehend aus Rechenwerk und Steuerwerk, und dem Arbeitsspeicher zusammen. Im Rechenwerk werden arithmetische und logische Operationen durchgeführt, das Steuerwerk regelt die Abläufe innerhalb des Computers. Im Arbeitsspeicher werden Befehle und Daten gespeichert . Befehle sind die Anweisungen aus den Programmen, die somit Befehlsfolgen darstellen. Programme und zu verarbeitende Daten werden von den externen Speichermedien über die Eingabegeräte in die Zentraleinheit geladen, dort verarbeitet, und anschließend über die Ausgabegeräte auf die externen Speichermedien ausgegeben. Als Eingabegeräte fungieren Tastaturen, Lochstreifenleser, Klarschriftleser, Scanner u.a., als Ausgabegeräte Bildschirme, Drucker, Plotter (Zeichengeräte) u.a. Die externen Speichermedien (zu denen auch das bedruckte Papier zählt) bestehen vor allem aus Magnetplatten und Magnetbändern.

Bestandteile eines Computers	
Zentraleinheit **zur Verarbeitung** **mit den Bestandteilen:** **- Arbeitsspeicher** **- Rechenwerk** **- Steuerwerk** **- Kanäle zur Datenübertragung innerhalb der Zentraleinheit und zur Peripherie**	**Peripherie** **zur Eingabe und Ausgabe bestehend aus:** **- Tastatur** **- andere Eingabemedien** **- Drucker, Plotter** **- Bildschirm (Monitor)** **u.a.**
Peripherie zur Datenspeicherung **(Externe Speichermedien):** **Diskette** **Festplatte (Magnetplatte)** **Magnetbänder** **u.a.**	

Abb. 5: Klassischer Aufbau eines Computers

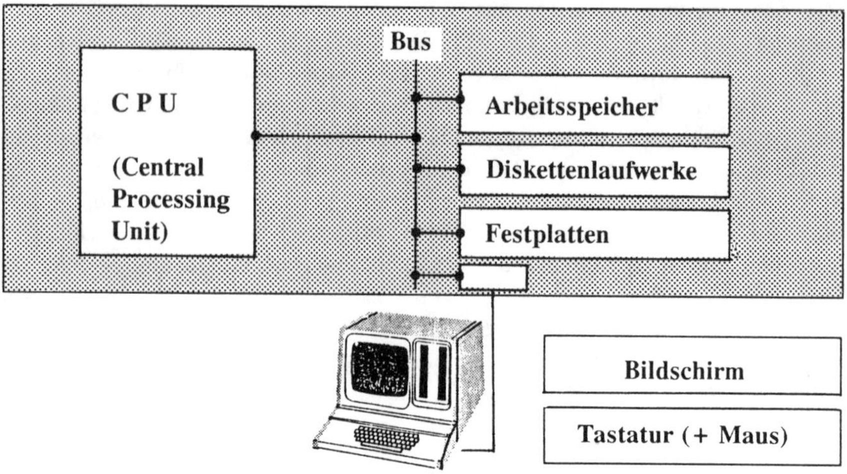

Abb. 6: Die Hardware eines Personal Computers

Der sog. Bus als Datensammelleitung eines PC besteht aus mehreren Leitungen, die die anderen Hardware-Teile miteinander verbinden und den Transport von Daten und Befehlen ermöglichen.

Aus den beiden Schaubildern ist ersichtlich, daß gegenüber der klassischen Architektur mit Festplatten und Diskettenlaufwerken bestimmte Ein- und Ausgabegeräte und Speichermedien fest in den PC eingebaut sind.

Die CPU von Personal Computern besteht aus einem Mikroprozessor und weiteren Bauelementen, den Chips mit miniaturisierten Transistorschaltungen. Die Arbeitsspeicher bestehen aus weiteren, besonderen Bauelementen, den Speicherchips mit Speicherkapazitäten von 64 kBit, 256 kBit, 1 MBit bis 4 MBit[1]. In den Arbeitsspeicher werden Befehle und Daten geladen, entsprechend der Befehlsfolge aus den Programmen werden die Daten verarbeitet. Dabei ändert sich der Inhalt des Arbeitsspeichers ständig, sein Kennzeichen ist gerade, daß die Daten dort **nicht** dauernd gespeichert sind.

Für die ständige Speicherung werden die sog. **Massenspeicher** (auch: Extern-, Peripherie-, Hintergrundspeicher) verwendet. Dafür kommen heute vor allem **Magnetbänder** und **Magnetplatten** zum Einsatz, wobei wegen der schnelleren Zugriffsmöglichkeiten auf die gespeicherten Daten Magnetplatten eher dominieren. Die Magnetplatten (unterschiedlicher Größe) können fest im Com-

1 Ein Bit (für Binary Digit = Binäre Ziffer) ist das kleinste im Computer speicherbare Element, das die Werte 0 und 1 annehmen kann. Zeichen aus unserem alphabetischen und numerischen Zeichenvorrat werden durch Kombinationen von acht Bits (= 1 Byte) darstellbar. Da jede Speicherzelle im Arbeitsspeicher ein Bit aufnehmen kann, sind die o.a. Größen Ausdruck dafür, wieviele Bits gleichzeitig im Arbeitsspeicher gehalten werden können. Das k steht für Kilo (=1000), das M für Mega (= 1 Million).

puter eingebaut sein (sog. **Festplatten**) oder als Wechselplatten (**Disketten**, Floppy Disks) benutzt werden, wobei letztere in einem oder zwei Diskettenlaufwerken gelesen und beschrieben werden können. Disketten haben in der Regel eine Speicherkapazität von 360 kB bis 2 MB und damit bedeutend weniger als die Festplatten von Personal Computern, deren Kapazität von 10 MB bis 1 GB (Gigabytes = 1 Mrd. Bytes) reicht. Die Speicherkapazitäten bei größeren Computern sind entsprechend größer ausgelegt.

Die **Eingabe** in den Computer erfolgt wesentlich über eine Tastatur, die der von Schreibmaschinen ähnlich ist, jedoch noch eine Reihe unterschiedlicher Zusatztasten enthält. Sie dienen zur Bewegung des Bildpfeils, des **Cursors**, für bestimmte programmunabhängige Funktionen wie Einfügen und Löschen, und als Funktionstasten, die programmabhängig bestimmte Steuerungen ausführen. Ein PC-spezifisches Eingabegerät ist daneben die sog. **Maus**, mit der Positionen auf dem Bildschirm bestimmt werden und Programmfunktionen ausgewählt werden können. Weitere Eingabemöglichkeiten sind über Lesegeräte wie Scanner, Lichtgriffel u.a. gegeben, die Sprachdirekteingabe ist noch in der Entwicklung.

Die Eingabe über Tastatur oder Maus ist notwendig an das Vorhandensein eines Bildschirms gekoppelt, der gleichzeitig als **Ausgabe**gerät fungiert. Auf den Bildschirmen werden Texte, Daten oder auch grafische Darstellungen sichtbar gemacht. Bildschirme sind ein wesentliches Hardware-Element, das die Computerbenutzung im **Dialog** ermöglicht. Sie ist für solche Dialogsitzungen somit **das** Ausgabegerät. Weitere wichtige Ausgabegeräte für Texte und Daten sind Drucker unterschiedlichster Qualität und Geschwindigkeit (Matrix-, Nadel-, Typenrad-, Tintenstrahl-, Laserdrucker), Plotter für die Ausgabe von Zeichnungen und Grafiken sowie die Speichergeräte für die oben erwähnten Hintergrundspeicher. Über Telefon- und andere Leitungen können Daten auch an andere Computer in großer Entfernung übertragen werden.

1.3.2 Software

Während die Hardware die physikalisch-technische Basis eines Computers darstellt, sie somit die gegenständlichen Teile eines Computers umfaßt, ist die **Software** die immaterielle notwendige Ergänzung, damit die Datenverarbeitungsanlage ihre Zwecke erfüllen kann. Unter dem Begriff Software werden neben den **Programmen** allerdings auch gegenständliche Elemente wie **Programmdokumentationen, Handbücher und andere Unterlagen** zusammengefaßt, die für die Programmerstellung oder den Betrieb des Computers erforderlich sind.

Man kann verschiedene Kategorien von Software unterscheiden:

SOFTWARE	
SYSTEMSOFTWARE	ANWENDUNGSSOFTWARE
INDIVIDUALSOFTWARE	STANDARDSOFTWARE

Abb. 7: Kategorien von Software

Zwischen diesen Kategorien bestehen Verknüpfungen. System- wie Anwendungssoftware können als Individual- und als Standardsoftware auftreten.

1.3.2.1 Systemsoftware

Die Systemsoftware ermöglicht erst den Betrieb des Computers. Unter diesem Begriff werden Programme und die dazugehörigen Dokumentationen verstanden, die die Steuerung und Überwachung des Betriebs von EDV-Anlagen durchführen. Im wesentlichen regelt sie das Zusammenspiel der Hardware-Komponenten und fungiert als Verbindung zwischen Hardware und den Anwendungsprogrammen.

Kern der Systemsoftware ist das **Betriebssystem**.

Zu den wichtigsten **Aufgaben eines Betriebssystems** zählen:

- Test und Initialisierung des Rechners
- Laden und Ausführung von Anwendungsprogrammen
- Betrieb und Überwachung der Geräteteile
- Verwaltung der Dateien

Ferner gehören zur Systemsoftware die sog. **Dienstprogramme**. und die **Übersetzungsprogramme**.

Programme zum Sortieren und Mischen, zur Verwaltung von Programmbibliotheken und Testhilfen, Zählroutinen über die Auslastung der Hardware u.a. sind Dienstprogramme.

Übersetzungsprogramme werden benötigt, da Mensch und Maschine nicht dieselbe Sprache verwenden. Der Computer benötigt ein Programm in Form der computerabhängigen **Maschinensprache** als **Objektprogramm**. Das sind Anweisungen in einer Abfolge von Nullen und Einsen, in *binären Zeichen*. Durch die ständige Weiterentwicklung bei den Programmiersprachen zu mehr

Benutzerorientierung (von Assembler- über **höhere Programmiersprachen** bis zu Hochsprachen) wurde die Programmierarbeit dadurch vereinfacht, daß die Anweisungen in einer der menschlichen Sprache angeglichenen Form geschrieben werden können. Diese **Quellprogramme** werden durch **Assemblierer, Compiler** oder **Interpreter** in die Maschinensprache des jeweiligen Computers übersetzt. Die ersten beiden Formen von Übersetzungsprogrammen nehmen die Übersetzung von Quellprogrammen als Ganzes vor, Interpreter übersetzen Programmzeile für Programmzeile.

1.3.2.2 Anwendungssoftware

Für die Fachaufgaben, die mit Hilfe der EDV bewältigt werden sollen, sind die verschiedenen Anwendungsprogramme erforderlich. Ein Computer stellt eine *universelle Problemlösungsmaschine* dar, weil dieselbe Maschine mit verschiedensten Anwendungsprogrammen geladen werden kann und somit für unterschiedlichste Zwecke zur Verfügung steht. Voraussetzung ist, daß das "Problem" - also etwa die rationelle Erfassung und Buchung großer Mengen von Geschäftsvorfällen in der Finanzbuchhaltung - in eine dem Computer verständliche Form gebracht wird, d.h. in eine Vielzahl von eindeutigen Verarbeitungsregeln in Form eines Programmes umgesetzt wird. Diese Umsetzung erfordert ein hohes Maß an *Management von Komplexität*, denn die oft komplexen realen Sachverhalte müssen vielfach zerlegt, in ihrer Komplexität reduziert werden, bis sie von einem Computerprogramm abgearbeitet werden können.

Aufgrund der neueren Entwicklung kann man bei den Anwendungsprogrammen folgende Unterscheidung treffen:

Anwendungsprogramme i.e.S.	Anwendungsnahe Programme

Abb. 8: Generelle Unterteilung von Anwendungsprogrammen

Die Anwendungsprogramme i.e.S. sind fertige Produkte für bestimmte Aufgabenstellungen. Im Bereich des betrieblichen Rechnungswesens stehen hierfür Programme zur Finanzbuchhaltung, zur Kosten- und Leistungsrechnung, zur Lagerverwaltung, zur Lohn- und Gehaltsabrechnung.

Anwendungsnahe Programme sind neuere Software-Entwicklungen, die anfänglich nur oder überwiegend für Personal Computer konzipiert waren und die deren Verbreitung stark befördert haben.

Dabei handelt es sich vor allem um

- **Textverarbeitung**
- **Tabellenkalkulation**
- **Datenbankanwendungen**
- **Grafikprogramme**

(1) Die **Textverarbeitung** ermöglicht ein rationelles Erstellen und Überarbeiten von Texten . Sie kann im Betrieb überall sinnvoll eingesetzt werden, wo größere Mengen an Texten zu schreiben sind. Die Möglichkeiten zur schnellen Änderung des Inhalts wie der äußeren Form von Texten (z.B. das Löschen oder Einfügen von Absätzen, Veränderungen des Layouts oder der Schrifttypen) machen Textverarbeitungsprogramme attraktiv.

(2) **Tabellenkalkulationsprogramme** sind elektronische Arbeitsblätter. Auf dem Bildschirm erscheint der Ausschnitt einer Tabelle von beispielsweise 8192 Zeilen und 256 Spalten. Zeilen und Spalten benennen einzelne Felder (z.B. Spalte A, Zeile 1), in die Text, Werte oder Formeln geschrieben werden können. Über die Formeln werden Zellen verknüpft. Es können nun Rechenschemata in die Tabelle eingegeben werden, etwa für die Planung des Betriebsergebnisses mit Umsatz- und Kostengrößen, wobei bei einer Veränderung einzelner Größen die Tabelle sofort neu durchgerechnet wird. Statt mit Papier, Bleistift, Radiergummi und Taschenrechner können Rechnungen für verschiedene Alternativen schnell mit dem Computer durchgeführt werden. Tabellenkalkulationsprogramme eignen sich vor allem für Fragestellungen wie "Was wäre, wenn ...", indem die Auswirkungen der Veränderung einzelner Werte auf andere schnell ersichtlich gemacht werden können. Nachdem anfangs nur die Basisprogramme[1] erworben werden konnten, mit denen die Benutzer ihre eigenen Tabellen erstellen mußten, sind inzwischen sog. Standard-Templates erhältlich, in die auf Basis eines Tabellenkalkulationsprogrammes bestimmte Problemlösungen schon eingegeben wurden.[2]

---

1 Bekannte Produkte sind z.B. MULTIPLAN und SUPERCALC.

2 Vgl. etwa Gabele,E./Sahm,B., Liquidas - Liquiditätsplanung mit LOTUS 1-2-3, Landsberg a.L. 1986

	A	B	C	D	E	F	G	H
1								
2	In diesem Arbeitsblatt stehen in den							**8.000**
3	Zellen H2 und H3 Werte. In Zelle H6							**7.000**
4	wird die Formel +H2+H3 zur Verknüpfung							
5	dieser Werte eingegeben. Das Ergebnis von							
6	15.000 ist auf dem Bildschirm sichtbar;							**15.000**
7	es wird sofort neu zu 16.000 berechnet,							
8	wenn in Zelle H2 der Wert 9.000 einge-							
9	tragen wird.							

Abb. 8: Ausschnitt aus einem elektronischen Arbeitsblatt

(3) **Datenbanken** sind einer generellen Definition gemäß Sammlungen logisch zusammengehöriger Dateien. Hinsichtlich der PC-spezifischen Datenbankprogramme[1] ist eine andere Definition zutreffender: Der Anwender definiert die Struktur seiner Datensätze selbst und bearbeitet sie über verschiedene Datenbankfunktionen. Die Datensätze werden dabei zunächst unabhängig von ihrem jeweiligen konkreten Verwendungszweck erfaßt. Datenbankfunktionen sind z.B.:

- Kreation einer Datenbank
- Eingabe, Hinzufügen, Ändern und Löschen von Datensätzen
- Suchen von Datensätzen nach bestimmten Kriterien
- Sortieren von Datensätzen nach bestimmten Kriterien
- Auswerten von Datensätzen mit bestimmten Kriterien
- Kreation von Dateien mit Ergebnissen von Such-, Sortier- und Auswertungsläufen

(4) **Grafikprogramme** ermöglichen es, Ergebnisse aus Tabellenkalkulations- oder Datenbankprogrammen visuell auf dem Bildschirm oder auf Papier in Form von Grafiken darzustellen. Linien-, Balken-, Kuchendiagramme u.a. machen viele Sachverhalte deutlicher als lange Zahlenkolonnen.

---

1 Hierfür steht v.a. das Produkt DBase der Fa. Ashton Tate in seinen verschiedenen Versionen.

Einige Produkte dieser PC-spezifischen Software beinhalten zwei oder mehrere der oben genannten Funktionen. Sie werden dann unter der Bezeichnung "Integrierte Software-Pakete" geführt[1].

Für alle diese Produkte gilt, daß sie erst vom Anwender hinsichtlich einer seinen Zwecken entsprechende Nutzung gefüllt werden müssen. Die Programme stellen "leere" Programmhülsen mit einem umfangreichen Befehlsvorrat dar, wobei aber - im Gegensatz zu den fest programmierten Produkten - die fachspezifische Anwendung noch gestaltet werden muß: Ein Anwender kauft ein Tabellenkalkulationsprogramm, muß aber z.B. die Betriebsergebnisplanung selbst erstellen, die auf die Besonderheiten seines Betriebes zugeschnitten ist. Aus diesen Gründen spricht man bei diesen Produkten von "anwendungsnaher Software".

1.3.2.3 Anwendungssysteme

Nach dem wesentlichen Zweckbereich der betrieblichen EDV-Nutzung wird aus sachbezogener Sicht folgende Unterteilung vorgenommen:

ADMINISTRATIONSSYSTEME

DISPOSITIONSSYSTEME

PLANUNGSSYSTEME

INFORMATIONSSYSTEME

(1) **Administrationssysteme** dienen der regelmäßigen Verwaltung und Verarbeitung großer Datenmengen, sie bewältigen das Massendatengeschäft. Beispiele sind in all den Betriebsbereichen zu finden, in denen routinemäßig mit immer wiederkehrenden, gleichartigen Datenverarbeitungsfunktionen zu rechnen ist. Hierfür stehen vor allem die Finanzbuchführung mit dem Jahresabschluß, die Lohn- und Gehaltsabrechnung und die Lagerverwaltung.

1 Produktbeispiele hierfür sind OPEN ACCESS, FRAMEWORK, LOTUS-1-2-3, SYMPHONY

(2) **Dispositionssysteme** haben die Aufgabe, betriebliche Entscheidungsträger bei der Erfüllung ihrer Funktionen zu unterstützen, wobei hier die Sachbearbeiterfunktionen mit kurzfristigen Entscheidungen im Vordergrund stehen. Die Systeme bieten den Sachbearbeitern die für ihre Entscheidungen relevanten Informationen in sachgerechter Form. Dabei lassen sich unterschiedliche Automatisierungsgrade feststellen: Manche Systeme ersetzen durch programmierte Entscheidungen die Sachbearbeiter, die EDV selbst übernimmt die Entscheidung, andere Systeme wirken durch ein Angebot von Alternativen entscheidungsvorbereitend. Beispiele hierfür sind etwa die Tourenplanung im Vertrieb oder die Rechnungsbegleichung in der Finanzbuchhaltung: Die Sachbearbeiterin bekommt vom System Meldungen über fällige Schulden und die aktuellen Geldbestände auf den Bankkonten. Aufgrund der aktuellen Liquiditätslage entscheidet sie im Dialog mit dem Computer, welche Schulden beglichen werden sollen und von welchem Bankkonto eine Überweisung vorgenommen wird.

(3) **Planungssysteme** unterstützen die Planung in Bezug auf betriebliche Teilbereiche oder die Gesamtunternehmung in mittel- und langfristiger Sicht. Sie arbeiten auf Basis der Daten aus den Administrationssystemen, beziehen aber auch weitere Daten ein. Dies sind einerseits betriebsexterne Daten z.B. zur Konjunktursituation oder zur Lage der Branche, aber auch für die Zukunft prognostizierte betriebsinterne Daten. Als ein Beispiel sei die Umsatzplanung genannt, die auf der Grundlage von in die Zukunft verlängerten Daten der Vergangenheit betrieben werden kann, gleichzeitig aber auch relevante Daten der betrieblichen Umwelt in die Rechnungen einbezieht. Für einen Baustoffhändler etwa stellen die Daten des Umsatzes mit seinen wichtigsten Kunden aus dem Baugewerbe wichtige vergangenheitsorientierte Informationen dar; für seine Umsatzplanung wird er aber auch externe Daten einbeziehen, wie sie z.B. in Informationen über erteilte Baugenehmigungen bestehen. (Je mehr Baugenehmigungen erteilt werden, umso mehr werden Gebäude erstellt und Baustoffe benötigt werden.) Zur Anwendung kommen hier z.B. die o.g. Tabellenkalkulationsprogramme, aber auch Spezialprogramme mit Optimierungs- und Simulationsverfahren aus dem Bereich des Operation Research.

(4) **Informationssysteme** sind als umfassende EDV-Systeme zu verstehen, die aus einer breiten Datenbasis eine Zusammenstellung von Daten in verdichteter Form ermöglichen. Der Bezug auf bestimmte betriebliche Entscheidungen muß dabei nicht von vornherein gegeben sein, wichtig ist die entscheidungsbezogene **Aufbereitung** der Daten in verdichteter Form.

Wesentlicher Zweck ist es, **Führungsinformationen** für das Management bereitzustellen.[1]

Eine weitere Unterteilung von Anwendungssystemen wird ferner dahingehend vorgenommen, daß zwischen **branchenneutralen** und **branchenspezifischen** Systemen unterschieden wird. Erstere sind unabhängig vom konkreten Produktions- oder Handelsgegenstand der Betriebe zu sehen, hier finden sich z.B. Finanzbuchführungssysteme und Liquiditätsplanungen. Branchenspezifische Systeme sind eng auf die besonderen Gegebenheiten von Betrieben einer bestimmten Branche zugeschnitten, wobei z.B. umfassende Warenwirtschaftssysteme für den Einzel- oder Großhandel genannt werden können.

1.3.3 Organisation

In der Frage, **wie** die EDV in die betrieblichen Abläufe eingebunden wird, gibt es seit Beginn ihres Einsatzes ständige Diskussionen. Im wesentlichen dreht sie sich um die Frage eines **zentralen** oder **dezentralen EDV-Einsatzes** bzw. um geeignete Mischformen.

In den Anfangszeiten der EDV, in denen lediglich Großrechner genutzt wurden, war die Organisationsfrage noch nicht umstritten; hier war klar, daß die EDV-Abteilung für den Rechnerbetrieb zuständig war und die einzelnen Fachabteilungen mit ihren Datenverarbeitungswünschen an die EDV-Abteilung herantreten mußten. Deren Aufgabe war es u.a., die verschiedenen Anforderungen zu koordinieren, Test- und Anwendungszeiten den Fachabteilungen zuzuordnen und in deren Auftrag die Anwendungen im Stapelbetrieb abzuwickeln.

Mit der Entwicklung und Verbreitung von Kleinrechnern wie Personal Computern und lokalen Netzwerken, die viele selbständige Rechner miteinander verknüpfen können, rücken Konzepte eines dezentralen Computereinsatzes in den Vordergrund. Denn hierdurch ist es möglich, die jeweils besonderen Anforderungen einzelner Fachabteilungen oder Aufgabenträger EDV-technisch zu realisieren, ohne daß die zentrale EDV-Abteilung damit befaßt werden muß. Dem Gewinn an Flexibilität steht jedoch die Gefahr eines "Wildwuchses" an EDV-Konzepten entgegen. Wenn beispielsweise jede Abteilung ihre eigene PC-Konfiguration beschließt, die nicht oder nur begrenzt mit anderen Rechnern verbunden werden kann, entstehen schnell Probleme der unternehmensweiten Abstimmung der Datenverarbeitungsgegebenheiten.

---

1 Vgl. ausführlich dazu v.a. Mertens, P., bzw. Mertens,P./Griese, J., Industrielle Datenverarbeitung, 2 Bände, 5. Aufl., Wiesbaden 1986

Im Vordergrund der EDV-Organisation stehen somit neben der grundsätzlichen Frage der abgestimmten Entscheidung über Auswahl, Zuschnitt und Verteilung der Hardware Überlegungen zu folgenden Fragen:

- Welche Programme werden wo geplant, entwickelt oder beschafft und gepflegt? Hierbei kommt es auf eine Abstimmung des Datenverarbeitungsbedarfes an, die insbesondere bei integrierten Datenverarbeitungskonzepten unumgänglich ist. Der Einsatz von Datenbanken muß auf die Endbenutzeranforderungen orientiert sein, einzelne Programme müssen hinsichtlich ihres Inputs wie Outputs auf Verflechtungen überprüft werden;

- Welche Daten werden wo in welcher Form erfaßt, gespeichert, gepflegt und wie werden sie an wen übermittelt? Ziel muß es sein, die Mehrfachhaltung von Daten möglichst zu minimieren und die Arbeiten einer Aktualisierung der Daten rationell zu gestalten;

- Wie ist der Zugang zu den Rechnern organisiert, wer hat auf welche Programme und Daten eine Zugriffsberechtigung? Dies beinhaltet Entscheidungen über die rechnerorientierte Arbeitsteilung im Unternehmen wie auch über die Datensicherung und den Datenschutz.

- Wer ist zuständig für den regelmäßigen Betrieb der Computer (Wartung, Reparaturen, Ersatzbeschaffung)?

- Wie ist die Qualifizierung der Endbenutzer organisiert?

Die vielfältigen Anforderungen an die EDV-Organisation, die hier nur stichwortartig wiedergegeben sind, widersprechen sich häufig unter der Zielsetzung einer Gesamtoptimierung. Vor allem unter dem Gesichtspunkt einer auch zukünftig wachsenden Einsatzbreite der EDV ist der Planung ihres Einsatzes ein hoher Stellenwert zuzumessen.

2

GRUNDLAGEN DER FINANZBUCHFÜHRUNG

2.1 Die Aufgaben der Finanzbuchführung

In Kap. 1 wurde bereits gezeigt, daß die Finanzbuchführung als Bestandteil des externen Rechnungswesen Dokumentations- und Informationsfunktionen erfüllt. Mit der Aufzeichnung der Geschäftsvorfälle wird die Basis für alle weiteren Zwecke gelegt. Als spezielle Aufgaben der Finanzbuchführung ist darüberhinaus zu nennen:

- **die Darstellung der Vermögenslage**
- **die Darstellung der Finanzlage**
- **die Darstellung der Ertragslage**

Die **Vermögenslage** wird durch eine Gegenüberstellung des Vermögens und der Schulden ermittelt. Das **Vermögen** eines Betriebes setzt sich aus materiellen und immateriellen Vermögensgegenständen zusammen. Darunter zählen z.B. Gebäude, Maschinen, Büroausstattungen, Guthaben bei Kreditinstituten, finanzielle Forderungen gegenüber Kunden, aber auch das Eigentum an Rechten wie Lizenzen und Patente. Für die Finanzbuchführung ist ihr **Wert** von Bedeutung, der in der Regel aus der Menge und dem Preis der Vermögensgegenstände ermittelt wird.

Die **Schulden** (oder **Verbindlichkeiten**) sind (Rechts-)Ansprüche Dritter an den Betrieb auf Zahlung von Geldbeträgen oder das Erbringen von Leistungen. Der Wert der Schulden ist im Prinzip aus den Unterlagen der zugrundeliegenden Rechtsgeschäfte ersichtlich.

Als Differenz aus Vermögen und Schulden ergibt sich das **Reinvermögen** oder das **Eigenkapital** des Betriebes.

Die Feststellung von Vermögen, Schulden und Reinvermögen hat erstmals zum Gründungszeitpunkt stattzufinden, danach - von Sonderanlässen abgesehen - gemäß den gesetzlichen Vorschriften einmal im Jahr sowie bei der Auflösung oder dem Verkauf des Betriebes. Ihre Darstellung erfolgt im **Inventar** und der **Bilanz**, die im nächsten Abschnitt behandelt werden.

Die Darstellung der **Finanzlage** dient vor allem dem Zweck, die Zahlungsfähigkeit des Betriebes festzustellen. Ein Betrieb ist **liquide**, wenn er jederzeit in der Lage ist, fällige Verbindlichkeiten gegenüber Gläubigern begleichen zu können. Illiquidität führt zum Konkurs, daher ist die Kenntnis der Finanzlage für das Bestehen des Betriebes regelmäßig erforderlich.

Die finanzielle Situation läßt sich durch eine **Gegenüberstellung der liquiden Mittel und der fälligen Verbindlichkeiten** darstellen. Wenn die Geldbestände (Kasse und Bankguthaben) zum Ausgleich fälliger Verbindlichkeiten nicht ausreichen, wird es erforderlich, weitere Vermögensgegenstände z.B. aus den Vorräten an Rohstoffen zu liquiden Mitteln zu machen, also zu verkaufen. Die Fälligkeit von Verbindlichkeiten ist die zentrale Größe für die Darstellung der Liquidität; allerdings kommt es bei der Darstellung der Finanzlage nicht allein auf die aktuelle Situation an. Von Bedeutung ist auch die **Struktur der Finanzlage**. Dies betrifft einerseits das Verhältnis von Eigen- zu Fremdkapital, andererseits die Beziehungen zwischen Kapitalherkunft und Kapitalverwendung. So besagt eine wichtige Finanzierungsregel, daß das langfristig gebundene Vermögen auch durch langfristig zur Verfügung stehendes Kapital (Eigenkapital und langfristiges Fremdkapital) finanziert sein soll.

Die Darstellung der **Ertragslage** soll aufzeigen, in welcher **Höhe** und aus welchen **Quellen** sich der Erfolg des Unternehmens ergibt. Dieser Erfolg läßt sich zunächst in einer Gegenüberstellung des Reinvermögens zu Beginn und zu Ende des Geschäftsjahres ermitteln. Eine Vermehrung bedeutet Gewinn, eine Verminderung Verlust in diesem Jahr.[1] Zusätzlich ist jedoch von Interesse, **wie** im einzelnen Gewinn oder Verlust entstanden sind, und dies erfolgt in einer Auflistung der **Aufwendungen** und **Erträge** in der **Gewinn- und Verlustrechnung**. Aufwendungen sind z.B. Mieten für Büroräume, Löhne und Gehälter, Zinsen; Erträge im wesentlichen die Umsatzerlöse aus dem Verkauf oder Miet- und Zinserträge.

Um diese drei für das Gesamtunternehmen bedeutsamen Aufgaben erfüllen zu können, ist die wesentliche Voraussetzung in der laufenden, sachrichtigen, zeitlich geordneten Aufzeichnung aller buchungspflichtigen Geschäftsvorfälle gegeben. Ferner müssen diese in gewissen Zeitabständen zu Übersichten zusammengefaßt werden, damit ein systematischer Einblick in das Betriebsgeschehen ermöglicht wird. Diese Übersichtsrechenwerke - Inventar, Bilanz und Gewinn- und Verlustrechnung - sollen nun näher betrachtet werden.

---

1 Bei Einzelunternehmungen und Personengesellschaften sind zusätzlich noch Privateinlagen und -entnahmen zu berücksichtigen. Darauf wird noch eingegangen.

2.2 Rechenwerke der Finanzbuchführung

2.2.1 Das Inventar

Bei der Gründung des Unternehmens, mindestens ein Mal im Jahr während der laufenden Geschäftstätigkeit sowie bei Auflösung und Verkauf ist eine Bestandsaufnahme über Vermögen und Schulden vorzunehmen. Diese Bestandsaufnahme ist die **Inventur**[1]. Sie beinhaltet die körperliche oder buchmäßige Feststellung der Vermögensgegenstände und der Schulden mit ihrer anschließenden Darstellung im **Inventar**. Dieses Verzeichnis enthält detaillierte Angaben, denn die einzelnen Gegenstände müssen daraus identifizierbar sein. Das Inventar ist in drei Teile gegliedert:

INVENTAR		
Vermögen	Schulden	Reinvermögen

Beim **Vermögen** werden die am Inventurstichtag vorhandenen Gegenstände nach

Art
Menge
Wert

aufgelistet. Die Summe aller Werte ergibt das Vermögen.

Die **Schulden** werden nach Art und den Gläubigern in das Inventar aufgenommen, die Summe der Einzelpositionen ergibt die Gesamtschulden.

Das **Reinvermögen** läßt sich durch den Saldo aus Vermögen und Schulden ermitteln:

Reinvermögen = Vermögen - Schulden

1 Zu verschiedenen Inventurmethoden s. Kap. 2.6

Vermögensgegenstände:		
2 Personal Computer TURBO 3000, Herstellernummer 42398761, 2 DL 360 kB, 1 FP 20 MB mit 1 Tintenstrahldrucker TS500, Anschaffungsdatum 7.7.1987	DM	8.450.-
1 OPEL Kadett E 2,0i blau, amtl.Kennzeichen HB-ME 555 Fahrgestellnr. 85419871 Anschaffungsdatum 5.2.1987	DM	18.750.-
Kassenbestand	DM	3.215.-
Forderung an Fa. Papenhauser & Co aus Warenlieferung v. 10.12.	DM	13.650.-
Schulden:		
Langfristiges Darlehen Landessparkasse Kto.Nr. 3458723	DM	30.000.-
Kurzfristige Bankschulden Landessparkasse Kto.Nr. 3458724	DM	8.913.-

Abb. 10: Auszug aus einem Inventar

Aus solchen Detailangaben besteht das gesamte Inventar; das folgende Beispiel zeigt ein Inventar in zusammengefaßter Form.

Aus den Einzelpositionen des detailliert dargestellten Auszugs aus einem Inventar war ersichtlich, daß im Inventar sowohl Mengen- als auch Wertangaben zu finden sind. Die Mengenangaben werden durch die erwähnte körperliche Bestandsaufnahme, die Wertangaben auf unterschiedliche Weise ermittelt:

(1) durch einfaches Zählen, (wobei bei der Inventur nur zu unterscheiden ist: richtig oder falsch gezählt). Dies gilt für solche Vermögensgegenstände, bei denen Menge und Wert zusammenfallen: Kassenbestand, Stand der Bankguthaben, Scheckbeträge usw.;

A. Vermögen

a) Anlagevermögen

1. Geschäftsgebäude	DM	40.000.-
2. Technische Anlagen	DM	30.000.-
3. Fuhrpark	DM	15.000.-
Summe Anlagevermögen	DM	85.000.-

b) Umlaufvermögen

1. Materialien	DM	14.500.-
2. Fertigerzeugnisse	DM	22.000.-
3. Forderungen	DM	17.500.-
4. Bankguthaben	DM	12.800.-
5. Kassenbestand	DM	7.300.-
Summe Umlaufvermögen	DM	74.100.-
Summe Vermögen	DM	159.100.-

B. Schulden

a) Langfristige Schulden

1.Darlehen Fa. Dietrich	DM	45.000.-
2.Hypothek Dresdner Bank	DM	30.000.-

b) Kurzfristige Schulden

1.Verbindlichkeiten aus Lieferungen und Leistungen	DM	24.500.-
2.Bankschulden Sparkasse	DM	18.000.-
Summe Schulden	DM	117.500.-

C. Reinvermögen =

Summe Vermögen - Summe Schulden	DM	41.600.-

Abb. 11: Nach Hauptpositionen zusammengefaßtes Inventar

(2) durch Rechtsgeschäfte, die durch Dokumente verbrieft sind: Der Wert eines Darlehens, das dem Unternehmen gewährt wurde, ist aus dem entsprechenden Darlehensvertrag zu entnehmen (auch hier gilt nur: richtig oder falsch aus den Dokumenten in das Inventar übernommen). Diese Variante trifft vor allem für die Wertfeststellung der Schulden zu;

(3) durch Bewerten der ermittelten Mengen anhand von Wertmaßstäben. Hier gibt es kein "richtig oder falsch", denn für die Bewertung von Vermögensgegenständen sind in den Vorschriften (v.a. im Handelsgesetzbuch und den relevanten Steuergesetzen) Regelungen enthalten, die den Unternehmen Spielräume eröffnen. Das Problem der richtigen Bewertung stellt sich insbesondere bei den Vermögensgegenständen.

2.2.2 Die Bilanz

Während das Inventar eine betriebsinterne Auflistung darstellt, ist die Bilanz eine Darstellungsform von Vermögen und Schulden, die nach außen gerichtet ist. Unternehmen in der Rechtsform der Kapitalgesellschaft müssen sie u.U. sogar veröffentlichen.

Das Rechenwerk Bilanz unterscheidet sich vom Inventar in mehreren Punkten: Während das Inventar **Einzel**positionen untereinander in **Staffelform** aufführt sowie Mengen- **und** Wertangaben enthält, hat die Bilanz

- gleichartige Positionen zu Gruppen zusammengefaßt

- die Form eines Kontos

- nur Wertangaben, keine Mengenabgaben

Das Wort "Bilanz" ist aus dem italienischen "bilancia" (die Waage) abgeleitet. Die Sinnübertragung weist darauf hin, daß beide Seiten der Bilanz gleich groß sind:

Auf der **linken** Seite der Bilanz stehen die **Vermögenswerte** (bezeichnet als **AKTIVA**), auf der **rechten** Seite die **Eigenmittel** und die **Schulden** (die sog. **PASSIVA**). Anders ausgedrückt, verdeutlichen die Passiva, **aus welchen Quellen** die finanziellen Mittel des Unternehmens stammen, wohingegen die Aktiva die **Verwendung** dieser Mittel aufzeigen. Beide Seiten der Bilanz sind in Gruppen gegliedert, die einen besseren Überblick und nachfolgend auch Analysemöglichkeiten eröffnen.

AKTIVA (Vermögen) (Mittelverwendung)	**PASSIVA** (Kapital) (Mittelherkunft)
A: ANLAGEVERMÖGEN 1. Immaterielle Vermögens- gegenstände 2. Sachanlagen a) Grundstücke und Gebäude b) Techn. Anlagen und Maschinen c) Andere Anlagen, Betriebs- und Geschäftsausstattung d) Geleistete Anzahlungen 3. Finanzanlagen	**A: EIGENKAPITAL** **B: RÜCKSTELLUNGEN**
B: UMLAUFVERMÖGEN 1. Vorräte a) Roh-, Hilfs- und Betriebsstoffe b) Unfertige Erzeugnisse c) Fertige Erzeugnisse 2. Forderungen und sonstige Vermögensgegenstände 3. Wertpapiere 4. Schecks, Kassenbestand, Guthaben bei Kreditinstituten	**C: VERBINDLICHKEITEN** 1. Anleihen 2. Verbindlichkeiten gegenüber Kreditinstituten 3. Erhaltene Anzahlungen auf Bestellungen 4. Verbindlichkeiten aus Lieferungen und Leistungen 5.-8. Sonstige Verbindlichkeiten
C: RECHNUNGS- ABGRENZUNGSPOSTEN	**D:RECHNUNGS- ABGRENZUNGSPOSTEN**
BILANZSUMME	**BILANZSUMME**

Abb. 12: Grundstruktur der Bilanz

Sehen wir uns zunächst die linke Seite der Bilanz an. Sie ist in die beiden Hauptgruppen **Anlagevermögen** und **Umlaufvermögen** unterteilt.[1] Die immateriellen Vermögensgegenstände, Sachanlagen und Finanzanlagen, die zum Anlagevermögen zählen, stellen solche Vermögensgegenstände dar, die **auf Dauer** im Betrieb genutzt werden. Alle anderen Vermögensgegenstände dienen nur kurzfristiger dem Geschäftsbetrieb, die einzelnen Gegenstände oder Rechtstitel werden schneller umgeschlagen; sie zählen zum Umlaufvermögen.

Die erste Gruppe der Passivseite bildet das **Eigenkapital**, also die eigenen Mittel der Unternehmer bzw. der Gesellschafter. Die zweite Gruppe umfaßt **Rückstellungen**, die wir vorläufig als Schulden definieren, die wohl dem Grunde nach, aber nicht der Höhe und dem Fälligkeitszeitpunkt nach bekannt sind. Die dritte Gruppe der **Verbindlichkeiten** ist nach Schuldarten bzw. Gläubigertypen gegliedert. Rückstellungen und Verbindlichkeiten werden zusammen oft als **Fremdkapital** bezeichnet. Dieser Begriff findet aber in der Benennung von Bilanzpositionen keine Verwendung.

Beide Seiten der Bilanz weisen immer **dieselbe Bilanzsumme** als Summe der Aktiv- bzw. Passivposten auf. Die veränderliche Größe, die die beiden Seiten zum Ausgleich bringt, ist das Eigenkapital. Es wird, wie wir bereits beim Inventar gesehen haben, als Reinvermögen aus der Differenz der Aktiv- und der Passivposten gebildet.

Übungsaufgabe 1
(Lösung im Anhang):

Erstellen Sie nach den folgenden Angaben eine Bilanz.

Grundstücke und Gebäude	TDM	5.600
Unfertige Erzeugnisse	TDM	600
Fertigerzeugnisse	TDM	700
Rückstellungen	TDM	6.600
Verbindlichkeiten aus Lief. und Leist.	TDM	2.000
Maschinen	TDM	1.000
Kurzfristige Bankverbindlichkeiten	TDM	6.400
Finanzanlagen	TDM	3.800
Eigenkapital	TDM	7.600
Forderungen aus Lief. und Leist.	TDM	2.900
Mittel- u. langfristige Verbindlichkeiten	TDM	2.800

1 Die Rechnungsabgrenzungsposten werden später behandelt.

Roh-, Hilfs- und Betriebsstoffe	TDM	6.600
Liquide Mittel	TDM	2.000
Sonstige kurzfristige Forderungen	TDM	2.400
Betriebs- und Geschäftsausstattung	TDM	500

Durch die zahlreichen Geschäftsvorfälle im Laufe eines Geschäftsjahres wird die Bilanz laufend verändert. Dabei lassen sich vier unterschiedliche Arten von Bilanzänderungen benennen:

(1) der **Aktivtausch**:

Der Geschäftsvorfall berührt zwei Positionen der Aktivseite; eine Position wird um einen bestimmten Betrag erhöht, eine andere Position um denselben Betrag vermindert.

Beispiel: Eine gebrauchte Maschine wird für DM 4.500.- gegen bar verkauft. Die Position "Maschinen" vermindert sich um DM 4.500.-, die Position "Kasse" erhöht sich entsprechend.

(2) der **Passivtausch**:

Der Geschäftsvorfall berührt zwei Positionen der Passivseite mit Betragserhöhung bzw. -verminderung.

Beispiel: Das Unternehmen nimmt bei seiner Hausbank einen Kredit über DM 8.000.- auf, um Lieferantenverbindlichkeiten zu begleichen. Die Position "Verbindlichkeiten gegenüber Kreditinstituten" erhöht sich, die Position "Verbindlichkeiten aus Lieferungen und Leistungen" vermindert sich um DM 8.000.-.

(3) die **Bilanzverlängerung**:

Durch den Geschäftsvorfall werden Positionen der Aktiv- und Passivseite berührt, wobei sich bei beiden die Beträge in gleichem Umfang erhöhen.

Beispiel: Mit Hilfe eines Bankkredites werden Computer im Wert von DM 20.000.- gekauft. Die Position "Betriebs- und Geschäftsausstattung" erhöht sich um diesen Betrag, die Position "Verbindlichkeiten gegenüber Kreditinstituten" ebenfalls.

(4) die **Bilanzverkürzung**:

Wieder werden Positionen beider Bilanzseiten berührt, nun aber mit Betragsminderungen.

Beispiel: Ein Bankkredit in Höhe von DM 18.000.- wird durch Überweisung vom Bankkonto getilgt. Die Positionen "Guthaben bei Kreditinstituten" bzw. "Verbindlichkeiten gegenüber Kreditinstituten" vermindern sich jeweils um DM 18.000.-

Die Bilanzsumme bleibt in den Fällen des Aktiv- und Passivtausches unverändert, im Fall der Bilanzverlängerung wird sie größer, bei der Bilanzverkürzung kleiner.[1]

Vorgänge mit Änderung der Bilanzsumme	**Vorgänge ohne Änderung der Bilanzsumme**
Bilanzverlängerung	Aktivtausch
Bilanzverkürzung	Passivtausch

Abb. 13: Fallarten der Bilanzveränderungen

Übungsaufgabe 2
(Lösung im Anhang)

Um welche Art der Veränderung der Bilanz handelt es sich bei folgenden Geschäftsvorfällen, und welche Wirkungen haben diese insgesamt auf die Bilanzsumme?

(1) Kauf einer Computeranlage beim Lieferanten Bitbeisser GmbH im Wert von DM 20.000.- auf Ziel;
(2) Umwandlung einer Verbindlichkeit von DM 30.000.- gegenüber diesem Lieferanten in ein langfristiges Darlehen;
(3) Begleichung einer weiteren Verbindlichkeit in Höhe von DM 5.000.- durch Banküberweisung;
(4) Kauf einer weiteren Computeranlage im Wert von DM 25.000.- gegen Barscheck.

1 Zur Vereinfachung wurden hier nur Geschäftsvorfälle aufgeführt, die zwei Positionen berühren. Durch einen Geschäftsvorfall können allerdings auch mehr als zwei Positionen verändert werden. (Beispiel: Der Kauf eines Grundstücks wird teils aus dem Bankguthaben, teils durch Kreditaufnahme finanziert.)

2.2.3 Die Gewinn- und Verlust-Rechnung

Die Geschäftsvorfälle, die wir soeben kennengelernt haben, haben sämtlich keine Auswirkungen auf das Eigenkapital des Unternehmens gehabt, es handelte sich um **erfolgsunwirksame Geschäftsvorfälle**. Die Veränderung des Eigenkapitals ist aber die entscheidende Größe, die uns die Information über den Erfolg des Unternehmens gibt. Eigenkapitalmehrungen bedeuten Gewinn, Eigenkapitalminderungen bedeuten Verlust im betrachteten Zeitraum. Geschäftsvorfälle, die das Eigenkapital verändern, bezeichnet man als **erfolgswirksame Geschäftsvorfälle**.

	Umsatzerlöse
+/-	Bestandsveränderungen an fertigen und unfertigen Erzeugnissen
+	Aktivierte Eigenleistungen
+	Sonstige betriebliche Erträge
-	Materialaufwand
-	Personalaufwand
-	Abschreibungen
-	Sonstige betriebliche Aufwendungen
+	Erträge aus Beteiligungen, Wertpapieren, Ausleihungen
+	Zins- und weitere Finanzerträge
-	Zins- und andere Finanzaufwendungen
=	Ergebnis der gewöhnlichen Geschäftstätigkeit
+	außerordentliche Erträge
-	außerordentliche Aufwendungen
-	Steuern
=	Jahresüberschuß/Jahresfehlbetrag

Abb. 14: Grundstruktur einer Gewinn- und Verlustrechnung nach dem Gesamtkostenverfahren - vgl. § 275 Abs. 2 HGB

Um sie erfassen zu können, wird die Bilanzposition "Eigenkapital" für die Dauer eines Geschäftsjahres in zahlreiche Unterpositionen aufgegliedert. Diese Unterpositionen umfassen auf der einen Seite verschiedene Arten von **Erträgen** , die das Eigenkapital mehren, und von **Aufwendungen**, die das Eigenkapital mindern. Eine Zusammenfassung und Gegenüberstellung dieser Unterpositionen erfolgt zum Geschäftsjahresschluß in der **Gewinn- und Verlustrechnung,** die somit Auskunft über die Höhe und Art von Erträgen und

Aufwendungen gibt. Die Differenz von Erträgen und Aufwendungen ergibt den Gewinn bzw. den Verlust des Geschäftsjahres.[1]

Der Aufbau der Gewinn- und Verlustrechnung nach dem **Gesamtkostenverfahren** (GKV) stellt die Form dar, die auch vor Inkrafttreten des Bilanzrichtliniengesetzes vom 19.12.1985 zu wählen war. Nach neuer Rechtslage können Unternehmen ihre Gewinn- und Verlustrechnung auch in Anwendung des **Umsatzkostenverfahrens** (UKV) aufstellen. Der Unterschied zwischen beiden Ausweisformen liegt in Folgendem:

	Umsatzerlöse
-	Herstellungskosten der zur Erzielung der Umsatzerlöse erbrachten Leistungen
=	Bruttoergebnis vom Umsatz
-	Vertriebskosten
-	allgemeine Verwaltungskosten
+	Sonstige betriebliche Erträge
-	Sonstige betriebliche Aufwendungen
+	Erträge aus Beteiligungen, Wertpapieren, Ausleihungen
+	Zins- und weitere Finanzerträge
-	Zins- und andere Finanzaufwendungen
=	Ergebnis der gewöhnlichen Geschäftstätigkeit
+	außerordentliche Erträge
-	außerordentliche Aufwendungen
-	Steuern
=	Jahresüberschuß/Jahresfehlbetrag

Abb. 15: Grundstruktur einer Gewinn- und Verlustrechnung nach dem Umsatzkostenverfahren - vgl. § 275 Abs. 3 HGB

Eine Gewinn- und Verlustrechnung nach GKV ist auf **Aufwandsarten** gerichtet. Im einzelnen werden Material- und Personalaufwand sowie Abschreibungen in der GuV-Rechnung ausgewiesen. Bei dem Ausweis nach UKV hin-

1 Gewinn- und Verlustrechnungen können ebenso wie die Bilanz auch zusätzlich bei Bedarf zu anderen Zeitpunkten als dem Geschäftsjahresende erstellt werden. Zur besseren Steuerung des Unternehmens sind z.B. monatliche GuV-Rechnungen üblich.

gegen sind die Positionen an **Betriebsbereichen** orientiert. Gemäß vorstehender Abbildung finden wir hier Herstellungs-, Vertriebs- und Verwaltungskosten.

Bevor wir allerdings auf die Erfassung auch der erfolgswirksamen Geschäftsvorfälle eingehen, ist zunächst grundsätzlicher die Methodik der Buchführung zu erläutern.

2.3 System und Technik der doppelten Buchführung

2.3.1 Das Konto und die zweifache Erfassung von Geschäftsvorfällen

Jeder Geschäftsvorfall, der in der Finanzbuchführung zu erfassen ist, berührt mindestens zwei Positionen, wie wir es oben bei der ersten Behandlung der Bilanz kennengelernt haben.

Jeder Geschäftsvorfall verändert somit die Höhe und/oder die Zusammensetzung von Vermögen und/oder Schulden, deren Feststellung eine der wesentlichen Aufgaben der Finanzbuchführung und des Jahresabschlusses ist.

Allerdings ist es nicht erforderlich, Vermögen und Schulden sowie ihre Veränderungen zu jedem Zeitpunkt feststellen zu können. Ihre Abbildung in den beiden Rechenwerken Bilanz und GuV-Rechnung erfolgt nur nach Bedarf oder nach den gesetzlichen Vorschriften. Für die Zwischenzeit werden Bilanz und GuV-Rechnung[1] in **Konten** aufgelöst, auf denen alle Geschäftsvorfälle gebucht und damit festgehalten werden. Wieviele Konten es gibt, hängt von den betrieblichen Gegebenheiten ab, mindestens gibt es für jede Position von Bilanz und GuV-Rechnung ein Konto. Ein Konto der manuellen Buchführung hat die Form eines "T", weshalb man von "**T-Konten**" spricht.

Soll Konto XY Haben

1 Streng genommen ist auch die GuV-Rechnung nur die Auflösung einer Bilanzposition, nämlich des Eigenkapitals.

Jedes Konto hat zwei Seiten, die traditionell als **Soll** (linke Seite) und **Haben** (rechte Seite) bezeichnet werden. **Buchungen** sind die Eintragungen auf den Konten. Wir unterscheiden zunächst folgende Arten von Konten:

AKTIVKONTEN nehmen die Eintragungen auf, die später auf der Aktivseite der Bilanz, also der linken Seite, erscheinen. **PASSIVKONTEN** sind entsprechend die Konten für Eintragungen der Passivseite der Bilanz, der rechten Seite.

Bei den Buchungen unterscheiden wir die Buchungen von

- Anfangsbeständen
- Zugängen
- Abgängen
- Endbeständen

Diese Größen werden bei Aktiv- und Passivkonten auf unterschiedlichen Seiten erfaßt:

S	Aktivkonto H	S	Passivkonto H
Anfangsbestand	Abgänge	Abgänge	Anfangsbestand
Zugänge	Endbestand	Endbestand	Zugänge

Das Beispiel der Begleichung einer Schuld von DM 2.000.- durch einen Kunden - er überweist auf das Bankkonto - erfassen wir demnach auf zwei Aktivkonten "Forderungen" und "Bank". Auf dem Bankkonto wird der Zugang des Geldbetrags im Soll gebucht, auf dem Forderungskonto der Abgang im Haben.

Ein zweites Beispiel des Kaufs eines Computers für DM 7.980.- ohne sofortige Begleichung der Rechnung berührt ein Aktiv- und ein Passivkonto: Der wertmäßige Zugang des Computers wird im Soll des Kontos für Betriebs- und Geschäftsausstattung (BGA) erfaßt, die Entstehung der Schuld gegenüber dem Zulieferer ebenfalls als Zugang im Haben des Verbindlichkeitenkontos.

Wir sprechen vom System der **doppelten Buchführung**, weil jeder Geschäftsvorfall auf (mindestens) zwei Konten erfaßt wird, also doppelt gebucht wird.[1]

Für das Buchen sind zwei zentrale **Regeln** immer einzuhalten:

- **Erst wird im Soll gebucht, dann im Haben;**
- **Jeder Buchung steht eine Gegenbuchung in gleicher Höhe gegenüber.**

Im übrigen gilt:

- **Keine Buchung ohne Beleg!**

Denn jeder in den Büchern festgehaltene Geschäftsvorfall muß ggf. durch die ihm zugrundeliegenden Dokumente (Rechnungen, Gutschriften etc.) überprüft werden können.

Buchungen werden durch den sog. **Buchungssatz** vorbereitet, der in knapper Form die buchungsrelevanten Sachverhalte darstellt. Seine allgemeine Form lautet:

Sollkonto
an Habenkonto (Betrag)

Unsere beiden Beispiele erhalten demnach folgende Buchungssätze:

1.	Bank		
	an Forderungen[2]	DM	2.000.-
2.	BGA		
	an Lieferverbindlichkeiten	DM	7.980.-[3]

Die Buchung dieser Vorfälle auf T-Konten ergibt folgendes Bild:

S	Bank		H
Zugang	2000		

S	Forderungen		H
		Abgang	2000

1 Diese doppelte Buchung haben wir bereits oben bei den Typen der Bilanzveränderungen kennengelernt: Aktiv- und Passivtausch, Bilanzverlängerung und -verkürzung.

2 Neben dieser älteren Schreibweise ist auch üblich: Bank/Forderungen 2.000.-

3 Von der noch erforderlichen Buchung der Umsatzsteuer wird zunächst abgesehen.

S	BGA	H	S	Verbindlichkeiten	H
Zugang	7980			Zugang	7980

Am Beispiel eines Bankkontos wollen wir ein solches Konto näher betrachten. Es handelt sich um Buchungen im Dezember auf einem Aktivkonto, also werden Anfangsbestand und Zugänge im Soll, Abgänge und Endbestand im Haben gebucht.

S	Bank		H
01.Anfangsbestand	12000	03.Überweisung an Lieferant	4800
04.Bareinzahlung	2500	07.Gehaltsüberweisung	7800
08.Scheckgutschrift	7800	23.Abgabenüberweisung	2300
22.Bareinzahlung	10300	23.Kundengutschrift	800
29.Scheckgutschrift	2000	31.Endbestand (Saldo)	18900
	34600		34600

Die erste Position im Soll ist der Anfangsbestand, dessen Einbuchung wir noch kennenlernen werden. Im Soll und im Haben werden danach an verschiedenen Tagen diverse Geschäftsvorfälle erfaßt, wobei die Gegenbuchungen auf hier nicht genannten Konten erfolgen.

Die obigen Geschäftsvorfälle stellen **einfache Buchungen** dar, bei denen jeweils eine Buchung im Soll und eine Buchung im Haben erfolgt. In der Praxis kommen jedoch auch zahlreiche **zusammengesetzte Buchungen** vor. Hier stehen einer oder mehreren Sollbuchungen eine oder mehrere Habenbuchungen gegenüber:

Beispiel:

Das Unternehmen begleicht eine Verbindlichkeit von DM 10.000.- zum Teil durch Barzahlung von DM 2.000.-, zum Teil durch Banküberweisung von DM 8.000.-. Der Buchungssatz lautet:

Verbindlichkeit		DM	10000.-
an	Kasse	DM	2000.-
an	Bank	DM	8000.-

Am Jahresende wird das **Konto abgeschlossen**, was bedeutet, daß ein Saldo ermittelt wird, der gleichzeitig den Endbestand dieses Kontos darstellt. Denn es ist eine Grundregel im System der doppelten Buchführung, daß nach dem Abschluß eines Kontos die beiden Seiten Soll und Haben den gleichen Summenbetrag aufweisen. Wenn vor dem Abschluß die Summe der Sollbuchungen die der Habenbuchungen übersteigt, wird der Unterschiedsbetrag als **Sollsaldo im Haben** gebucht. Im umgekehrten Fall zeigt ein **Habensaldo im Soll**, daß die Summe der Habenbuchungen die Summe der Sollbuchungen überstiegen hat.

Die Vorschrift der Gleichheit beider Kontoseiten läßt sich in einer Formel ausdrücken:

Anfangsbestand + Zugänge = Abgänge + Endbestand

Indem wir die Formel umstellen, kommen wir zu einer Rechenvorschrift für die Ermittlung des Saldos, des Endbestands:

Endbestand = Anfangsbestand + Zugänge - Abgänge

Übungsaufgabe 3
(Lösung im Anhang)

(1) Bilden Sie die Buchungssätze für folgende Geschäftsvorfälle:

(a) Für DM 100.000.- (Banküberweisung) wird eine Beteiligung an einem Zulieferer erworben.
(b) Ein Kunde überweist zur Begleichung einer Rechnung DM 22.800.- auf das Bankkonto.
(c) Wegen zu niedriger Kassenbestände wird eine Barabhebung von DM 15.500.- bei der Bank getätigt.
(d) Ein Grundstück im Wert von DM 800.000.- wird gekauft. 20 % des Preises werden durch Banküberweisung bezahlt, über den restlichen Betrag wird ein langfristiges Darlehen aufgenommen.
(e) Eine Verbindlichkeit gegenüber einem Lieferanten von DM 8.000.- wird bar bezahlt.
(f) Ein Darlehen in Höhe von DM 50.000.- wird durch Banküberweisung zurückgezahlt.

(2) Buchen Sie diese Geschäftsvorfälle auf T-Konten und ermitteln Sie den Saldo dieser Konten. Folgende Anfangsbestände sind gegeben:

Grundstücke und Gebäude	DM	200.000.-
Betriebs- und Geschäfts-ausstattung (BGA)	DM	120.000.-
Beteiligungen	DM	0.-
Warenbestände	DM	140.000.-
Bank	DM	310.000.-
Forderungen	DM	140.000.-
Kasse	DM	15.000.-
Eigenkapital	DM	300.000.-
Rückstellungen	DM	170.000.-
Darlehen	DM	320.000.-
Lieferverbindlichkeiten	DM	108.000.-
Sonstige Verbindlichkeiten	DM	27.000.-

2.3.2 Kontenabschluß und Konteneröffnung

Der Endbestand wird nun aber nicht einfach in das Konto geschrieben. Auch für seine Buchung gilt das Prinzip "Keine Buchung ohne Gegenbuchung". Wir benötigen somit ein Konto, das diesen Saldo aufnimmt. Dieses Konto ist das **Schlußbilanzkonto**, auf dem die Salden aller Aktiv. und Passivkonten gesammelt werden. Diese Abschlußbuchungen können im Prinzip zu jedem beliebigen Zeitpunkt, also etwa am Monatsende, durchgeführt werden. In jedem Fall sind sie am Ende des Geschäftsjahres vorzunehmen, wenn der Jahresabschluß zu erstellen ist.

Das Schlußbilanzkonto, das sich aus den Gegenbuchungen der Kontensalden aus Übungsaufgabe 3 ergibt, hat folgenden Inhalt:

S	Schlußbilanzkonto		H
Grundst.u.Geb.	1.000.000	Eigenkapital	300.000
BGA	120.000	Rückstellungen	170.000
Beteiligungen	100.000	Darlehen	910.000
Warenbestände	140.000	Lieferverb.	100.000
Forderungen	117.200	Sonst. Verb.	27.000
Kasse	22.500		
Bankguthaben	7.300		
	1.507.000		1.507.000

In gleicher Weise müssen wir noch auf die Behandlung des Anfangsbestands eingehen, denn auch er benötigt zur Buchung auf dem jeweiligen Aktiv- oder Passivkonto eine Gegenbuchung. Sie erfolgt auf dem sog. **Eröffnungsbilanzkonto**, das nach der Buchung aller Anfangsbestände ein Spiegelbild der Eröffnungsbilanz darstellt.

Das Eröffnungsbilanzkonto mit den Gegenbuchungen der Anfangsbestände aus Übungsaufgabe 3 zeigt somit folgendes Bild:

S	Eröffnungsbilanzkonto		H
Eigenkapital	300.000	Grundstücke und Gebäude	200.000
Rückstellungen	170.000	BGA	120.000
Darlehen	320.000	Beteiligungen	0
Lieferverb.	108.000	Warenbestände	140.000
Sonst.Verb.	27.000	Forderungen	140.000
		Kasse	15.000
		Bank	310.000
	925.000		925.000

2.3.3 Bestands-, Erfolgs- und gemischte Konten

In den bisherigen Ausführungen haben wir eine erste Kategorie von Konten bereits kennengelernt: die **Bestandskonten**. Sie tragen ihren Namen daher, daß sie über ihren jeweils aktuellen Saldo die Bestände an Vermögens- oder Kapitalwerten abbilden. Erinnern wir uns an die eine Grundaufgabe der Bilanz: Darstellung des Vermögens und der Schulden sowie des Eigenkapitals zu einem bestimmten Stichtag. Bestandskonten sind somit all diejenigen Vermögens- und Kapitalkonten, die in der Bilanz als Bestandsrechnung zusammengefaßt werden. Beim Eröffnen der Konten werden die Bestände der Vorjahresbilanz auf sie übertragen, beim Abschluß der Konten werden ihre Bestände - die Salden - in die Bilanz übernommen.

Eine zweite Kategorie sind die **Erfolgskonten**. Unter "Erfolg" haben wir Gewinn oder Verlust in einer Periode definiert, wobei Gewinn oder Verlust jeweils Änderungen des Eigenkapitals bewirken. Erfolgskonten sind somit all diejenigen Konten, die Geschäftsvorfälle mit Auswirkungen auf das Eigenkapital aufnehmen; wir können sie uns auch als Unterkonten des Eigenkapitalkontos vorstellen.

Die Erfolgskonten werden in zwei Gruppen unterteilt: in die **Aufwandskonten** und die **Ertragskonten**. Die Aufwandskonten nehmen alle Aufwendungen auf, die das Eigenkapital vermindern, die Ertragskonten alle Erträge, die das Eigenkapital vermehren.

Bei den Aufwandskonten erfolgen die Eintragungen auf der linken Seite, im Soll, bei den Ertragskonten auf der rechten Seite, im Haben. Dies ergibt sich logisch daraus, daß wir Erfolgskonten als Unterkonten des Eigenkapitalkontos ansehen: Auf dem Eigenkapitalkonto, einem Passivkonto, werden Zugänge im Haben, Abgänge im Soll gebucht. Aufwendungen stellen Abgänge, nämlich Eigenkapitalminderungen, dar; Erträge sind Zugänge, Eigenkapitalmehrungen.

Der Abschluß der Erfolgskonten wird allerdings nicht mit einer direkten Gegenbuchung auf dem Eigenkapitalkonto vorgenommen. Vielmehr werden zur übersichtlichen Darstellung der einzelnen Erfolgsbestandteile alle Aufwendungen und Erträge auf dem Gewinn- und Verlust-Konto zusammengefaßt; erst dessen Saldo wird als Differenz der gesamten Aufwendungen und Erträge auf dem Eigenkapitalkonto gegengebucht.

Beispiele:

(a) Aufwand:

Für den laufenden Monat werden Gehaltszahlungen fällig. Ohne auf die Einzelheiten der Gehaltsverbuchung einzugehen (vgl. Kap. 2.5), lautet der vereinfachte Buchungssatz bei Überweisung von Gehältern in Höhe von DM 30.000.-:

Gehälter	
an Bank	DM 30.000.-

Das Gehaltskonto stellt ein Konto für Aufwand dar, die Buchung erfolgt links. Die Gegenbuchung zu erfolgswirksamen Buchungen wird in der Regel auf einem Bestandskonto getätigt, in unserem Fall dem Bankkonto, von dem aus die Gehaltszahlung erfolgt.

(b) Ertrag:

Aus der Vermietung von Büroräumen fließt dem Unternehmen Miete in Höhe von DM 12.000.- zu. Die Miete wird bar gezahlt, es ergibt sich folgender Buchungssatz:

Kasse	
an Mieterträge	DM 12.000.-

Eine dritte Kategorie stellt eine Kombination von Bestands- und Erfolgskonten dar, woraus ihre Bezeichnung **Mischkonten** abgeleitet ist. Mischkonten nehmen sowohl Bestands- und bestandsverändernde Buchungen als auch erfolgswirksame Buchungen von Aufwendungen oder Erträgen auf.

Als **Beispiel** hierfür kann das (gemischte) Wertpapierkonto dienen: Am 3.3. werden Wertpapiere im Wert von DM 150.000.- gekauft. Nach einer Kurssteigerung werden sie sämtlich am 6.5. für DM 180.000.- wieder verkauft. Die Buchungssätze für diese Vorgänge lauten:

Wertpapiere
an Bank DM 150.000.-

Bank
an Wertpapiere DM 180.000.-

Nach dem Verkauf sind mengenmäßig keine Wertpapiere mehr vorhanden, dennoch verbleiben DM 30.000.- auf diesem Konto. Es handelt sich dabei um den Kursgewinn, also einen Ertrag. Auf dem Konto werden somit Bestands- und Erfolgsbuchungen vorgenommen. Deshalb spricht man von Mischkonten. Da bei einer Vielzahl von Bewegungen auf solchen Konten allerdings die Übersicht über Bestands- und Erfolgskomponenten leicht verlorengehen kann, wird allgemein empfohlen, Mischkonten zu vermeiden und eigenständige Erfolgskonten einzurichten - in diesem Fall also z.B. ein Konto "Erträge aus Kursgewinnen".

Übungsaufgabe 4
(Lösung im Anhang)

Bilden Sie die Buchungssätze zu folgenden Geschäftsvorfällen:

(a) Die Versicherungsprämie von DM 550.- für den betrieblichen LKW wird vom Postgirokonto überwiesen.
(b) Die Bank schreibt Zinserträge von DM 2.200.- gut.
(c) Für angemietete Verkaufsräume wird die Miete von DM 4.000.- bar bezahlt.
(d) Die Kfz-Steuern von DM 780.- für drei betriebliche PKWs werden per Banküberweisung bezahlt.
(e) Das Finanzamt erstattet im Vorjahr zu viel gezahlte Gewerbesteuer in Höhe von DM 4.200.- auf das Bankkonto.
(f) Die Stromrechnung von DM 120.- für die Verkaufsräume aus Fall (c) wird vom Bankkonto beglichen.

2.3.4 Privateinlagen und Privatentnahmen.

Ergänzend ist nun noch auf eine weitere Möglichkeit der Veränderung des Eigenkapitals einzugehen:

Wenn ein Unternehmer oder eine Gesellschafterin einer Personengesellschaft Vermögensteile aus dem Privatvermögen in das Unternehmensvermögen überführt oder aus dem Unternehmensvermögen entnimmt, so ändern sich Vermögen und Eigenkapital des Unternehmens.

Beispiele:

- Ein bisher im Privatbesitz einer Gesellschafterin befindlicher PKW wird zum Zeitwert von DM 12.000.- in das Unternehmen eingebracht.

- Aus dem Unternehmensvermögen werden von der Gesellschafterin DM 20.000.- für die laufende Lebenshaltung entnommen (Banküberweisung).

Das erste Beispiel erhöht die Vermögensposition "Fuhrpark" und das Eigenkapital. Das zweite Beispiel vermindert die Vermögensposition "Bankguthaben" und das Eigenkapital.

Die Buchungen erfolgen nun nicht direkt auf dem Eigenkapitalkonto, sondern - wiederum zur besseren Übersicht - auf gesondert eingerichteten Privatkonten. Hierbei sind zwei Formen denkbar:

(1) Es gibt, ggf. für jeden Gesellschafter, lediglich **ein** Privatkonto, das im Soll die Entnahmen und im Haben die Einlagen aufnimmt. Wird mehr Privatvermögen dem Unternehmen zugeführt als entnommen, entsteht beim Abschluß ein Habensaldo (im Soll), dessen Gegenbuchung auf dem Eigenkapitalkonto im Haben erfolgt und damit das Eigenkapital erhöht. Entsprechendes gilt umgekehrt, im Beispiel übersteigen die Entnahmen die Einlagen um DM 8.000.-. Um diesen Betrag vermindert sich das Eigenkapital. (Auf die Gegenkonten wird nachfolgend verzichtet, sie sind jeweils vor dem gebuchten Betrag angegeben.)

S	Privatkonto		H
Bank	20.000	Fuhrpark	12.000
		EK	8.000

S Eigenkapitalkonto H

Privat	8.000		

(2) Für Privatentnahmen und Privateinlagen werden, ggf. für jeden Gesellschafter, getrennte Privatkonten eingerichtet. Das Entnahmekonto nimmt im Soll alle Buchungen von Entnahmen auf, das Einlagekonto im Haben alle Buchungen von Einlagen. Beim Abschluß stellen die jeweiligen Salden die Summe aller Entnahmen bzw. Einlagen dar. Der Saldo des Entnahmekontos wird im Soll, der des Einlagekontos im Haben des Eigenkapitalkontos gebucht.

S Privatentnahmen H

Bank	20.000		
		EK	20.000

S Privateinlagen H

		FP	12.000
EK	12.000		

S Eigenkapitalkonto H

Privateinlagen	12.000	Privatentnahmen	20.000
(Saldo)	8.000		

Die Privatkonten sind rechentechnisch ebenfalls Unterkonten des Eigenkapitalkontos, im Gegensatz zu den Erfolgskonten nehmen sie jedoch keine erfolgswirksamen Vorgänge auf. Sie sind **Bestandskonten**, deren Veränderungen **keine Auswirkungen auf Gewinn oder Verlust des Unternehmens** haben.

2.3.5 Die Zusammenführung der Konten in Bilanz und GuV-Rechnung

Als Zusammenfassung der bisherigen Ausführungen soll noch einmal der gesamte Prozeß dargestellt werden.

Es wurde gezeigt, daß die einzelnen Bestandskonten als Auflösung der Eröffnungsbilanz einer Rechnungsperiode anzusehen sind. Die Eröffnungsbilanz muß im laufenden Geschäft mit der Schlußbilanz der Vorperiode übereinstimmen (Prinzip der Bilanzidentität):

Schlußbilanz der Vorperiode --->

Eröffnungsbilanz der laufenden Periode --->

Eröffnungsbilanzkonto

Das Eröffnungsbilanzkonto enthält nur Bestände, so wie auch die Schluß- und Eröffnungsbilanz nur aus Bestandskonten hergeleitet sind. Die Gegenbuchungen, die beim Bebuchen des Eröffnungsbilanzkontos anfallen, beinhalten die Eintragung der Anfangsbestände auf den einzelnen Bestandskonten.

Eröffnungsbilanzkonto ---> Bestandskonten

Alle im Laufe der Periode zu buchenden erfolgsunwirksamen Geschäftsvorfälle berühren ausschließlich Bestandskonten. Durch diese Geschäftsvorfälle wird die Höhe und/oder die Zusammensetzung von Vermögen und Schulden verändert. Die Veränderungen erfolgen in der Form von Aktivtausch, Passivtausch, Bilanzverlängerung oder Bilanzverkürzung, unterstellte man, daß nach jedem Geschäftsvorfall die Bilanz neu erstellt würde.

Erfolgsunwirksame Geschäftsvorfälle ---> Veränderungen der Bestandskonten

Alle Bestandskonten werden zum Periodenende abgeschlossen, was bedeutet, daß die Differenz zwischen der Soll- und der Haben-Seite des Kontos als Saldo derart auf das Schlußbilanzkonto gebucht werden, daß die beiden Seiten der einzelnen Konten gleich groß und damit ausgeglichen sind.

Abschluß der Bestandskonten ---> Schlußbilanzkonto

Überschüsse der Soll-Buchungen über die Habenbuchungen werden als Sollsaldo der Konten in das Soll des Schlußbilanzkontos gebucht, Überschüsse der Habenbuchungen über die Sollbuchungen als Habensaldo in das Haben des Schlußbilanzkontos. Aus dem Schlußbilanzkonto wird ohne weitere Buchungen die Schlußbilanz entwickelt. Hierbei werden einzelne Positionen des Schlußbilanzkontos zu Gruppen zusammengefaßt. Die Schlußbilanz ist damit eine komprimierte Darstellung des Schlußbilanzkontos.

Schlußbilanzkonto --->

Schlußbilanz

Besondere Beachtung ist den **erfolgswirksamen** Geschäftsvorfällen zu widmen. Sie verändern das Eigenkapital, werden aber während der laufenden Periode nicht durch Eintragungen auf dem Eigenkapitalkonto gebucht. Zum Zweck des besseren Überblicks werden diese Geschäftsvorfälle auf den Erfolgskonten (Aufwands- und Ertragskonten) gebucht. Die Aufwands- und Ertragskonten besitzen keine Anfangsbestände[1], ihre Abschlußsalden werden auf das Gewinn- und Verlustkonto gebucht. Aus dem GuV-Konto wird ohne weitere Buchungen die Gewinn- und Verlustrechnung entwickelt, die wie die Schlußbilanz gegenüber dem Schlußbilanzkonto eine komprimierte Darstellung der einzelnen Aufwands- und Ertragsarten bietet.

Aufwandskonten
Ertragskonten **---> Gewinn- und Verlustkonto**

Gewinn- und Verlustkonto **---> Gewinn- und Verlustrechnung**

Das Gewinn- und Verlustkonto selbst wird bei seinem Abschluß wiederum einen Saldo enthalten. Ein Sollsaldo (im Haben) signalisiert, daß die Aufwendungen die Erträge übersteigen und damit ein Verlust eingetreten ist; umgekehrt steht ein Habensaldo (im Soll) dafür, daß die Erträge die Aufwendungen übersteigen und somit ein Gewinn erzielt wurde. Die Gegenbuchung zum GuV-Konto erfolgt auf dem Eigenkapitalkonto: Ein Verlust wird dort im Soll gebucht, womit der Bestand an Eigenkapital vermindert wird; ein Gewinn wird im Haben gebucht, das Eigenkapital erhöht sich.

GuV-Konto **---> Eigenkapitalkonto**

Das Eigenkapitalkonto als Bestandskonto wird wie oben gezeigt auf das Schlußbilanzkonto abgeschlossen.

Das Zusammenspiel der einzelnen Kontenarten ist aus Schaubild auf der nächsten Seite noch einmal im Überblick zu entnehmen.

1 Von den Sonderfällen der zeitlichen Rechnungsabgrenzung zwischen zwei Rechnungsperioden sei hier abgesehen. Vgl. dazu Kap. 7.2

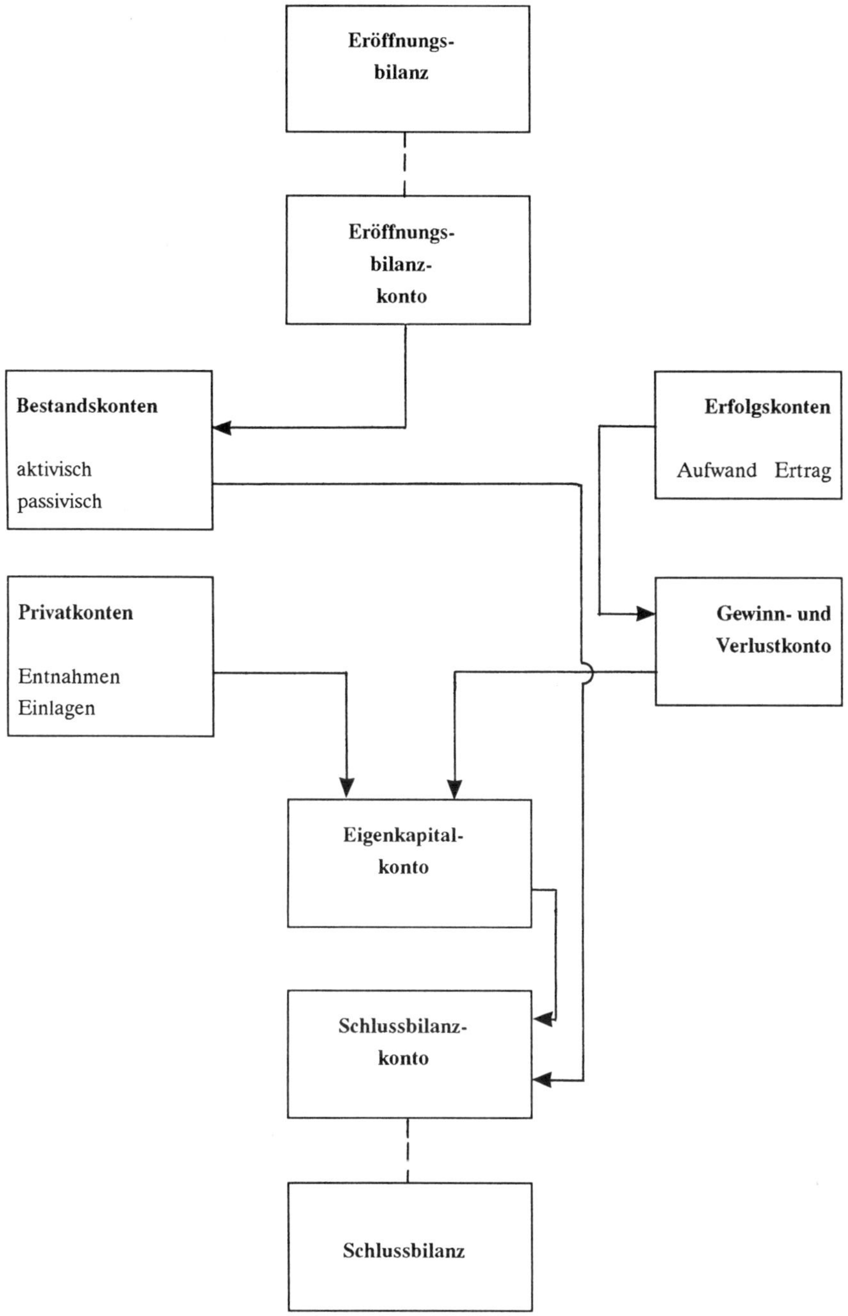

Abb. 16: Der Weg von der Eröffnungs- zur Schlußbilanz

Dieser Aufbau des Buchführungssystems mit der jeweils zweifach vorzunehmenden Erfassung von Geschäftsvorfällen eröffnet eine ausgezeichnete und dabei einfache **Kontrollmöglichkeit** hinsichtlich der vollständigen und richtigen Erfassung: Bei der Konteneröffnung muß sich nach Vornahme aller Eröffnungsbuchungen auf beiden Seiten des Eröffnungsbilanzkontos die gleiche Summe ergeben. Das Eröffnungsbilanzkonto muß immer ausgeglichen sein. Nach dem Abschluß aller Konten letztlich auf das Schlußbilanzkonto muß sich auch dort wieder die gleiche Summe im Soll und im Haben wiederfinden lassen. Ist das nicht der Fall, muß nach den Ursachen gesucht werden. Diese können im wesentlichen darin liegen, daß

- zu einer Buchung keine Gegenbuchung erfolgt ist;

- Buchung und Gegenbuchung nicht betragsgleich vorgenommen wurden;

- bei der Ermittlung des Saldos eines Kontos falsch gerechnet wurde.

Eine weitere Kontrollmöglichkeit besteht darin, daß die Bilanz zum einen aus dem Inventar entwickelt wird - wir haben gesehen, daß sie die Vermögens- und Schuldenteile zu Gruppen zusammenfaßt, die in der Inventur erfaßt wurden - und zum anderen dem Schlußbilanzkonto entsprechen soll. Abweichungen zwischen der aus dem Inventar entwickelten Schlußbilanz und dem Schlußbilanzkonto weisen darauf hin, daß Veränderungen von Vermögen und Schulden in der Buchführung falsch oder vielleicht gar nicht erfaßt wurden. Die Inventur ist eine Stichtagsaufnahme von Vermögen und Schulden, mittels der Buchführung werden die jeweiligen Bestände **fortgeschrieben**. Im Vergleich von Schlußbilanz und Schlußbilanzkonto wird die Richtigkeit der Fortschreibung überprüft.

Die **Veränderungen des Eigenkapitals** und damit Gewinn und Verlust einer Periode lassen sich auf diesen Grundlagen nun auf folgende Weise ermitteln:

(1) durch Reinvermögensvergleich:

Das Reinvermögen zu Ende eines Jahres als Differenz von Vermögen und Schulden wird mit dem Reinvermögen zu Ende des Vorjahres verglichen. Basis hierfür sind Inventur und Inventar;

(2) durch Eigenkapitalvergleich:

Das Eigenkapital zu Ende eines Jahres wird, berichtigt um die Privateinlagen und Privatentnahmen, mit dem Eigenkapital zu Ende des Vorjahres verglichen. Basis hierfür ist die Bilanz.

(Reinvermögen und Eigenkapital sind unterschiedliche Bezeichnungen für die selben Größen, beziehen sich aber auf verschiedene Rechenwerke.)

(3) durch Gegenüberstellung von Aufwendungen und Erträgen:

Die Aufwendungen und Erträge eines Jahres werden gegenübergestellt. Es ergibt sich Gewinn oder Verlust und damit Eigenkapitalmehrung oder -minderung.

2.4 Kontenrahmen und Kontenpläne

Eine der Grundforderungen an ein Buchungssystem ist das der Übersichtlichkeit. Insbesondere muß die Nachprüfbarkeit der einzelnen Buchungen gegeben sein, wofür eine Grundnorm im Handelsgesetzbuch (in § 238 Abs.1 Satz 2) festgeschrieben ist:

> "Die Buchführung muß so beschaffen sein, daß sie einem sachverständigen Dritten innerhalb angemessener Zeit einen Überblick über die Geschäftsvorfälle und die Lage des Unternehmens vermitteln kann."

Dies betrifft nicht zuletzt den organisatorischen Aufbau der Buchführung. Alle benutzten Konten eines Unternehmens sollen in einem übersichtlich und logisch gegliederten **Kontenplan** enthalten sein. Damit nun nicht jedes Unternehmen die Anzahl, Bezeichnung und Bezifferung seiner Konten völlig willkürlich gestaltet, wurden von der Betriebswirtschaftslehre[1] sowie als Praxisinstanzen von den Wirtschaftsverbänden **Kontenrahmen** entwickelt, an denen sich die **unternehmensindividuellen Kontenpläne** zu orientieren haben. Kontenpläne werden durch betriebsspezifische Ergänzungen bzw. Zusammenfassungen aus den wirtschaftszweigorientierten Kontenrahmen entwickelt, wodurch die Struktur und der quantitative Umfang der Buchführung an die besonderen betrieblichen Gegebenheiten angepaßt werden.

Ein **Kontenrahmen** enthält eine nach Kontenklassen gegliederte Übersicht über die Konten, die in einem Unternehmen vorkommen **können**. Er stellt damit eine Empfehlung dar, den Kontenplan daran auszurichten. Um die Besonderheiten einzelner Wirtschaftszweige zu berücksichtigen, wurden unterschiedliche Kontenrahmen für verschiedene Branchen entwickelt. Als die wichtigsten sind zu nennen:

---

1 Zurückgehend auf Eugen Schmalenbach, Der Kontenrahmen, Leipzig 1927

- Kontenrahmen der Industrie
- Kontenrahmen des Großhandels
- Kontenrahmen des Einzelhandels
- Kontenrahmen des Außenhandels.

Kontenrahmen sind in der Regel nach dem dekadischen Prinzip gegliedert. Alphabetische oder alphanumerische Gliederungen sind jedoch ebenfalls möglich. Die numerische Gliederung mit dekadischer Einteilung empfiehlt sich jedoch insbesondere, wenn die Buchführung EDV-unterstützt abgewickelt wird.

Zunächst erfolgt eine Einteilung in **10 Kontenklassen** (von 0 bis 9), die in sich weiter untergliedert sind in:

- bis zu **10 Kontengruppen** mit zweistelliger Bezifferung; diese unterteilen sich in

- bis zu **10 Kontenarten** mit dreistelliger Bezifferung; jede Kontenart kann dann wieder

- bis zu **10 Konten** mit vierstelliger Bezifferung enthalten.

Die Kontenrahmen enthalten Empfehlungen nur bis zu den zweistelligen Kontengruppen. Die weitere Einteilung bis zur Bezifferung der Konten ist den Unternehmen überlassen, die im übrigen auch eine tiefer als vier Stellen gegliederte Bezifferung wählen können.

Beispielhaft sei dies an dem im Anhang wiedergegebenen Gemeinschaftskontenrahmen der Industrie (GKR) erläutert.

- Die **Klasse 1** enthält u.a. das **Finanz-Umlaufvermögen**.

- In der **Kontengruppe 11** sind die **Geldanstalten** zusammengefaßt.

- Die **Kontenart 113** kann im Kontenplan des Unternehmens die **Banken** beinhalten.

- Ab der vierstelligen Ebene werden dann die **Konten** für die konkreten Kreditinstitute benannt, z.B. **1131 für Deutsche Bank, 1132 für Bank für Gemeinwirtschaft.**

Der **Aufbau** von Kontenrahmen ist nach zwei verschiedenen Prinzipien möglich:
Der Gemeinschaftskontenrahmen der Industrie (GKR) sowie daran angelehnt die Kontenrahmen für Groß- und Einzelhandel sind nach dem **Prozeßgliederungsprinzip** aufgebaut. D.h., sie orientieren sich am Prozeß der

betrieblichen Leistungserstellung, am Wertedurchlauf vom Input über die Transformation zum Output. Die Konten der Kosten- und Leistungsrechnung, also der Betriebsbuchführung, sind mit den Konten der Finanzbuchführung verzahnt. So finden wir

- Anlage- und Kapitalkonten sowie Finanzkonten in den Klassen 0 und 1,
- Bestandskonten für Waren und Materialien in Klasse 3,
- Erlös- und Abschlußkonten in den Klassen 8 bzw. 9.
- Die Klasse 2 nimmt die "neutralen", d.h. nicht mit dem eigentlichen Betriebszweck verbundenen Aufwendungen und Erträge auf.
- Die übrigen Kontenklassen dienen der Betriebsbuchführung.

Demgegenüber ist ein anderer Aufbau nach dem **Abschluß-** oder **Bilanzgliederungsprinzip** möglich. Nach diesem Prinzip ist der Industriekontenrahmen (IKR) von 1971 - neugefaßt 1986 - aufgebaut. Er orientiert sich an der Gliederung von Bilanz und Gewinn- und Verlustrechnung.

- Die Klassen 0 bis 3 enthalten die Konten des Anlage- und Umlaufvermögens,
- die Klassen 3 und 4 die des Eigen- und Fremdkapitals.
- Erträge werden auf Konten der Klasse 5,
- Aufwendungen auf Konten der Klasse 6 und 7 gebucht.
- Klasse 8 dient dem Abschluß.
- Die Klasse 9 ist der Kosten- und Leistungsrechnung vorbehalten.

Zusammengefaßt: Kontenrahmen dienen

- der Schaffung eines übersichtlichen Kontierungssystems mit klaren und einheitlichen Kontenbezeichnungen;
- als organisatorische Hilfe für die Überwachung des Betriebsgeschehens;
- als Voraussetzung für eine Vergleichbarkeit von Betrieben.

2.5 Klassische und EDV-gestützte Formen der Finanzbuchführung

Für die geordnete Zusammenstellung der Geschäftsvorfälle werden in der Buchführung verschiedene **Bücher** benutzt, deren Bezeichnungen sich auch bei der Anwendung moderner Computerunterstützung nicht geändert haben:

2.5.1 Die Bücher

- Das Grundbuch

Jeder Geschäftsvorfall ist mit ihn eindeutig identifizierenden Daten in chronologisch richtiger Reihenfolge aufzuzeichnen. Im einzelnen sind festzuhalten:

- Buchungsdatum
- Buchungssatz
- die Angabe des Belegs über die Belegnummer
- der Betrag

Dies alles wird im Grundbuch festgehalten, der Grundlage des gesamten Rechnungssystems. Das Grundbuch wird auch als **Journal** bezeichnet. Gesetzliche Erfordernisse führen dazu, daß besondere Geschäftsvorfälle in gesonderten Büchern aufzuzeichnen sind, die ihrem Charakter nach als Grundbücher fungieren. Es sind dies die Kassenbewegungen im Kassenbuch (gem. § 146 Abs.1 AO) sowie Wareneingangs- und Warenausgangsbücher.

- Das Hauptbuch

Neben dieser zeitlichen Orientierung werden die Geschäftsvorfälle in einem anderen Buch **sachlich** geordnet, im **Hauptbuch**:

- alle Buchungen von Warenverkäufen auf einem Warenverkaufskonto;
- alle Gehaltsbuchungen auf einem Gehaltskonto;
- alle Buchungen von Bankbewegungen auf einem Bankenkonto
- usw.

Das Hauptbuch enthält somit alle Bestands- und Erfolgskonten, die unter dem Oberbegriff **Sachkonten** zusammengefaßt werden.

Die Buchungen im Hauptbuch basieren auf denen des Grundbuches. Je nach Form der Buchführung werden sie gleichzeitig mit diesen erfaßt (etwa bei der traditionellen Form der Durchschreibebuchführung oder bei den modernen EDV-gestützten Buchführungen), oder es werden in gewissen Zeitabständen Buchungen aus dem Grundbuch in das Hauptbuch übernommen. Dies ist z.B.

der Fall bei der Übertragungsbuchführung. (Zu den Formen im einzelnen vgl. den nächsten Abschnitt.)

- Nebenbücher

Aus Gründen der Übersichtlichkeit sind die Buchungen im Grund- und Hauptbuch nur knapp mit den notwendigsten Inhalten festgehalten. Zur genaueren Verfolgung relevanter Sachverhalte werden für solche betrieblichen Bereiche Nebenbücher geführt, in denen eine umfangreichere Aufzeichnung von Einzelheiten für die Planung, Steuerung und Kontrolle des Betriebsgeschehens angebracht erscheint. Die Nebenbücher ergänzen somit die zeitliche und sachliche Ordnung der Geschäftsvorfälle im Grund- und Hauptbuch.

Solche Nebenbücher sind in der Praxis z.B. das Lohn- und Gehaltsbuch, das Kontokorrent- oder Geschäftsfreundebuch, das Anlagenbuch u.a.[1]

Besonders eng mit Grund- und Hauptbuch ist die Kontokorrentbuchführung verbunden. Sie enthält Personenkonten für die Kunden ("Debitoren") und Lieferanten ("Kreditoren"), in denen die buchungsrelevanten Geschäftsbeziehungen, d.h. die gewährten bzw. empfangenen Kredite, nach Entstehungszeitpunkt, Sachinhalt, Fälligkeit usw. festgehalten werden. Über die Personenkonten wird eine laufende Steuerung und Kontrolle der finanziellen Beziehungen zu Kunden und Lieferanten möglich.

2.5.2 Klassische Buchführungsformen

Zu den ältesten Buchführungsformen zählen die **Übertragungsbuchführungen**, die in zahlreichen Varianten durchgeführt werden. Von den Belegen her werden die Geschäftsvorfälle zunächst chronologisch im Grundbuch erfaßt. In gewissen Zeitabständen je nach Umfang des Buchungsstoffes werden danach die Geschäftsvorfälle in das nach sachlichen Kriterien geordnete Hauptbuch übertragen.

Insbesondere in Kleinbetrieben ist eine besonders rationelle Form der Übertragungsbuchführung in Gebrauch: das **amerikanische Journal**. Es vereinigt in **einem** Buch Grund- und Hauptbuch, wobei die Erfassung der Geschäftsvorfälle gleichzeitig nach zeitlicher und sachlicher Ordnung erfolgt. In einem tabellenartig angeordneten Blatt werden in den linken Spalten, die das Grundbuch darstellen, die laufende Nummer des Geschäftsvorfalls, die Belegnummer, das Belegdatum, die Art des Geschäftsvorfalls, die berührten

1 Der Begriff "Buch" klingt angesichts der modernen EDV-Buchführungen, die auch solche Nebenbuchführungen beinhalten, sicher etwas antiquiert. Faktisch sind hieraus umfangreiche Abrechnungsverfahren entwickelt worden, die wesentlich mehr Informationen enthalten als die Kernbuchführung über Grund- und Hauptbücher. Dies wird später in Kap.5 noch ausführlicher behandelt.

Sachkonten sowie der Betrag vermerkt. Die Spalten rechts vom Grundbuch stellen das Hauptbuch dar, hier werden die Sachkonten mit jeweils einer Teilspalte für Soll- und Habenbuchungen aufgeführt. Der Vorteil des amerikanischen Journals liegt in der einfachen Handhabung, die somit auch eine verringerte Fehleranfälligkeit mit sich bringt.

Eine weitere Form stellen die **Durchschreibebuchführungen** dar. Hier wird jeder Geschäftsvorfall nur ein Mal erfaßt, jedoch gleichzeitig in Grund-, Haupt- und ggf. Nebenbücher geschrieben. Übertragungsfehler werden durch das Durchschreiben vermieden, damit entfallen auch weitgehend die Kontrollarbeiten hinsichtlich der Abstimmung der Bücher. Die Durchschreibebuchführungen wurden auch schon in manueller Form praktiziert, erlebten ihren Aufschwung aber erst mit der Mechanisierung der Buchführung durch die früher gebräuchlichen Buchungsmaschinen. In der am häufigsten verwendeten Form wird der Originaleintrag im Hauptbuch auf die Sachkonten getätigt, als erster Durchschlag erfolgt die Eintragung im Grundbuch, dem Journal; ein zweiter Durchschlag beschreibt ggf. die Personenkonten des Geschäftsfreundebuches. Für die Durchschreibebuchführung ist eine strenge formale Abstimmung in Gestalt und Aufbau der einzelnen Bücher erforderlich.

Als Sonderform der Buchführung, deren Vorteile insbesondere bei EDV-Unterstützung zum Tragen kommen, soll abschließend noch die **Offene-Posten-Buchführung** erwähnt werden. Ihr wesentlicher Zweck ist die effiziente Überwachung des Zahlungsverkehrs mit Lieferanten und Kunden. Eingangs- und Ausgangsrechnungsbeträge werden so lange als "Offene Posten" (= unbezahlt) in einer eigenen Kartei bzw. Datei gehalten, bis sie nach Rechnungsbegleichung als "Ausgeglichene Posten" zu betrachten sind. Diese Art der Buchführung ermöglicht somit jederzeit einen genauen Überblick über die noch zu begleichenden Verbindlichkeiten gegenüber Lieferanten bzw. über die Außenstände der Kunden. Die Übersicht der Offenen Posten ist vor allem für die Beobachtung der Fälligkeiten der Zahlungen von Bedeutung. Auf der Kreditorenseite kann somit leicht die rechtzeitige Zahlung veranlaßt werden; auf der Debitorenseite liefert die Aufstellung der Außenstände die Grundlage für ein effizientes Mahnwesen.

2.5.3 Grundstrukturen einer EDV-gestützten Buchführung

Die Finanzbuchführung war einer der ersten kaufmännischen Bereiche, der mit EDV-Unterstützung abgewickelt wurde. In diesem Betriebsbereich fallen in besonderem Maße Standardvorgänge mit einer großen Anzahl von Daten an, sodaß sich eine Übernahme auf die EDV schon frühzeitig anbot. Mit dem Einsatz der EDV können aber nicht nur die anstehenden Buchungsvorgänge schneller und durch eingebaute Kontrollen meist auch fehlerfreier bewältigt werden. Zusätzlich bietet der EDV-Einsatz die Möglichkeit, die vorhandenen

Daten nach unterschiedlichen Zielsetzungen auswerten zu können, was bei manueller Buchführung nur über umfangreiche Zusatzarbeiten gegeben ist. Eine EDV-Buchführung dient damit neben den dokumentarischen Zwecken auch der Entscheidungsunterstützung der Geschäftsleitung.

Die rechtlichen Vorschriften zur Finanzbuchführung setzten einen Rahmen, der die Spielräume der individuellen Gestaltung der Buchführung einengte. Von daher bot es sich an, Finanzbuchführungsprogramme als **Standardsoftware** zu konzipieren, die von mehr als nur einem Betrieb genutzt werden können. Die Anzahl der auf dem Software-Markt erhältlichen Finanzbuchführungsprogramme ist inzwischen unübersehbar geworden. Allein für die Computergrößenklasse der Personal Computer sollen ca. 1500 verschiedene Produkte erhältlich sein. Ihre Preise schwanken zwischen DM 500.- und DM 5.000.- in der Grundversion, wobei leistungsfähige und komfortable Programme jedoch hauptsächlich in der Preisklasse von DM 3.000.- bis DM 5.000.- zu finden sind.

Die Programme - im folgenden werden PC-fähige Programme betrachtet - sind in der Regel **menügesteuert**; das bedeutet, daß die Benutzer nicht die exakten Funktionsbezeichnungen aus dem EDV-Programm kennen müssen, das in einer Programmiersprache wie COBOL oder BASIC geschrieben ist. Den Benutzern werden in einer Auswahlmaske auf dem Bildschirm die verschiedenen Funktionen des Programms zur Auswahl gestellt - wie ein Menü, daher der Name. Aus der Maske ist die gewünschte Funktion durch Eingabe der zugehörigen Ziffer anzuwählen.

Die Menüstruktur ist hierarchisch aufgebaut. Der Benutzer muß sich u.U. durch mehrere Auswahlmenüs bis auf die eigentliche Eingabe- und Bearbeitungsebene durcharbeiten. Das Hauptauswahlmenü sowie Auszüge aus der Menüstruktur des Programmes, auf das später detaillierter eingegangen wird, sind auf den nächsten beiden Seiten dargestellt.

GFU / AUB - FINANZBUCHHALTUNG-HAUPTMENÜ

0 = STAMMDATENVERWALTUNG

1 = TAGES-, MONATS- UND JAHRESARBEITEN

2 = AUSWERTUNGEN

3 = DEBITOREN

4 = KREDITOREN

5 = FAKTURIERUNG

6 = KOSTENRECHNUNG

7 = REORGANISATION

8 = SONDERPROGRAMME

90 = ARBEITSABLÄUFE

91 = DRUCKEN UND LÖSCHEN LISTEN

ESC = Ende

(0) BITTE FUNKTION EINGEBEN

PARAMETER: 1 = TERMINALNUMMER
1 = UNTERNEHMENSKENNZEICHEN

FEHLERMELDUNG:

Abb. 17: Hauptauswahl Finanzbuchhaltung

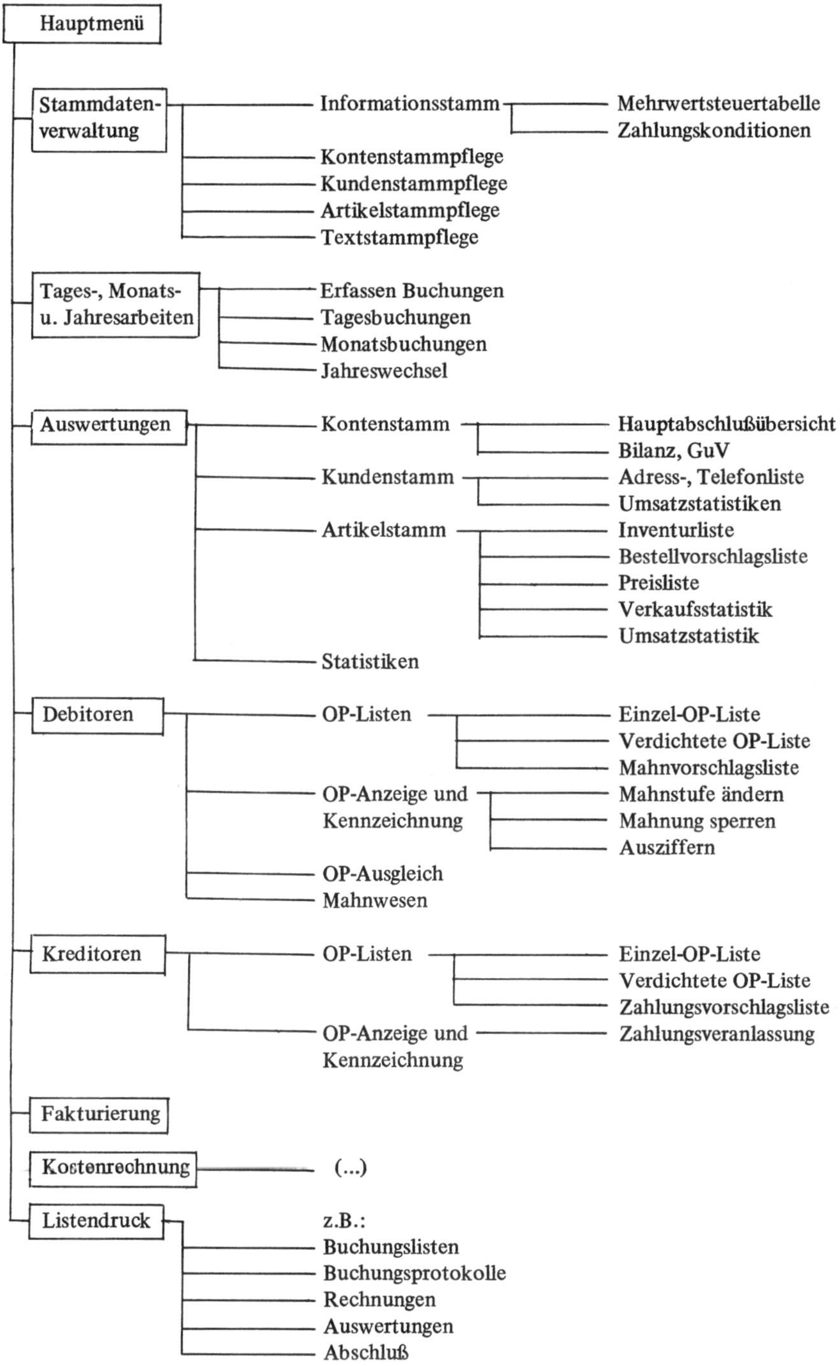

Abb. 18: Die Menüstruktur im Überblick

So gut wie alle FiBu-(=Finanzbuchführungs-)Programme realisieren die doppelte Buchführung, sie beinhalten die Sachkontenbuchführung. Eine Personenkontenbuchführung getrennt nach Debitoren und Kreditoren in Form der Offene-Posten-Buchführung ist schon nicht mehr die Regel, zumindest zählt dies nicht zur Grundversion der Programme. Wenn der Software-Hersteller eine OP-Buchführung anbietet, dann in der Regel als gesondertes (und gesondert zu bezahlendes) Ergänzungsmodul.[1]

Betrachten wir die ersten drei Funktionen aus dem gezeigten Auswahlmenü (Funktionen 0 bis 2), so wird eine grundlegende Aufbaustruktur solcher Programme deutlich:

- Pflege von Stammdaten

- Erfassen und Buchen von Geschäftsvorfällen

- (Periodische) Auswertungen der Konten

2.5.3.1 Die Stammdatenverwaltung

Die Arbeit mit einem Finanzbuchführungs-Programm hat mit der Anlage der **Stammdaten** zu beginnen. Stammdaten sind solche Daten, die sich nicht oder nur selten ändern. Erst danach können die **Bewegungsdaten**, das sind in der Finanzbuchführung vor allem die Daten der Geschäftsvorfälle, erfaßt und verarbeitet werden.

Für die Finanzbuchführung bilden die **Kontenstammdaten** die Basis. Ihre Anlage hat nach dem betriebsspezifischen Kontenplan zu erfolgen. Viele FiBu-Programme bieten einen Standard-Kontenplan an, der vom Unternehmen übernommen oder auch nach eigenen Anforderungen modifiziert werden kann. Ein flexibles Programm ermöglicht dem Anwender die wahlweise Zuordnung bestimmter Kontenklassen zu den Rechenwerken des Abschlusses, Bilanz sowie Gewinn- und Verlust-Rechnung, sodaß mit demselben Programm nach unterschiedlichen Kontenrahmen gearbeitet werden kann.

Die Konten werden im Programm über ihre Nummer angesprochen, die somit zum wichtigsten Stammdatum wird. Weitere Stammdaten sind die Kontenbezeichnung sowie verschiedene Steuerungskennzeichen (Parameter), die für die spätere Bearbeitung der Bewegungen auf den Konten von Bedeutung sind.

---

1 Ein weiterer Aspekt des Leistungsumfangs der FiBu-Software sind die Verknüpfungsmöglichkeiten mit den anderen Gebieten des Rechnungswesens, z.B. der Kostenrechnung. Auf die Vorteile einer integrierten Rechnungswesen-Fachsoftware wird in Kap.6 näher eingegangen.

Viele FiBu-Programme sind "mandantenfähig", d.h., daß mit demselben Programm die Buchführung verschiedener Unternehmen bewältigt werden kann. Dies wird z.B. durch Steuerberater genutzt, die die Buchführung ihrer Mandanten im Auftrag durchführen.

In unserem Beispielsprogramm stellt die erste Ziffer der Kontonummer die Nummer des Mandanten dar. Wir haben somit (mindestens) zwei Möglichkeiten für das Konto "Kasse":

Kontonummer	Kontobezeichnung	Bemerkung
1.1000.0000[1]	Kasse	Mandant 1 bucht nach GKR
2.1500.0000	Kasse	Mandant 2 bucht nach IKR

Die Kontenstammdaten müssen im ersten Schritt **angelegt** werden, sie können bei Bedarf **verändert** oder auch **gelöscht**[2] werden. Zusätzlich können sie auf dem Bildschirm angezeigt oder als Liste auf Papier gedruckt werden. Aus der gesamten Kontenstammdatei kann der **Kontenplan** des Unternehmens nach einem Sortierlauf ausgedruckt werden.

Der Stammsatz für jedes Konto enthält aber noch weitere Daten, die im engeren Sinn als **Bestandsdaten** zu bezeichnen sind. So werden im einzelnen mitgezählt, fortgeschrieben und festgehalten:

- das Datum der **letzten Bewegung** auf dem Konto;

- die **Anzahl** der in der laufenden Periode getätigten **Buchungen**;

- der aktuelle **Saldo** aus Soll- und Habenbuchungen;

- eine nach Soll und Haben sowie Zeitabschnitten aufgegliederte **Statistik der Bewegungen** auf dem Konto.

Diese Bestandsdaten bilden die Grundlage für spätere Auswertungen sowie die Erstellung des Jahresabschlusses.

Neben der Kontenstammdatei benötigt ein Finanzbuchführungsprogramm weitere Stammdaten, auf die bei der Verarbeitung zurückgegriffen wird. Auch sie können "gepflegt", d.h. neu angelegt, verändert oder gelöscht werden.

---

1 Die letzten vier Ziffern der Kontonummer dienen zur Anlage von Unterkonten, falls dies erforderlich ist.

2 In der laufenden Periode bebuchte Konten dürfen allerdings nicht gelöscht werden. Zum Löschen werden die Konten mit einem Löschkennzeichen versehen. Solche Konten werden bei der Umstellung auf das nächste Geschäftsjahr gelöscht, wenn ihr Saldo Null beträgt.

Die **Kunden- und Lieferantenstammdatei** enthält Angaben über die Geschäftsfreunde des Unternehmens, getrennt nach Debitoren und Kreditoren. Neben Firmennamen, Adressen und Bankverbindungen enthält sie auch Daten, die für die Zahlungsregulierung von Bedeutung sind, sowie Steuerungsparameter für Auswertungen.

Die **Artikelstammdatei**, die besonders bei einer integrierten Fakturierung (Rechnungsschreibung) und natürlich bei einer EDV-gestützten Materialverwaltung benötigt wird, enthält zahlreiche Daten zur näheren Beschreibung der Produkte, die das Unternehmen verkauft.

Darüberhinaus sind weitere Stammdaten wie etwa die aktuell gültigen Umsatzsteuersätze von Bedeutung. Auf sie wird später noch eingegangen.

2.5.3.2 Die Bewegungsdatenerfassung und -verarbeitung

Die Auswahlfunktion aus dem Hauptmenü war bezeichnet mit:

1 Tages-, Monats- und Jahresarbeiten.

Zunächst werden nur die Tages- (= täglichen) Arbeiten betrachtet. Im wesentlichen erfolgt hier die **Erfassung der Buchungen** und ihre anschließende **Verarbeitung** als Buchung auf den Konten.[1]

Auch für eine EDV-unterstützte Finanzbuchführung gilt das Prinzip "Keine Buchung ohne Beleg". Für alle zu erfassenden Buchungen müssen somit Belege vorliegen. Allerdings wären die Vorteile der EDV schlecht genutzt, würden nicht vom Programm bestimmte Buchungen automatisch veranlaßt. Diese werden in strengem Sinne allerdings nicht (manuell) erfaßt, sondern vom Programm erzeugt. In diesen Fällen erhält das Programm selbst Belegfunktion.

Zur Vereinfachung der Erfassungsarbeit wird in der Praxis meist mit **Erfassungslisten** gearbeitet. In solche Listen werden die Geschäftsvorfälle mit Bezug auf die Erfassungslogik des Programms eingetragen, "kontiert"; die eigentliche Eingabearbeit am Computer wird damit beschleunigt. Die Erfassungslisten enthalten Spalten für

---

1 Manche Programme buchen "im Dialog". Dies bedeutet eine Sofortverbuchung auf den Konten unmittelbar im Zusammenhang mit der Eingabe. Andere Programme sind nach dem Prinzip der Stapelverarbeitung aufgebaut: Zunächst werden Buchungen erfaßt, anschließend werden sie in einem "Stapel" gesammelt weiterverarbeitet. Der Stapelbegriff stammt aus den Zeiten aufeinandergeschichteter Lochkarten.

- Konto
- Gegenkonto
- Betrag
- ggf. Umsatzsteuerangaben
- Belegnummer
- Buchungstext
- Buchungstag
- ggf. Hinweise auf Zahlungskonditionen

In dieser Reihenfolge werden dann von den Erfassungslisten die Daten in den Computer eingegeben.[1]

Viele FiBu-Programme nehmen eine Trennung zwischen der Erfassung der Geschäftsvorfälle und der eigentlichen Buchung auf den Konten vor, bei anderen bedeutet die Erfassung die gleichzeitige Buchung. Die Trennung ist insofern von Vorteil, als Falscherfassungen noch vor der eigentlichen Buchung entdeckt und korrigiert werden können. Auf diese Weise werden aufwendige Stornobuchungen, die in der Folge in der gesamten Dokumentation mitlaufen, vermieden. Das Beispielsprogramm nimmt diese Trennung vor (vgl. Kap. 4).

Nach der Erfassung bzw. zeitgleich mit ihr werden die Geschäftsvorfälle auf die entsprechenden Konten gebucht. Je nach Betriebsgröße bzw. Umfang des Buchungsstoffes geschieht dies permanent, ein Mal täglich oder in größeren Zeitabständen. Mit der Buchung werden die Bestandsdaten auf den Konten (Salden- und Kontenumsatzstatistik-Felder) fortgeschrieben, gleichzeitig entstehen Dateien für Ausdrucke, die Grund- und Hauptbuchfunktion wahrnehmen. Buchungsprotokolle sind für die Dokumentation des ordnungsmäßigen Buchungsvorgangs erforderlich.

2.5.3.3 Auswertungen

Die Kontenstammdateien sowie die Dateien, die den laufenden Buchungsstoff aufnehmen, stellen die Grundlage für verschiedene Auswertungen dar.

Als unterste Auswertungsstufe fungiert die Auflistung der Bewegungen und Bestände auf den Konten. Hierzu zählen

---

1 Recht unterschiedlich sind mögliche Erfassungshilfen bei den Programmen realisiert. Eingebaute Plausibilitätskontrollen können die Richtigkeit der Eingaben überprüfen und ggf. falsche Eingaben abweisen. In manchen Eingabefeldern bleiben Daten der zuletzt eingegebenen Buchung stehen, wodurch, etwa bei mehrfacher Bebuchung desselben Kontos, die Eingabearbeit verringert wird, u.a.m. Auch in der Gestaltung der "Benutzeroberfläche" zeigt sich die ganze Vielfalt der Finanzbuchführungs-Programme.

- die Erstellung von Journalen (mit Grundbuchfunktion);

- die Erstellung von Summen- und Saldenlisten zur Vorbereitung des Jahresabschlusses;

- die Kontenschreibung

- die Umsatzsteuervoranmeldung

- die Erstellung von Bilanz und Gewinn- und Verlustrechnung

Darüberhinaus bieten die Finanzbuchführungsprogramme in unterschiedlichster Weise betriebswirtschaftliche Auswertungen (sog. BWAs) an. Diese können in fixierter Form nach Vorgabe der Programmhersteller oder nach vom Anwender definierten Strukturen gestaltet sein. Sie können z.B. standardmäßig eine kurzfristige Erfolgsrechnung oder die Ermittlung der betriebswirtschaftlichen Kennzahl Cash Flow beinhalten, sie können vergleichende Ergebnisrechnungen (Perioden- oder Soll-/Ist-Vergleiche) bieten oder auch betriebswirtschaftliche Kennzahlen etwa über die Liquidität oder die Kapitalstruktur bieten. Auf diese Möglichkeiten wird später noch eingegangen.

2.6 Rechtliche Grundlagen für die Buchführung

In Kap. 1.2 wurde bereits auf die verschiedenartigen Interessen hingewiesen, die mit den Rechenwerken der Finanzbuchführung und des Jahresabschlusses verbunden sind. Diese Interessen könnten, sollten sie sich uneingeschränkt durchsetzen können, zu recht unterschiedlichen Ausprägungen der Buchführung und des Abschlusses hinsichtlich Gestaltung und Umfang führen. Um ein gewisses Mindestmaß hinsichtlich der Befriedigung dieser Interessen zu gewährleisten, sind allgemeingültige Normen festgeschrieben worden, an die sich die Unternehmen bei der Buchführung zu halten haben. Als zentrale Zielsetzungen dieser Vorschriften können genannt werden:

- Dokumentation

- (Selbst)Information

- Gläubigerschutz

- Ermittlung von Besteuerungsgrundlagen

Die **Dokumentation** stellt die Basis dar, hier geht es in erster Linie um die Erfassung, geordnete Darstellung und Sicherung des Buchungsstoffes vor Verfälschung oder Verlust. Dies ist insbesondere im Hinblick auf juristische

Auseinandersetzungen von Bedeutung. Die **Selbstinformation** rückt die Interessen der Geschäftsleitung und mittels des Jahresabschlusses der Eigentümer in den Mittelpunkt. Zahlreiche Vorschriften dienen dem **Schutz der Gläubiger** vor Verlust ihrer dem Unternehmen zur Verfügung gestellten Mittel. Und nicht zuletzt stellen die Aufzeichnungen der Geschäftsvorfälle und ihre Zusammenführung in der (Steuer-)Bilanz die **Basis für die Besteuerung** als Realisierung der fiskalischen Interessen des Staates dar.

Rechtliche Vorschriften zur Buchführung reichen in ihren Anfängen bis in das Mittelalter zurück, die wesentlichen Grundlagen für die heutige Rechtslage wurden im 19. Jahrhundert gelegt. Hinsichtlich der ersten drei der oben genannten Zielsetzungen finden sich die wesentlichen **gesetzlichen** Vorschriften im **Handelsrecht**, hinsichtlich der fiskalischen Interessen im **Steuerrecht**. Neben den gesetzlichen sind auch andere rechtliche Vorschriften zu beachten, wie sie sich etwa aus der **Rechtsprechung** ergeben.

2.6.1 Handelsrechtliche Vorschriften über die Pflicht zur Buchführung

Die wesentlichen handelsrechtlichen Bestimmungen zur Buchführung finden sich im **Handelsgesetzbuch**. Die **Pflicht** zur Buchführung sowie die Anforderungen an die Buchführung werden in den §§ 238 und 239 geregelt. § 238 Abs. 1 stellt dabei auf die **Ordnungsmäßigkeit** der Buchführung ab, die vor allem dadurch zu gewährleisten ist, daß sich "sachverständige Dritte" (z.B. Wirtschaftsprüfer) darin zurechtfinden können. Der Überblick über die Geschäftsvorfälle und das Vermögen des Kaufmanns muß ermöglicht werden. **Besondere Anforderungen** an die Buchführung beinhalten die verschiedenen Absätze des § 239 HGB. So muß eine lebende Sprache verwendet werden, es dürfen nur in der Praxis übliche Abkürzungen, Ziffern oder Symbole gebraucht werden (Abs. 1); die Buchungen müssen vollständig, richtig, aktuell und geordnet vorgenommen werden (Abs. 2), nachträgliche Änderungen sind nur in nachvollziehbarer Form erlaubt (Abs. 3).

Ferner regelt § 257 HGB, wie lange und in welcher Form Geschäftsunterlagen aufbewahrt werden müssen. Dabei gelten folgende **Aufbewahrungsfristen**:

- **10 Jahre** für Handelsbücher, Inventare, Eröffnungsbilanzen und Jahresabschlüsse (Abs. 1);

- **6 Jahre** für Handelsbriefe und Buchungsbelege (Abs. 4).

§ 257 Abs. 3 erlaubt dabei ausdrücklich die Aufbewahrung bestimmter Unterlagen auf Bild- oder Datenträgern, womit dem zunehmenden Einsatz moderner Techniken explizit im Gesetz Rechnung getragen wird.

2.6.2 Steuerrechtliche Vorschriften über die Pflicht zur Buchführung

Die wichtigsten Aufzeichnungspflichten finden sich in der Abgabenordnung (AO) und hier vor allem in § 140:

> "Ist jemand nach anderen Gesetzen als den Steuergesetzen verpflichtet, Bücher und Aufzeichnungen zu führen, die für die Besteuerung von Bedeutung sind, so hat er diese Verpflichtungen, die ihm nach anderen Gesetzen obliegen, auch im Interesse der Besteuerung zu erfüllen."

Neben dieser abgeleiteten ("Allgemeinen") Buchführungspflicht setzt die Abgabenordnung auch eigenständige Vorschriften: § 141 verpflichtet alle Gewerbetreibenden sowie Land- und Forstwirte zur Buchführung, wenn bestimmte Grenzen bei Umsatz, Betriebsvermögen, Wirtschaftswert oder Gewinn überschritten werden.

Weitere steuerrechtliche Buchführungsvorschriften neben den §§ 140 bis 147 der Abgabenordnung finden sich etwa im Einkommensteuergesetz (EStG), der Einkommensteuer-Durchführungsverordnung (EStDV), den Einkommensteuer-Richtlinien (EStR) sowie im Umsatzsteuergesetz (UStG).

2.6.3 Vorschriften über Inventur und Inventar

Die gesetzlichen Fixierungen gehen über Bestimmungen zur reinen Buchführungspflicht hinaus. So enthalten die §§ 240 und 241 HGB sowie die Abschnitte 30 ff. der Einkommensteuer-Richtlinien Vorschriften über Methoden und Systeme zur Inventur und die Form des Inventars. Nach den Grundsätzen einer ordnungsgemäßen Inventur müssen die Bestände an Vermögen und Kapital vollständig, richtig, genau, nachprüfbar und klar gegliedert aufgenommen werden.

Grundsätzlich gilt die Vorschrift der **Stichtagsinventur** (§ 240 Abs. 2 HGB), wonach die Inventur zum Schluß des Geschäftsjahres durchzuführen ist. Eine Abweichung von bis zu zehn Tagen vom Stichtag ist dabei zulässig. Allerdings erlaubt § 241 HGB in Abs. 2 und 3 auch eine Loslösung der Inventur vom Stichtag. Von einer **vor- oder nachverlagerten Inventur** ist zu sprechen, wenn die Inventur bis zu drei Monaten vor oder bis zu zwei Monaten nach dem Stichtag durchgeführt wird; bei der **permanenten Inventur** wird die körperliche Bestandsaufnahme über das ganze Jahr verteilt. Bei allen Abweichungen von der Stichtagsinventur muß sichergestellt sein, daß Bestandsveränderungen über geeignete Aufzeichnungen festgehalten werden.

Die mengenmäßige Feststellung des Vermögensbestandes muß nicht notwendig in Form einer Vollerhebung vorgenommen werden. § 241 Abs. 1 HGB erlaubt auch die Anwendung mathematisch-statistischer Methoden auf der Ba sis von **Stichprobenerhebungen**, wenn auf diese Weise ein gleicher Aussagewert über die Bestände wie bei der körperlichen Bestandsaufnahme erreicht wird.

Die Inventur beinhaltet nicht nur die mengenmäßige Feststellung, sondern auch die Bewertung des Vermögensbestandes und der Schulden. Das HGB eröffnet hierfür in § 240 Abs. 3 und 4 die vereinfachten Möglichkeiten der Fest- und der Gruppenbewertung. Grundsätzlich gilt das Prinzip der **Einzelbewertung**, wonach jeder Vermögensgegenstand einzeln zu bewerten ist. Ein Hotelbetrieb beispielsweise kann aber seinen Bestand an Geschirr mit gleichbleibender Menge und gleichbleibendem Wert ansetzen (**Festbewertung**), wenn sich der Bestand wenig ändert und mindestens alle drei Jahre eine Zählung durchgeführt wird. Ferner können gleichartige Gegenstände des Vorratsvermögens oder des beweglichen Anlagevermögens zu Gruppen zusammengefaßt mit gewogenen Durchschnittswerten im Inventar angesetzt werden (**Gruppenbewertung**).

2.6.4 Vorschriften über den Jahresabschluß

Sehr ausführlich regeln die Gesetze, von wem in welcher Form der Jahresabschluß als Rechenwerk der Rechnungslegung aufzustellen ist. Die §§ 238 und 239 enthalten Bestimmungen für **alle** dem HGB unterliegenden Unternehmen (sog. Vollkaufleute im Sinn der §§ 1 bis 3 und 6 HGB, nicht sog. Minderkaufleute gem. § 4 HGB); die §§ 264 bis 335 HGB beinhalten Vorschriften für Unternehmen in der Rechtsform einer Kapitalgesellschaft.

Im einzelnen beinhaltet das HGB

- **Ansatzvorschriften** (was ist zu bilanzieren - §§ 246 ff. HGB);

  und

- **Bewertungsvorschriften** (wie ist zu bilanzieren - §§ 252 ff. HGB);

Daneben trifft das HGB für Unternehmen in den Rechtsformen von **Kapitalgesellschaften** in § 267 Unterscheidungen nach Größenklassen der Unternehmen:

Kleine Kapitalgesellschaft	Umsatz in Mio: Bilanzsumme in Mio: Beschäftigte	bis 8,0 bis 3,9 bis 50
Mittelgroße Kapitalgesellschaft	Umsatz in Mio: Bilanzsumme in Mio: Beschäftigte	bis 32,0 bis 15,5 bis 250
Große Kapitalgesellschaft	Umsatz in Mio: Bilanzsumme in Mio: Beschäftigte	über 32,0 über 15,5 über 250

Abb. 19: Größenklasseneinteilung von Kapitalgesellschaften gem. § 267 HGB

Diese Einteilung hat Auswirkungen auf die

- Vorschriften zu **Erstellung** und **Inhalt von Bilanz, GuV-Rechnung, Anhang** und **Lagebericht** (§§ 264 ff. HGB)

- **Prüfungspflichten** (§§ 316 ff. HGB) und die

- **Veröffentlichungspflichten** (§§ 325 ff. HGB).

Für Kapitalgesellschaften besteht der Jahresabschluß **zusätzlich** zu Bilanz und GuV-Rechnung noch aus einem **Anhang** (§ 284 ff. HGB), der Erläuterungen zu Ansatz- und Bewertungsmethoden sowie zu einzelnen Positionen von Bilanz und GuV-Rechnung enthält. Außerdem muß ein **Lagebericht** gem. § 289 HGB aufgestellt werden, der den Geschäftsverlauf und die ökonomische Situation des Unternehmens auch mit Blick in die Zukunft beschreibt. In Abhängigkeit von der Größe der Kapitalgesellschaft gewährt das HGB in den §§ 266 Abs. 1, 276 und 288 Erleichterungen hinsichtlich der Aufgliederung von Bilanz und GuV-Rechnung sowie der im Anhang zu gebenden Erläuterungen.

Als eine zentrale handelsrechtliche Vorschrift ist die Generalnorm von § 264 Abs. 2 anzusehen, nach der der Jahresabschluß der Kapitalgesellschaft ein **den tatsächlichen Verhältnissen entsprechendes Bild der Vermögens-, Finanz- und Ertragslage** zu vermitteln hat.

Mit Ausnahme der kleinen Kapitalgesellschaft sind der Jahresabschluß und der Lagebericht von einem Abschlußprüfer zu **prüfen**.

Auch bei der Pflicht zur **Veröffentlichung** des Jahresabschlusses gewährt das HGB in den §§ 325 ff. größenabhängige Erleichterungen, die sich auf den Umfang sowie die Art der Veröffentlichung beziehen. Für große Kapitalgesellschaften ist eine weitreichende Veröffentlichungspflicht im Bundesanzeiger ("BA" in der nachfolgenden Übersicht) vorgeschrieben, während für mittelgroße und kleine Kapitalgesellschaften eine Veröffentlichung im Handelsregister ("HR") ausreicht.

	Größenklassen		
	Klein	Mittel	Groß
Bilanz: Aufstellung Veröffentlichung:	 ja ja, HR	 ja ja, HR	 ja ja, BA
GuV-Rechnung: Erstellung: Veröffentlichung:	 ja, verkürzt nein	 ja, verkürzt ja, HR	 ja ja, BA
Anhang: Erstellung: Veröffentlichung:	 ja ja, HR	 ja ja, HR	 ja ja, BA
Lagebericht: Erstellung: Veröffentlichung:	 ja nein	 ja ja, HR	 ja ja, BA
Prüfung des Jahresabschlusses:	nein	ja	ja

Abb. 20: Größenklassenabhängige Rechnungslegungspflichten von Kapitalgesellschaften

Über das HGB hinaus existieren hierzu weitere handelsrechtliche Sondervorschriften in den Spezialgesetzen für einzelne Rechtsformen (GmbHG, AktG u.a.).

2.6.5 Die Grundsätze ordnungsmäßiger Buchführung und Bilanzierung

Zahlreiche der bisher genannten Rechtsvorschriften sowohl des Handels- als auch des Steuerrechts beziehen sich ausdrücklich auf die "Grundsätze ordnungsmäßiger Buchführung und Bilanzierung" (GoB). Darunter sind alle nicht näher bestimmten Regeln und Gebräuche zu verstehen, die in einem Unternehmen zu beachten sind, damit Buchführung und Abschluß einem sachverständigen Dritten bei angemessenem Zeitaufwand zugänglich sind. GoB werden z.B. durch die allgemeine Geschäftspraxis, aber auch durch die Rechtsprechung entwickelt. Durch die Neufassung wichtiger handelsrechtlicher Vorschriften im Bilanzrichtliniengesetz von 1985 haben einige GoB Gesetzeskraft erhalten, die vorher nur durch Ableitung aus dem (alten) Aktiengesetz für Nicht-Aktiengesellschaften Bedeutung hatten.

Als wichtigste Grundsätze sollen an dieser Stelle genannt werden:

(1) Klarheit und Übersichtlichkeit als Grundsätze **formeller** Ordnungsmäßigkeit;

(2) Wahrheit/Richtigkeit und Vollständigkeit als Grundsätze **materieller** Ordnungsmäßigkeit.

Im einzelnen ist darunter Folgendes zu verstehen:

- Die Buchführung muß **systematisch** aufgebaut sein; es müssen ein Kontenplan sowie Organisationsvorschriften für die Abwicklung der laufenden Vorgänge existieren.

- Es muß ein geregeltes **Belegwesen** vorliegen. Jede Buchung ist durch einen Beleg nachzuweisen: Originalbelege im Außenverkehr, Eigenbelege für interne Buchungen.

- Die Geschäftsvorfälle müssen sachlich richtig und vollständig aufgezeichnet werden. Durch geeignete Maßnahmen (wie z.B. die Durchnumerierung der Belege) muß die Vollständigkeit der Dokumentation gesichert sein.

Die GoB werden im engeren Sinn allein auf die Buchführung bezogen. In einem erweiterten Verständnis gelten sie auch als **Grundsätze ordnungsgemäßer Bilanzierung**, als GoB für die Rechenschaftslegung. Im einzelnen sind hierbei zu nennen:

- der Grundsatz der **Klarheit** in bezug auf die **formale** Gestaltung des Jahresabschlusses;

- der Grundsatz der Wahrheit bzw. Richtigkeit hinsichtlich des **materiellen Inhalts** der Jahresabschlußpositionen;

- die Grundsätze der Kontinuität aufeinanderfolgender Jahresabschlüsse: formell als Grundsatz der **Bilanzidentät** (Schlußbilanz der letzten = Eröffnungsbilanz der Folgeperiode, Beibehaltung der Gliederungen und des Abschlußstichtages); **materiell** als Grundsätze der **Bewertungsstetigkeit** in bezug auf gleichbleibende Bewertungs**methoden** sowie der **Wertstetigkeit** durch Fortschreibung der Wertansätze über mehrere Perioden.

- der Grundsatz der kaufmännischen **Vorsicht**: Gewinne sollen erst ausgewiesen werden, wenn sie tatsächlich eingetreten sind (**Realisationsprinzip**); vorhersehbare Verluste sollen hingegen durch Aufwandsausweis im Jahresabschluß bereits berücksichtigt werden. Wegen dieser ungleichen Behandlung von Gewinnen und Verlusten spricht man vom **Imparitätsprinzip**. Dem Vorsichtsgrundsatz entsprechen auch gesetzliche Vorschriften zur Bewertung von Vermögensgegenständen und Schulden: So schreibt z.B. § 253 Abs. 3 HGB vor, daß Vermögensgegenstände des Umlaufvermögens mit dem am Bilanzstichtag geltenden niedersten Wert anzusetzen sind (**Niederstwertprinzip**).

3

DIE BUCHUNG VON LAUFENDEN GESCHÄFTSVORFÄLLEN

3.1 Die Unterscheidung in erfolgswirksame und erfolgsunwirksame Geschäftsvorfälle

Zu Beginn dieses Abschnitts soll kurz das Wesentliche hinsichtlich der grundlegenden Charakterisierung von Geschäftsvorfällen wiederholt werden.

Bereits im Abschnitt über System und Technik der doppelten Buchführung wurde darauf hingewiesen, daß die Geschäftsvorfälle hinsichtlich ihrer Wirkung auf das Eigenkapital unterschieden werden:

- Geschäftsvorfälle **mit** Wirkung auf das Eigenkapital;

- Geschäftsvorfälle **ohne** Wirkung auf das Eigenkapital.

Allerdings ist diese Unterscheidung nicht identisch mit der nach erfolgswirksamen und erfolgsunwirksamen Geschäftsvorfällen. Denn auch solche Geschäftsvorfälle, die über Privatkonten abgewickelt werden (Privateinlagen und Privatentnahmen), gelten als erfolgs**un**wirksam - obwohl sie das Eigenkapital verändern. Sie stehen für einen Geld- oder Sachtransfer zwischen dem Unternehmen und der Privatsphäre seiner Eigentümer, haben jedoch keine Auswirkungen auf Gewinn oder Verlust des Unternehmens.

Alle anderen Geschäftsvorfälle, die das Eigenkapital verändern, tragen zu Gewinn oder Verlust der Abrechnungsperiode bei. Sie berühren als erfolgswirksame Geschäftsvorfälle sämtlich die Konten für Aufwendungen (Eigenkapitalminderungen) oder Erträge (Eigenkapitalmehrungen).

Ein anderer Weg, die Erfolgswirksamkeit festzustellen, besteht in der Beantwortung der Frage, ob durch den Geschäftsvorfall **ausschließlich** Konten mit **Beständen** an Geld-, Sach- oder Kapitalwerten berührt werden. Ist das der Fall - etwa bei der Begleichung einer Verbindlichkeit durch Banküberweisung (Buchungssatz: Verbindlichkeit an Bank) - besteht Erfolgsunwirksamkeit, Erfolgsneutralität. Wird hingegen z.B. die Miete für Büroräume überwiesen (Buchungssatz: Mietaufwand an Bank), so ist lediglich **ein** Bestandskonto (Bank) berührt. Das andere Konto (Mietaufwand) umfaßt keine Bestände, gehört somit zur Kategorie der Erfolgskonten. Der Geschäftsvorfall ist erfolgswirksam.

Auf diese Unterscheidung wird im folgenden immer wieder zu achten sein. Die Buchung der wichtigsten Arten von Geschäftsvorfällen wird im folgenden systematisch anhand einer Klassifikation von Geschäftsvorfällen behandelt:

- Kap. 3.2 erläutert den **Warenverkehr** als wesentlichen Bestandteil der Geschäftstätigkeit von Handelsbetrieben. In diesem Rahmen werden auch System und Buchung der Umsatzsteuer dargestellt;

- Kap. 3.3 stellt dagegen den Einkauf und Verbrauch an **Material** (Roh-, Hilfs- und Betriebsstoffen) in den Vordergrund, wie er vornehmlich bei Fertigungsbetrieben auftritt.;

- Kap. 3.4 und 3.5 behandeln branchenunabhängig den Umgang mit den weiteren Produktionsfaktoren **Betriebsmittel** und **Personal.**

- In Kap. 3.6 werden Einzelheiten der Gliederung und Buchung von **Rechtsansprüchen** vor allem hinsichtlich der Verbindlichkeiten und Forderungen erläutert. Eine weitergehende Vertiefung dieses Bereichs erfolgt in Kap. 4 bei der Behandlung der Kreditoren- und Debitorenbuchführung.

- Abschließend behandelt Kap. 3.7 mit den **Rückstellungen** eine wichtige Position der Passivseite der Bilanz.

3.2 Der Warenverkehr beim Handelsbetrieb

Unter (Handels-)**Waren** sind solche Güter zu verstehen, die von einem Unternehmen gekauft und ohne wesentliche Be- oder Verarbeitung weiterverkauft werden. Diese Kategorie von Gütern ist somit typisch für das Handelsunternehmen, jedoch haben auch Fertigungs- oder Dienstleistungsunternehmen häufig Handelswaren neben ihren Hauptprodukten im Angebot. Waren sind Bestandteil der Position "Vorräte" auf der Aktivseite der Bilanz. Andere Vorratsarten stellen Roh-, Hilfs- und Betriebsstoffe sowie unfertige und Fertigerzeugnisse dar, auf die in späteren Abschnitten eingegangen wird.

Waren werden auf den Beschaffungsmärkten eingekauft und auf den Absatzmärkten verkauft, wobei zwischen Einkauf und Verkauf in der Regel die Funktion Lagerung tritt. Sowohl hinsichtlich der Rechtsgeschäfte wie der wirtschaftlichen Wirkung empfiehlt sich eine getrennte Behandlung der Einkaufs- und der Verkaufssphäre in der Buchführung: Rechtsgeschäfte mit Warenlieferanten sind völlig unabhängig von denen mit den Abnehmern zu sehen. Der Wareneinkauf für sich genommen hat keinerlei Wirkung auf den Erfolg, erst der Warenverkauf zeigt im Zusammenhang mit der wertmäßigen Betrachtung des Einkaufs, ob Gewinn oder Verlust aus den Handelsgeschäften resultiert.

Denn für die selbe Ware werden bei Einkauf und Verkauf in der Regel unterschiedliche Preise angesetzt.

Aus diesen Gründen hat es sich daher allgemein durchgesetzt, von einem ebenfalls möglichen einheitlichen Warenkonto abzurücken und mit zwei verschiedenen Kontenarten zu arbeiten: mit **Wareneinkaufs- und Warenverkaufskonten.** Auf das einheitliche Warenkonto wird hier nicht weiter eingegangen.

3.2.1 Das Wareneinkaufskonto

Auf dem Wareneinkaufskonto werden alle Vorgänge abgebildet, die mit der Beschaffung der Waren in Verbindung stehen. Hierzu zählen die eigentlichen **Einkäufe** sowie **Rücksendungen** an die Lieferanten und von diesen gewährte **Preisnachlässe.** Ferner werden der **Periodenanfangsbestand** und der durch Inventur festgestellte **Periodenendbestand** an Waren auf diesem Konto gebucht. Der Saldo, der aus diesen Buchungen zu ermitteln ist, stellt den sog. **Wareneinsatz** dar. Der Wareneinsatz zeigt die Wertsumme derjenigen Waren an, die zum Weiterverkauf eingesetzt wurden. Als Grundlage für die zu buchenden Beträge fungieren der **Einkaufspreis** (auch: Einstandspreis) bzw. die bei Preisnachlässen vereinbarten Beträge.

Ein Wareneinkaufskonto hat demnach folgendes Aussehen:

Soll Wareneinkauf	Haben
Anfangsbestand	Rücksendungen an Lief.
Zugänge (Wareneinkäufe)	Preisnachlässe der Lief.
	Endbestand lt. Inventur
	Saldo (Wareneinsatz)

Bei der Buchung der Zugänge sind die sog. Bezugsaufwendungen (wie für Fracht u.a.) mit zu berücksichtigen. In der Praxis werden dafür oft Unterkonten eingerichtet, die auf das Wareneinkaufskonto abgeschlossen werden. Darauf wird im Abschnitt über die Buchungen bei Roh-, Hilfs- und Betriebsstoffen weiter eingegangen, da dies analog zu behandeln ist.

3.2.2 Das Warenverkaufskonto

Auf dem Warenverkaufskonto werden alle Buchungen erfaßt, die im Zusammenhang mit dem Verkauf der Waren stehen. Dies sind die eigentlichen **Verkäufe**, **Rücksendungen** von Kunden sowie an diese gewährte **Preisnachlässe**. Ferner wird der bereits erwähnte **Wareneinsatz** auf dem Verkaufskonto erfaßt, wodurch der Erfolg (als Gewinn oder Verlust) aus den Warengeschäften erkennbar wird. Der dafür zu ermittelnde Saldo wird **Warenrohgewinn** genannt. Ein Warenverkaufskonto hat folgendes Aussehen:

Soll	Warenverkauf Haben
Rücksendungen von Kunden	Warenverkäufe
Preisnachlässe an Kunden	
Wareneinsatz	
Saldo (Warenrohgewinn)	

Auf dem Warenverkaufskonto werden mit Ausnahme des Wareneinsatzes die Buchungen auf Basis der **Verkaufspreise** vorgenommen. Die Preisnachlässe sind nach den vereinbarten Geldgrößen zu buchen. Der Wareneinsatz stellt die Gegenbuchung zur Buchung auf dem Wareneinkaufskonto dar und bezieht sich damit auf die Einstandspreise.

3.2.3 Der Abschluß der Warenkonten

Der Abschluß des Wareneinkaufskonto bildet eine Besonderheit gegenüber der allgemeinen Regel, die oben dargestellt wurde. Wir hatten die Formel

Anfangsbestand + Zugänge - Abgänge = Endbestand

als Formel für die Bestandskonten kennengelernt, wobei der Saldo des Kontos gleichzeitig den Endbestand bildete. Die gesonderte kontenmäßige Erfassung der geschilderten Vorgänge auf dem Wareneinkaufskonto bringt es nun mit sich, daß der Saldo dieses Kontos inhaltlich etwas Anderes darstellt als den Endbestand an Handelswaren, der in der Bilanz auszuweisen wäre. Dieser Endbestand ist durch die Inventur festzustellen, also die körperliche Bestandsaufnahme der vorhandenen Warenbestände sowie ihre Bewertung nach den zulässigen Verfahren. Die Buchung dieses laut Inventur festgestellten Warenendbestandes findet statt, indem als notwendige Gegenbuchung das Bilanzkonto "Bestände Handelswaren" angesprochen wird.

Stellt man die obige Formel nun entsprechend um, erhält man

Anfangsbestand + Zugänge - Endbestand = Abgänge

Die Abgänge auf dem Wareneinkaufskonto setzen sich wie folgt zusammen:

- Rücksendungen an Lieferanten
- Preisnachlässe durch die Lieferanten
- Einsatz der Waren zum Weiterverkauf (Warenverbrauch)

Durch die Buchungen von Rücksendungen und Preisnachlässen wurden einige Abgänge bereits erfaßt. Der Rest und damit der Saldo des Wareneinkaufskonto bei dessen Abschluß stellt somit den Wareneinsatz oder Warenverbrauch dar. Das Gegenkonto für die Buchung des Wareneinsatzes stellt das Warenverkaufskonto dar.

Auf dem Warenverkaufskonto werden alle Verkaufserlöse gebucht. Dies sind (eigenkapitalmehrende) **Erträge**, sie werden daher im Haben gebucht. Umgekehrt sind Rücksendungen von Kunden und gewährte Preisnachlässe (eigenkapitalmindernde) Aufwendungen, die im Soll gebucht werden. Der Wareneinsatz stellt dieser Logik zufolge ebenfalls Aufwand dar, welcher im Soll zu buchen ist. Dies leuchtet ein, wenn man sich klar macht, daß der **Verbrauch** von Vermögensgegenständen **generell Aufwand** darstellt. Wir werden dies noch an weiteren Beispielen sehen. Der Saldo des Warenverkaufskontos, der Warenrohgewinn, wird auf dem Gewinn- und Verlust-Konto gegengebucht. Im Normalfall ist dieser Saldo ein Habensaldo, weshalb der Warenrohgewinn auf dem GuV-Konto auf der Habenseite als Ertrag gebucht wird.

Das Wareneinkaufskonto stellt somit ein Bestandskonto dar, welches erfolgs**un**wirksame Vorgänge aufnimmt. Dagegen ist das Warenverkaufskonto ein Erfolgskonto, die Buchungen sind erfolgswirksam. Abgesehen von der inneren Verknüpfung beider Konten über den Wareneinsatz wird dies auch daran deutlich, daß der Endbestand des Wareneinkaufskontos seine Gegenbuchung auf einem Bilanzkonto ("Bestände Handelswaren") erfährt, der Saldo des Warenverkaufskontos dagegen seine Gegenbuchung auf dem GuV-Konto.

Dieser Zusammenhang soll abschließend noch einmal dargestellt werden:

S Wareneinkaufskonto H

S	H
Anfangsbestand (EP)	Rücksendungen (EP)
Zugänge (Wareneinkauf) (EP) (EP)	Preisnachlässe
	Endbestand lt. Inventur (EP)
	Wareneinsatz (EP)

S Warenverkaufskonto H

S	H
Wareneinsatz (EP)	Verkaufserlöse (VP)
Warenrohgewinn	

S Handelswaren H

S	H
Bestand lt. Inventur	

S GuV-Konto H

S	H
	Warenrohgewinn

Die hier gezeigte Form des Abschlusses der Warenkonten wird als **Nettoabschluß** bezeichnet, weil der Betrag, der in das GuV-Konto übernommen wird, nur noch den Nettobetrag aus Warenein- und -verkäufen darstellt. Als zweite Möglichkeit existiert der sog. **Bruttoabschluß**: Hierbei werden der Wareneinsatz sowie die ggf. um Retouren und Preisnachlässe korrigierten Verkaufserlöse direkt auf das GuV-Konto in das Soll bzw. Haben übernommen.

S Wareneinkaufskonto H

S	H
...	...
	Wareneinsatz (EP)->GuV

S Warenverkaufskonto H

S	H
...	
	Verkaufserlöse
GuV	(VP)

S	GuV-Konto	H
Wareneinsatz		Verkaufserlöse

Übungsaufgabe 5
(Lösung im Anhang)

Buchen Sie die nachfolgenden Geschäftsvorfälle auf die Warenkonten und schließen Sie diese nach der Netto- und der Bruttomethode ab.

(a)	Anfangsbestand	DM	80.000.-
(b)	Warenverkauf bar	DM	16.000.-
(c)	Rücksendung von Kunden	DM	8.000.-
(d)	Wareneinkauf auf Ziel	DM	140.000.-
(e)	Bonus eines Lieferanten	DM	3.200.-
(f)	Warenverkauf auf Ziel	DM	166.000.-
(g)	Endbestand lt. Inventur	DM	75.000.-

Exkurs: Die Umsatzsteuer und ihre Buchung

Die Umsätze eines Unternehmens unterliegen in der Regel der Umsatzsteuer. Nach § 1 des Umsatzsteuergesetzes (UStG) werden folgende Arten von steuerbaren Umsätzen unterschieden:

- entgeltliche Lieferungen und sonstige Leistungen;

- der Eigenverbrauch (also die Privatentnahmen);

- die Einfuhr von Gegenständen aus dem Ausland.

Umsätze, die nicht unter die Tatbestandsmerkmale des § 1 UStG fallen, sind nicht steuerbar. Ferner sind bestimmte steuerbare Umsätze von der Umsatzsteuer befreit; die wichtigsten Steuerbefreiungen betreffen den Export von Waren, Kreditgewährungen sowie Mieten bei Grundstücken und Gebäuden (vgl. § 4 UStG).

Als Bemessungsgrundlage für die Besteuerung fungiert in der Regel das **vereinbarte** Entgelt, also der Warennettopreis, wie er in der Rechnung ausgewiesen wird. Dabei kommt es für die Steuerpflicht nicht darauf an, ob die Rechnung schon bezahlt wurde. Allein mit dem Verkaufsakt entsteht die Steuerpflicht. Allerdings wird letztenendes nur das **vereinnahmte** Entgelt besteuert, denn Preisnachlässe oder Warenrücksendungen ändern das ursprünglich vereinbarte Entgelt. Die ursprünglichen Umsatzsteuerbeträge müssen in diesen Fällen korrigiert werden.

Die Umsatzsteuer wird von den liefernden Unternehmen den Warenempfängern in Rechnung gestellt, sie ziehen die Steuer für das Finanzamt von den Steuerpflichtigen ein und führen die Beträge an das Finanzamt ab. Auf den Rechnungen muß der Umsatzsteuerbetrag gesondert ausgewiesen werden; eine Ausnahme gem. § 33 UStDV bilden Rechnungen bis DM 200.-. Hier genügt zum Ausweis des Bruttorechnungsbetrages der Hinweis auf den Umsatzsteuersatz.

Der Umsatzsteuersatz beträgt heute (1989) 14 %; auf bestimmte Waren (z.B. Bücher und Grundnahrungsmittel) ist der ermäßigte Steuersatz von 7 % anzuwenden.

Eine Rechnung zu einem Verkauf von Waren im Wert von DM 4.000.- hat dementsprechend wie folgt auszusehen:

Warenwert netto	DM	4.000.-
+ 14 % Umsatzsteuer	DM	560.-
Rechnungsbetrag brutto	DM	4.560.-

Vor der Gültigkeit des heutigen Umsatzsteuersystems waren die Waren mit umso mehr Umsatzsteuer belastet, je mehr verschiedene Stufen in Herstellung und Vertrieb sie durchliefen; den jeder einzelne Verkaufsvorgang unterlag der Besteuerung. Damit jedoch die zunehmende gesellschaftliche Arbeitsteilung nicht zu einer künstlichen Verteuerung der Waren führt, wird heute nur noch der in den einzelnen Stufen zugesetzte "Mehrwert" besteuert - daher auch der Ausdruck "Mehrwertsteuer". Der Mehrwert kann knapp als die Differenz zwischen den Netto-Einkaufspreisen der Waren und ihren Netto-Verkaufspreisen bezeichnet werden.

Zwar entsteht eine Steuerpflicht auch in diesem System bei jedem Umsatzvorgang; jedoch können alle Weiterverkäufer die ihnen von ihren Lieferanten in Rechnung gestellte Umsatzsteuer als sog. **Vorsteuer** geltend machen. Die Vorsteuerbeträge werden von den Umsatzsteuerbeträgen abgezogen, die das Unternehmen auf die eigenen Umsätze berechnet und ihren Kunden in Rechnung gestellt hat. Die Differenz aus der Vorsteuer und der berechneten Umsatzsteuer wird als **Zahllast** bezeichnet. Sie kennzeichnet eine Verbindlichkeit gegenüber dem Finanzamt.

Beispiel:

Wareneinkauf netto	DM 4.000.-
+ Vorsteuer 14 %	DM 560.-
Betrag Eingangsrechnung	DM 4.560.-
Warenverkauf netto	DM 5.000.-
+ Mehrwertsteuer	DM 700.-
Betrag Ausgangsrechnung	DM 5.700.-

Ermittlung der Zahllast:

Mehrwertsteuer	DM 700.-
./. Vorsteuer	DM 560.-
= Zahllast	DM 140.-

Wie zu sehen ist, beträgt die Steigerung des Warenwertes DM 1.000.-. Die Umsatzsteuer, die das Unternehmen nach Verrechnung der Vorsteuer an das Finanzamt abzuführen hat, entspricht genau 14 % auf diesen Mehrwert, nämlich DM 140.-.

Die Wirkungsweise der Umsatzbesteuerung soll an einem zweiten Beispiel weiter verdeutlicht werden:

Stufe	Nettopreis der Stufe	zugesetzter Mehrwert	abzuführende Umsatzsteuer
Urproduktion	500.-	500.-	70.-
1. Verarbeitungsstufe	700.-	200.-	28.-
2. Verarbeitungsstufe	1000.-	300.-	42.-
3. Verarbeitungsstufe	1500.-	500.-	70.-
4. Verarbeitungsstufe	1800.-	300.-	42.-
Großhandel	1900.-	100.-	14.-
Einzelhandel	2100.-	200.-	28.-
		2100.-	294.-

Abb. 21: Entwicklung der Umsatzsteuer für den Endverbraucher

Der Einzelhändler in der letzten Stufe des Beispiels stellt seinem Kunden, dem Endverbraucher, die Umsatzsteuer von DM 294.- auf den Warennettopreis von DM 2.100.- in Rechnung. Der **Endverbraucher** hat somit die **ge-**

samte Steuerlast auf diese Ware zu tragen. Das Finanzamt erhält jedoch die Umsatzsteuer nicht erst, wenn die Ware beim Endverbraucher angekommen ist und dieser die Umsatzsteuer bezahlt hat, sondern entsprechend dem zugesetzten Mehrwert auf den einzelnen Stufen. Der Steuersatz auf den Nettopreis der letzten Stufe ist gleich der Summe der Steuerbeträge aller durchlaufenen Stufen.

Für die Abrechnung mit dem Finanzamt hat jedes Unternehmen in der Regel monatlich eine **Umsatzsteuervoranmeldung** abzugeben, in der die Vorsteuer- und Mehrwertsteuerbeträge sowie die ermittelte Zahllast des jeweiligen Monats aufgeführt sind. Die Zahllast kann durchaus auch einmal negativ werden, es bestehen dann Forderungen gegenüber dem Finanzamt. Dies ist beispielsweise der Fall, wenn viel eingekauft, aber wenig verkauft wurde.

Die **buchmäßige Erfassung** der Umsatzsteuer erfolgt in der Regel gleichzeitig mit der Erfassung der Warenvorgänge. Für die Vorsteuer wie für die Mehrwertsteuer sind getrennte Konten einzurichten, die ggf. weiter zu unterteilen sind, wenn mit Waren mit ganzem und halbem Steuersatz gehandelt wird. Das obige Beispiel ist wie folgt zu buchen, wenn keine Sofortbezahlung, sondern das Entstehen von Verbindlichkeiten bzw. Forderungen angenommen wird:

a) Wareneinkauf:

Wareneinkauf		DM	4000.-
Vorsteuer		DM	560.-
an	Verbindlichkeiten	DM	4560.-

b) Warenverkauf:

Forderungen		DM	5700.-
an	Warenverkauf	DM	5000.-
an	Mehrwertsteuer	DM	700.-

Die Vorsteuer stellt eine Forderung gegenüber dem Finanzamt dar, sie wird deshalb im Soll des (Bestands-)Kontos "Vorsteuer" gebucht. Umgekehrt stellt die Mehrwertsteuer eine Verbindlichkeit gegenüber dem Finanzamt mit einer Buchung im Haben des Kontos "Mehrwertsteuer" dar.

Für die Abwicklung der Verpflichtungen gegenüber dem Finanzamt sind zwei Verfahren gebräuchlich:

a) Aufrechnung der beiden Konten:

Das Vorsteuerkonto wird mit einer Gegenbuchung auf dem Konto "Mehrwertsteuer" abgeschlossen. Der dann ermittelte Saldo auf dem Mehrwertsteuerkonto stellt die Zahllast dar. Der Ausgleich dieser Verbindlichkeit wird wie folgt gebucht:

Mehrwertsteuer
an Bank
(bzw. Kasse)

(Die Zahllast aus dem Dezember wird in der Regel erst im Januar überwiesen. Im Jahresabschluß wird sie unter der Bilanzposition "Sonst. Verbindlichkeiten" ausgewiesen.)

Mit den Daten aus obigem Beispiel:

S	Vorsteuer		H
a)	560	Mwst	560

S	Mehrwertsteuer		H
Vorst.	560	b)	700
Zahllast	140		

S	Bank		H
		Zahllast	140

b) Nutzung eines eigenen Kontos "Zahllast" oder "Umsatzsteuer":

Die Konten "Vorsteuer" und "Mehrwertsteuer" werden beide abgeschlossen, indem ihr Saldo auf dem Konto "Zahllast" gegengebucht wird. Dessen Saldo ist die Zahllast. Das Konto wird durch Begleichung der Verbindlichkeit gegenüber dem Finanzamt abgeschlossen. Diese Variante empfiehlt sich besonders dann, wenn mehrere Vor- und Umsatzsteuerkonten geführt werden.

Neben der bisher dargestellten **Netto**verbuchung der Umsatzsteuer ist auch das sog. **Bruttoverfahren** erlaubt. Hierbei werden die Einkaufs- und Verkaufsvorgänge einschließlich der Umsatzsteuer auf den Warenkonten erfaßt. Am Monatsende werden dann zum Zweck der Umsatzsteuervoranmeldung alle Steuerbeträge herausgerechnet und in einer Summe auf die Steuerkonten gebucht.

Übungsaufgabe 6
(Lösung im Anhang)

Bilden Sie die Buchungssätze zu den nachfolgenden Geschäftsvorfällen und ermitteln Sie die Zahllast. Der Umsatzsteuersatz beträgt 14 %, genannt sind jeweils die Bruttobeträge incl. Umsatzsteuer.

(a) Wareneinkauf auf Ziel bei Lieferant L für DM 57.000.-
(b) Warenverkauf bar DM 22.800.-
(c) Warenverkauf auf Ziel an Kunde K für DM 114.000.-
(d) Wareneinkauf auf Ziel bei Lieferant L für DM 45.600.-

3.2.4 Die Wirkung von Rücksendungen und Preisnachlässen

3.2.4.1 Rücksendungen

Rücksendungen können aus Gründen beanstandeter Qualität der Waren oder aus anderen Mängeln erfolgen. Sie werden als Korrekturbuchungen auf dem ursprünglich betroffenen Warenkonto gebucht. Dabei ist die Umsatzsteuer entsprechend zu korrigieren, denn damit ändert sich auch das vereinnahmte Entgelt.

Beispiele:

Aus der obigen Warensendung schickt ein Kunde Waren im Nettowert von DM 625.- als unbrauchbar zurück. Der Buchungssatz für die Rücksendung lautet:

Warenverkauf		DM	625,00
Mehrwertsteuer		DM	87,50
an	Forderungen	DM	712,50

Die Ware minderer Qualität wird selbstverständlich an den Lieferanten weitergereicht, wobei der Einkaufspreis zugrundeliegt. Der Buchungssatz hierfür lautet:

Verbindlichkeiten		DM	570,00
an	Wareneinkauf	DM	500,00
	Vorsteuer	DM	70,00

(Bei den Beispielen sind die obigen Preisunterschiede zwischen Verkaufs- und Einkaufspreis berücksichtigt.)

3.2.4.2 Preisnachlässe

Preisnachlässe sind Varianten der Absatzpolitik von Unternehmen bzw. Auswirkung einer erfolgreichen Beschaffungspolitik gegenüber Lieferanten. Die wichtigsten Arten von Preisnachlässen sind **Rabatte, Boni** und **Skonti.**

a) Rabatte:

Rabatte werden direkt beim Verkauf gewährt, ihre häufigste Erscheinungsform sind Mengenrabatte, die bei der Abnahme größerer Warenmengen gewährt werden. Rabatte mindern den Listenpreis der Waren und werden daher nicht in der Buchführung erfaßt.

Beispiel:

Auf einen Barverkauf zum Listenpreis von DM 15.000.- wird ein Rabatt von 2 % gewährt. Vom Kunden wird der geminderte Betrag zuzüglich Umsatzsteuer bezahlt. Der Buchungssatz lautet:

Kasse		DM	16.758.-
an	Warenverkauf	DM	14.700.-
	Mehrwertsteuer	DM	2.058.-

b) Boni:

Boni werden im Gegensatz zu Rabatten nicht unmittelbar beim Verkauf, sondern meist erst später gewährt, beispielsweise am Jahresende, wenn ein Kunde eine bestimmte Jahresabsatzmenge überschritten hat. Boni stellen somit Umsatz- oder auch Treueprämien dar. Sie müssen selbstverständlich gebucht werden, denn die sie begründenden Geschäftsvorfälle wurden ja bereits in den Büchern erfaßt.

Werden Boni an Kunden gewährt, so stellen diese **Kundenboni** einen Aufwand dar. Aufwand ist im Soll zu buchen. Umgekehrt entstehen **Lieferantenboni** auf der Einkaufsseite, sie sind als Ertrag im Haben zu buchen. Die Umsatzsteuer muß korrigiert werden, da das ursprünglich vereinbarte Entgelt gemindert wird.

Beispiele:

- Einem Kunden wird ein Bonus in Höhe von 6 % auf den Gesamtwert der von ihm im letzten Jahr bezogenen Waren (DM 80.000.-) gewährt. Der Bonus vermindert die aktuell gegenüber dem Kunden bestehenden Forderungen. Der Buchungssatz lautet:

Kundenboni	DM	4.800.-
Mehrwertsteuer	DM	672.-
an Forderungen	DM	5.472.-

- Ein Lieferant gewährt auf einen Gesamtwarenwert von DM 120.000.- einen Bonus von 8 %, welcher mit den bestehenden Verbindlichkeiten verrechnet wird. Der Buchungssatz lautet:

Verbindlichkeiten	DM	10.944.-
an Lieferantenboni	DM	9.600.-
Vorsteuer	DM	1.344.-

c) Skonti

Eine weitere Art von Preisnachlässen sind **Skonti**. Sie werden für frühzeitige Rechnungsbegleichungen gewährt. Z.B. besteht ein normales Zahlungsziel für einen Kunden von 30 Tagen, der Rechnungsbetrag ist also 30 Tage nach Rechnungsstellung fällig. Dem Kunden wird ein Skonto von 3 % angeboten, wenn er den Betrag bereits vor Ablauf von 10 Tagen zahlt.

Ähnlich wie bei den Boni sind hier **Kundenskonti** (Aufwand) und **Lieferantenskonti** (Ertrag) zu unterscheiden, für die getrennte Konten einzurichten sind. Für die buchmäßige Erfassung von Skonti sind wieder zwei Verfahren üblich: das Brutto- und das Nettoverfahren.

Beim Bruttoverfahren wird die Umsatzsteuer nicht sofort berichtigt, sondern erst später - in der Regel zum Monatsende - herausgerechnet. Es wird im nachfolgenden Beispiel eines Kundenskontos angewendet. Beim Nettoverfahren erfolgt die Umsatzsteuerkorrektur sofort bei der Skontobuchung. Dies wird nachfolgend am Beispiel eines Lieferantenskontos gezeigt.

Beispiele:

- **Kundenskonto** (Bruttoverfahren): Der Kunde zahlt die Rechnung incl. Umsatzsteuer über DM 11.400.- sofort bar und bringt ein Skonto von 3 % in Abzug. Der Buchungssatz lautet:

Kasse	DM	11.058.-
Kundenskonto	DM	342.-
an Warenverkauf	DM	10.000.-
Mehrwertsteuer	DM	1.400.-

Am Monatsende wird die Umsatzsteuer berichtigt. Durch die folgende Buchung beträgt der Skontoaufwand nur noch DM 300.- (= 3 % auf den Warenwert von DM 10.000.-), die Mehrwertsteuer wird auf DM 1.358.- korrigiert. Dies entspricht 14 % des vereinnahmten Entgelts von DM 10.000.- abzüglich DM 300.- Skonto = DM 9.700.-):

Mehrwertsteuer	DM	42.-
an Kundenskonto	DM	42.-

- **Lieferantenskonto** (Nettoverfahren): Das Unternehmen nutzt durch sofortige Barzahlung ein Skontoangebot des Lieferanten aus. Der Rechnungsbetrag von DM 17.100.- incl. Vorsteuer wird um 3 % gekürzt. Der Skontoertrag wird sofort auf den Warennettopreis bezogen, die Vorsteuer sofort korrigiert. Der Buchungssatz lautet:

Wareneinkauf	DM	15.000.-
Vorsteuer	DM	2.037.-
an Lieferantenskonti	DM	450.-
Kasse	DM	16.587.-

Durch die Bilanzierungsvorschriften bedingt werden nur die Aufwandskonten von Boni und Skonti auf ein Erfolgskonto (das Warenverkaufskonto) abgeschlossen und damit in der Gewinn- und Verlustrechnung wirksam. Die Ertragskonten (Lieferantenboni und -skonti) werden auf das Wareneinkaufskonto abgeschlossen. Dies liegt an der Vorschrift des § 255 Abs.1 HGB, wonach die Anschaffungskosten von Vermögensgegenständen um Preisnachlässe zu mindern sind.

Übungsaufgabe 7
(Lösung im Anhang)

Bilden Sie die Buchungssätze zu folgenden Geschäftsvorfällen und schließen Sie die Warenkonten und die Umsatzsteuerkonten (Zahllastermittlung) ab. Auf den Konten sind aus vorhergehenden Geschäftsvorfällen folgende Anfangsbestände gegeben:

- Wareneinkauf:	DM	60.000.-
- Warenverkauf:	DM	60.000.-
- Vorsteuer:	DM	5.600.-
- Mehrwertsteuer	DM	8.400.-

(a) Ein Kunde bezahlt Forderungen in Höhe von DM 11.400.- unter Abzug von 3 % Skonto auf das Bankkonto.

(b) Wir kaufen Waren im Wert von DM 2.850.- und zahlen sofort bar unter Abzug von 2 % Skonto.

(c) Ein Lieferant gewährt uns einen Bonus in Höhe von DM 3.000.-. Die Rechnungen waren noch nicht bezahlt.

(d) Wir erhalten von einem Kunden mangelhafte Waren im Wert von DM 4.000.- netto zurück und überweisen ihm die Gutschrift vom Postgirokonto.

(e) Von einem Lieferanten beziehen wir Waren zum Listenpreis (netto) von DM 12.000.- auf Ziel. Darauf erhalten wir einen Rabatt von 15 %.

(f) Wegen Falschlieferung schicken wir Waren im (Netto-)Wert von DM 20.000.- an den Lieferanten zurück. Die Rechnung über diese Höhe war noch nicht bezahlt.

Die Inventur ergibt einen Warenbestand von DM 10.000.-

3.2.5 Der Eigenverbrauch

Zum Abschluß der Behandlung des Warenverkehrs soll kurz auf die Verbuchung des Eigenverbrauchs eingegangen werden. Dies ist bei Einzelunternehmen und Personengesellschaften von Bedeutung, wenn aus dem Betriebsvermögen Gegenstände für private Zwecke entnommen werden.

Wir haben bereits das Privatkonto als dasjenige Konto kennengelernt, das der Aufzeichnung von Privateinlagen und Privatentnahmen dient. Unter Privatentnahmen sind nicht nur finanzielle Mittel zu verstehen, sondern auch sachliche Entnahmen wie diejenige von Waren. Der Eigenverbrauch an Waren ist ebenfalls aufzeichnungspflichtig und in den Büchern festzuhalten. Zudem gilt grundsätzlich, daß der Endverbraucher einer Ware die anfallende Umsatzsteuer trägt. Also ist auch die Warenentnahme aus dem Betriebsvermögen für private Zwecke umsatzsteuerpflichtig.

In der Praxis finden sich zwei Varianten der Buchung:

(1) Erfassung auf dem Wareneinkaufskonto

Die Buchung erfolgt im Haben des Wareneinkaufskontos und damit automatisch zu Einstandspreisen. Der Wareneinsatz als Saldo des Wareneinkaufskontos beinhaltet damit nur diejenigen Waren, die für **betriebliche** Zwecke zum Weiterverkauf verwendet wurden.

Beispiel:

Ein Radiohändler kauft "bei sich" ein Kassettendeck zum Einstandspreis von DM 500.- zuzüglich Umsatzsteuer.

Der Buchungssatz lautet hier:

Privatkonto		DM	570.-
an	Wareneinkauf	DM	500.-
	Mehrwertsteuer	DM	70.-

(2) Buchung auf dem Warenverkaufskonto

Die Buchung erfolgt im Haben des Warenverkaufskontos. Dies bedeutet, daß auch buchungsmäßig dem Grundsatz, den Eigenverbrauch wie einen Verkauf an Dritte zu behandeln, entsprochen wird. Der angesetzte Preis kann dabei von den sonst üblichen Verkaufspreisen abweichen.

Der Buchungssatz für das Beispiel lautet:

Privatkonto		DM	570.-
an	Warenverkauf	DM	500.-
	Mehrwertsteuer	DM	70.-

Für Fälle regelmäßiger Privatentnahmen kleiner Mengen, z.B. bei einem Bäcker, genügt eine pauschale Entnahmebuchung pro Monat. In der Regel werden hier Durchschnittssätze angesetzt.

3.3 Materialeinkauf und -aufwand beim Fertigungsbetrieb

Während die eben gezeigten Buchungen im Zusammenhang mit dem Warenverkehr vornehmlich in Handelsbetrieben Anwendung finden, stellen Materialbuchungen den Regelfall in Fertigungsbetrieben dar, was Überschneidungen nicht ausschließt. Der Begriff des Materials umfaßt dabei die Werkstoffe, die bei der Fertigung verwendet werden. Im einzelnen handelt es sich um:

- **Rohstoffe** als Grundmaterial bzw. Hauptbestandteil der Produkte (z.B. Bleche in der Automobilfertigung);

- **Hilfsstoffe** als geringwertige Bestandteile der Produkte (z.B. Lackierungsmittel);

- **Betriebsstoffe** als solche Werkstoffe, die nicht in das Produkt selbst eingehen, gleichwohl zur Produktion erforderlich sind (z.B. Schmierstoffe);

- **fremdbezogene Teile**, die von Zulieferern gekauft werden und in die Produkte eingehen (z.B. Auto-Batterien).

Für diese unterschiedlichen Materialarten werden verschiedene Bestandskonten geführt. Als aktivische Bestandskonten nehmen sie im Soll den Anfangsbestand und die Zugänge, im Haben die Abgänge und den Endbestand auf.

Die Zugänge sind mit den Anschaffungskosten zu buchen. Diese umfassen aufgrund der rechtlichen Vorschriften auch die sog. Anschaffungsnebenkosten. Das können z.B. Frachtkosten sein, aber auch Kosten für Spezialversicherungen bei der Anlieferung hochwertiger Fremdteile. Preisnachlässe wie Rabatte, Boni oder Skonti verringern die Anschaffungskosten.

Somit ergeben sich dem oben behandelten Wareneinkauf vergleichbare Buchungen beim Materialeinkauf. Es handelt sich um erfolgsunwirksame Buchungen.

Beispiel:

Es werden Rohstoffe im Wert von DM 50.000.- auf Ziel bezogen. Dabei fallen Frachtkosten in Höhe von DM 800.- an, die auf einem gesonderten Konto "Bezugsaufwand" erfaßt und bar bezahlt werden. Folgende Buchungen fallen an:

(1)

Rohstoffe	DM	50.000.-
Vorsteuer	DM	7.000.-
an Verbindlichkeiten	DM	57.000.-

(2)

Bezugsaufwand	DM	800.-
Vorsteuer	DM	112.-
an Kasse	DM	912.-

Das Konto "Bezugsaufwand" ist als Unterkonto des Rohstoff-Kontos anzusehen, es wird auf das Rohstoff-Konto abgeschlossen. Der Buchungssatz hierfür lautet:

(3)

Rohstoffe		
an Bezugsaufwand	DM	800.-

Beim Abschluß des Rohstoff-Kontos mit der Gegenbuchung auf dem Schlußbilanzkonto (Buchungssatz (4): SBK an Rohstoffe DM 50.800.-) sind damit die Anschaffungsnebenkosten berücksichtigt und gemäß den handels- und steuerrechtlichen Vorschriften in der Bilanz aktiviert. Auf den Konten ergibt sich bei diesem Beispiel folgendes Bild:

S	Rohstoffe		H
(1)	50.000.-		
(3)	800.-		
		(4)	50.800.-

S	Verbindlichkeiten		H
		(1)	57.000

S	Bezugsaufwand		H
(2)	800.-		

S	Kasse		H
		(2)	912.-

S	Vorsteuer		H
(1)	7000.-		
(2)	112.-		

S	SBK		H
(4)	50.800.-		

Mit dem Abgang des Materials verhält es sich nun anders als bei den Waren. Abgang bedeutet in diesem Fall: Verwendung in der Produktion, in der das Material zu Fertigungszwecken verbraucht wird; dieser Materialverbrauch stellt Aufwand dar. Die Gegenbuchung zur Abgangsbuchung auf dem Materialbestandskonto ist somit auf einem entsprechenden Materialverbrauchskonto vorzunehmen. Da ein Aufwandskonto berührt wird, handelt es sich hierbei um eine erfolgswirksame Buchung. Eine Verbuchung der Vorsteuer ist hier nicht mehr erforderlich; sie wurde bereits beim Materialeingang berücksichtigt. Lediglich in Fällen des Sofortverbrauchs, bei dem kein Bestandskonto angesprochen wird, ist die Vorsteuer zu buchen. Dies ist in der Praxis z.B. bei Büromaterialien üblich.

Beispiel:

Aus dem Materiallager werden Rohstoffe im Wert von DM 20.000.- für die Fertigung entnommen. Als Beleg fungiert hier im allgemeinen eine Kopie eines Materialentnahmescheins, die für die Finanzbuchführung angefertigt wird. Das Original erfüllt Funktionen im Rahmen der Lagerbuchführung.

Der Buchungssatz lautet:

Rohstoff-Aufwand
an Rohstoffe DM 20.000.-

Für die anderen Materialarten werden entsprechende Aufwandskonten geführt. Sie alle werden auf das GuV-Konto abgeschlossen. Der Buchungssatz hierfür lautet für das Beispiel:

GuV-Konto
an Rohstoff-Aufwand DM 20.000.-

Übungsaufgabe 8
(Lösung im Anhang)

Buchen sie folgende Geschäftsvorfälle und schließen Sie die Konten ab (keine Anfangsbestände, Abschluß bei Bank, Lieferverbindlichkeiten und Vorsteuer nicht erforderlich):

(a) Wir kaufen Hilfsstoffe auf Ziel im Nettowert von DM 20.000.-. Die Transportkosten von DM 342.- zahlen wir bar an den Spediteur.
(b) Es werden Rohstoffe auf Ziel im Wert von DM 150.000.- gekauft. Wir bekommen einen Rabatt von 20 % eingeräumt.
(c) Nach dem Eingang im Lager stellt sich heraus, daß Rohstoffe im Wert von DM 10.000.- unbrauchbar sind. Wir schicken sie an den Lieferanten zurück und korrigieren die Verbindlichkeit ohne Berücksichtigung des Rabatts.
(d) Die Verbindlichkeit aus (b) und (c) wird unter Abzug von 3 % Skonto per Banküberweisung beglichen.
(e) Für die laufende Produktion werden Rohstoffe für DM 50.000.- und Hilfsstoffe für DM 15.000.- verbraucht.

3.4 Betriebsmittel - Zugänge, Abgänge, Wertänderungen

In diesem Abschnitt wird eine weitere Gruppe von Produktionsfaktoren behandelt, die in der betriebswirtschaftlichen Theorie als Betriebsmittel bezeichnet werden. Es handelt sich hier um **Sachanlagen** und **immaterielle Anlagen** wie

- Grundstücke und Gebäude
- Maschinen und andere technische Anlagen
- Betriebs- und Geschäftsausstattung, Fahrzeuge

- Patente, Konzessionen, andere ähnliche Schutzrechte

Diese Vermögensgegenstände sind von ihrer Art her dazu geeignet, dem Unternehmen längerfristig zu dienen, weshalb sie auch in der Bilanz unter der Position "Anlagevermögen" ausgewiesen werden. Kapital ist in ihnen auf längere Dauer angelegt. Dabei kommt es gem. § 247 Abs.2 HGB auf die Absicht an, diese Vermögensgegenstände auf Dauer zu nutzen. Zum Anlagevermögen zählen ferner Finanzanlagen, z.B. Beteiligungen an anderen Unternehmen. Sie gehören in die Finanzsphäre des Unternehmens, nicht zu den Betriebsmitteln, weshalb sie hier nicht näher betrachtet werden.

Man unterscheidet bei den Gegenständen des Anlagevermögens zwischen solchen, deren Nutzung zeitlich begrenzt, und solchen, deren Nutzung zeitlich unbegrenzt ist. Hierfür sind auch die Begriffe **abnutzbares** bzw. **nicht abnutzbares Anlagevermögen** gebräuchlich. Abnutzbare Gegenstände werden durch ihren Gebrauch im Wert gemindert - das sind z.B. Maschinen -, nicht abnutzbare Gegenstände wie etwa Grundstücke erfahren in der Regel durch die Nutzung keine Wertminderung. Dies bewirkt eine unterschiedliche Behandlung in der Buchführung.

3.4.1 Zugang an Betriebsmitteln

Unter Zugang ist die **mengenmäßige** Erhöhung des Betriebsmittelbestandes zu verstehen. Ein Zugang kann auf zweierlei Weise vor sich gehen:

a) **Anschaffung** durch Kauf von Dritten:

Dieser Fall ist gegeben, wenn eine Erhöhung der **Menge** des Bestands an Betriebsmitteln durch Kauf auf einem Beschaffungsmarkt erfolgt. Für die Buchung sind die Anschaffungskosten maßgeblich, wobei - wie bereits beim Material behandelt - Anschaffungsnebenkosten einzubeziehen sind und der anzusetzende Wert um Preisnachlässe zu mindern ist.

Beispiel:

Ein Unternehmen kauft bei einem Zulieferer eine Maschine im Wert von DM 90.000.-. Der Zulieferer stellt die Maschine auf und berechnet hierfür DM 10.000.- als Montagekosten. Die Rechnung wird sofort unter Abzug von 2 % Skonto beglichen. Der Buchungssatz lautet:

Maschinen	DM	98.000.-
Vorsteuer	DM	13.720.-
an Bank	DM	111.720.-

(Die Anschaffungskosten einschließlich der Anschaffungsnebenkosten für Montage betragen DM 100.000.-, wovon DM 2.000.- als Skonto abzuziehen sind. Auf diesen Nettobetrag ist die Vorsteuer zu berechnen.)

b) **Herstellung** durch eigene Fertigungsleistungen

Wenn ein Unternehmen technische Anlagen selbst herstellt, z.B. ein Automobilhersteller die in der Fertigung eingesetzten Industrieroboter selbst produziert, dann existieren keine Rechnungen, auf deren Grundlage eine Buchung erfolgen könnte. Das Datenmaterial kommt in diesem Fall aus dem innerbetrieblichen Rechnungswesen, aus der Kostenrechnung. Die Herstellungskosten müssen in der Bilanz aktiviert werden, wenn die Vermögenssubstanz vermehrt wird. Die Gegenbuchung zu der Aktivierungsbuchung erfolgt auf einem besonderen Ertragskonto, das in der Regel die Bezeichnung "aktivierte Eigenleistungen" trägt. Es handelt sich um einen Ertrag ähnlich den Umsatzerlösen, nur daß die ihm zugrundeliegenden Produkte nicht auf dem Absatzmarkt verkauft, sondern im Unternehmen selbst eingesetzt werden.

Beispiel:

Ein Maschinenbauunternehmen fertigt eine Maschine für den Eigengebrauch. Die Kostenrechnung ermittelt Herstellkosten von DM 120.000.-. Der Buchungssatz lautet:

Maschinen		
an aktivierte Eigenleistungen	DM	120.000.-

(Umsatzsteuer fällt hier mangels Marktberührung nicht an.)

Neben dem soeben behandelten mengenmäßigen Zugang an Betriebsmitteln, der natürlich von einem wertmäßigen Zuwachs begleitet ist, tritt auch ein rein wertmäßiger Zugang ohne mengenmäßige Bestandsveränderung auf. Es handelt sich hierbei in der Regel um Reparaturen oder Verbesserungen an den Anlagen, durch die ihre Nutzungsmöglichkeiten erweitert oder die Nutzungsdauer verlängert werden. Auch in diesen Fällen sind die angefallenen Herstellungskosten zu aktivieren, wobei es unerheblich ist, ob die Maßnahmen vom Unternehmen selbst oder von einer Fremdfirma vorgenommen werden.

Zum Anlagevermögen zählen auch die immateriellen Gegenstände wie gewerbliche Schutzrechte, Patente, auch Computerprogramme. Sie dürfen in der Bilanz nur aktiviert werden, wenn sie entgeltlich erworben wurden. Eigenentwicklungen werden in der Buchführung lediglich über den Aufwand zu ihrer Erstellung erfaßt.

3.4.2 Abschreibungen

Die längerfristig wirksamen Nutzungsmöglichkeiten von Gegenständen des Anlagevermögens bringen es mit sich, daß beim Zugang eine größere Ausgabe anfällt - im obigen Beispiel zur Anschaffung einer Maschine in Höhe von DM 98.000.-. Während der Nutzung in den Folgejahren fallen dagegen keine Ausgaben mehr an. Nehmen wir an, diese Maschine hätte eine Nutzungsdauer von zehn Jahren.

Eine Verrechnung der Anschaffungsausgabe als **Aufwand** für den Verbrauch der Maschine alleine im Jahr der Anschaffung würde einen wesentlichen Grundsatz der Erfolgsermittlung verletzen. Denn für eine periodengerechte Erfolgsermittlung sind die Erträge und Aufwendungen der jeweiligen Periode gegenüberzustellen. Die Erträge aus der Nutzung der Maschine sind Teil der Umsatzerlöse, die mit den auf der Maschine gefertigten Produkten erzielt werden. Die Umsatzerlöse sind eindeutig auf die jeweilige Periode zu beziehen. Folglich ist es nun erforderlich, den Periodenaufwand für die Maschinennutzung zu bestimmen.

Zu diesem Zweck werden **Abschreibungen** gebildet. Sie stellen eine Verteilung der Anschaffungsausgabe auf die Jahre der Nutzungsdauer dar. Eine gleichmäßige Verteilung auf die Nutzungsdauer würde im obigen Beispiel folgende Abschreibung ergeben:

Anschaffungsausgabe:	DM 98.000.-
Nutzungsdauer	10 Jahre
jährliche Abschreibung:	DM 9.800.-

Es wurde hier die sog. lineare Abschreibungsmethode zugrundegelegt. Daneben sind weitere Methoden zur Bestimmung der Abschreibung zulässig. Auf sie wird später nachfolgend ausführlicher eingegangen.

3.4.2.1 Abschreibungsursachen und Abschreibungsarten

Abschreibungen als Ausdruck für einen Werteverzehr von Vermögensgegenständen können folgende **Ursachen** haben:

- **gebrauchsbedingter Werteverzehr**: Durch die Nutzung einer Maschine im Produktionsprozeß wird die Maschine entwertet. Rein technisch gesehen erfolgt eine Abnutzung der Maschine im Verlauf der Dauer ihrer Nutzung, eine gebrauchte Maschine ist dementsprechend weniger wert. Ökonomisch gesehen gibt die Maschine während der Produktion von Erzeugnissen einen Teil ihres Wertes an die Produkte ab. Diese Wertabgabe soll durch die Abschreibung erfaßt werden. Unter dem Blickwinkel der Buchführung steht ein weiterer Aspekt im Vordergrund: Bei der Anschaffung der Maschine war eine größere Ausgabe erforderlich. Die Ausgabe wird im Jahr der Anschaffung gebucht. Der "Verbrauch" der Maschine (= Aufwand) findet aber über einen größeren Zeitraum hinweg statt. Da jede Rechnungsperiode nur mit dem Aufwand belastet werden soll, der ihr auch zurechenbar ist, findet mit der Abschreibung somit eine Verteilung der Anschaffungsausgabe auf die Jahre der Nutzungsdauer statt.

- **Werteverzehr durch außerbetriebliche Ereignisse**: Durch den technischen Fortschritt oder etwa durch Modeströmungen wird die Leistungsfähigkeit einer Anlage relativiert. Sie kann zwar technisch weiterhin die ursprünglich vorgesehene Leistung bieten, unter ökonomischen Aspekten gilt sie aber als veraltet. Hier trägt eine Abschreibung den veränderten Rahmenbedingungen Rechnung.

- **Werteverzehr durch natürlichen Verschleiß**: Auch wenn eine Anlage wenig oder überhaupt nicht genutzt wird, kann ihre Nutzbarkeit durch natürliche Einflüsse gemindert werden. Eine Abschreibung dient hier z.B. der Wertminderung durch langsames Verrosten.

- **Werteverzehr durch Katastrophen**: Durch Brände, Explosionen oder ähnliche Ereignisse werden Vermögensgegenstände vernichtet oder in ihrem Leistungsvermögen gemindert. Auch dies wird über (außerordentliche) Abschreibungen erfaßt.

- **Werteverzehr aufgrund rechtlicher Gegebenheiten**: Diese Fälle treten vor allem beim immateriellen Anlagevermögen auf. Wenn ein Unternehmen beispielsweise eine Lizenz zur Produktion bestimmter Erzeugnisse erworben und in der Bilanz aktiviert hat, so muß der Wert der Lizenz auf das Ende der vertraglich fixierten Laufzeit abgeschrieben werden. Ähnliches gilt für Patente und andere Schutzrechte.

Aus der Aufzählung dieser fünf Abschreibungsursachen lassen sich Hinweise auf die Regelmäßigkeit des Werteverzehrs entnehmen. Insbesondere bei der erst- und der letztgenannten Ursache ist der Werteverzehr relativ gut vorhersehbar und somit planbar. In den anderen Fällen ist eine Planbarkeit mehr oder weniger gegeben.

Dies führt zu einer ersten Unterscheidung der **Abschreibungsarten** in **planmäßige** und **außerplanmäßige** Abschreibungen. Für planmäßige Abschreibungen muß ein Plan erstellt werden, der mindestens die Anschaffungskosten der abzuschreibenden Anlage, die Nutzungsdauer und den jährlichen Abschreibungsbetrag enthält. Der Plan darf nur in begründeten Fällen verlassen oder geändert werden. Planmäßige Abschreibungen werden nur für abnutzbare Gegenstände des Anlagevermögens ermittelt. Für außerplanmäßige Abschreibungen kann definitionsgemäß kein Plan erstellt werden. Außerplanmäßige Abschreibungen können für abnutzbare wie für nicht abnutzbare Gegenstände vorgenommen werden - etwa bei Grundstücken (nicht abnutzbar), die durch den Bau einer vorbeilaufenden Schnellstraße an Wert verlieren.

Eine zweite Unterscheidung der Abschreibungsarten kann nach dem rechtlichen Hintergrund vorgenommen werden. **Handelsrechtliche Abschreibungen** richten sich nach den Vorschriften des HGB (insbes. § 253, Abs. 2) oder rechtsformspezifischer Spezialgesetze. Hiernach sind planmäßige wie außerplanmäßige Abschreibungen möglich. **Steuerrechtliche Abschreibungen** sind nach den Vorschriften des Einkommensteuergesetzes (insbes. §§ 6 und 7) sowie weiterer Gesetze und Verordnungen zu bilden. Die als planmäßig zu verstehenden Abschreibungen sind hier mit dem Begriff "Absetzung für Abnutzung" (AfA) bezeichnet. Außerplanmäßige Abschreibungen können die "Abschreibungen auf den niedrigeren Teilwert" sowie steuerlich zulässige Sonderabschreibungen sein.

Das Steuerrecht bietet daneben in § 6 Abs. 2 EStG die Möglichkeit, sog. geringwertige Wirtschaftsgüter statt einer Verteilung der Anschaffungskosten auf die Nutzungsdauer sofort, d.h. im Jahr der Anschaffung, voll abzuschreiben. Als Voraussetzung wird genannt, daß die Anschaffungskosten höchstens DM 800.- betragen und das Wirtschaftsgut abnutzbar, beweglich und selbständig nutzbar ist. Dies bietet wesentliche Erleichterungen für die Anlagenbuchführung, müssen dann doch nicht detaillierte Aufzeichnungen, etwa für jedes Werkzeug, über den gesamten Nutzungszeitraum bestehen.

Eine letzte Unterscheidung der Abschreibungsarten ist mit dem Begriffspaar **bilanzielle** und **kalkulatorische Abschreibungen** zu nennen. Die bilanziellen richten sich nach den erwähnten Vorschriften des Handels- und Steuerrechts. Ihr wesentlicher Inhalt ist, daß die Abschreibung ausgehend von den Anschaffungskosten zu berechnen ist. Kalkulatorische Abschreibungen für betriebsinterne Rechnungen wie etwa die Kosten- und Leistungsrechnung können hingegen von anderen Wertgrößen aus ermittelt werden, etwa von den Wiederbeschaffungskosten.

Die Bedeutung dieser Unterscheidung soll nachfolgend aufgezeigt werden: Abschreibungen sind Aufwendungen, bei betriebsbedingten Vermögensgegenständen wie Produktionsmaschinen sind sie Kosten, die den Gewinn mindern. Die Verkaufserlöse für die Erzeugnisse enthalten auch einen Gegenwert für diese Abschreibungen, der als Geld wieder in das Unternehmen zurückfließt und dazu dient, die Maschine am Ende der Nutzungsdauer durch eine neue zu ersetzen. Denn die finanziellen Mittel für die Ersatzinvestition müssen zur Verfügung stehen. Üblicherweise steigen die Preise auf dem Beschaffungsmarkt für Maschinen. Würden die Abschreibungen nun allein nach den ursprünglichen Anschaffungskosten berechnet, dann würde die Summe der Abschreibungsgegenwerte aus den einzelnen Nutzungsjahren nicht für die Finanzierung der Ersatzinvestition ausreichen. Daher werden in der Kostenrechnung, die u.a. der Kalkulation der Erzeugnispreise dient, meist kalkulatorische Abschreibungen angesetzt, die sich am Wiederbeschaffungspreis der Maschinen orientieren. Sie sind in der Regel höher als die bilanziellen Abschreibungen.

3.4.2.2 Abschreibungsgrundlagen und Abschreibungsmethoden

Zwei Abschreibungsgrundlagen haben wir im vorigen Abschnitt bereits kennengelernt:

Die **Anschaffungskosten** werden bei fremdbezogenen Anlagen als Grundlage genommen. Der Nettopreis der Anlage ist um die Anschaffungsnebenkosten wie Fracht-, Montagekosten etc. zu erhöhen und um Preisnachlässe wie Rabatte oder Skonti zu mindern.

Die **Wiederbeschaffungskosten** sind - im Gegensatz etwa zu den USA - nach deutschem Recht nur in Ausnahmefällen als Abschreibungsgrundlage zugelassen.

Darüberhinaus sind weitere Wertansätze möglich:

Bei selbsterstellten Anlagen sind die **Herstellungskosten** Basis der Abschreibung. Die notwendigen Daten liefert die Kostenrechnung.

Die Anschaffungs- oder Herstellungskosten können in bezug auf den ursprünglichen Wertansatz verändert werden; wenn erwartet wird, daß mit der Anlage am Ende der Nutzungsdauer durch Verkauf ein Erlös erzielt wird, kann dieser **Restwert** (Schrottwert) von den Anschaffungs- oder Herstellungskosten abgezogen werden. Dies ist jedoch gem. Abschn. 43 Abs. 3 EStR nur erforderlich, wenn der Restwert im Verhältnis zu den Anschaffungskosten erheblich ist. Die Abschreibungsbeträge werden dann von diesem Nettowert (Anschaffungskosten - Restwert) berechnet. Ferner ist es denkbar, daß zur Pflege und zum Erhalt der Anlage **Reparaturen** vorgenommen werden. Normale Reparaturen gelten als Erhaltungsaufwand, der allein das Geschäftsjahr seines Anfalls berührt. Bei Großreparaturen muß allerdings eine Aktivierung des Reparaturaufwandes in der Bilanz erfolgen; dieser Aufwand gilt als Herstellungsaufwand, der die ursprünglichen Anschaffungs- oder Herstellungskosten verändert. Damit muß ein neuer Basiswert für die Abschreibungen ermittelt werden, ferner ist die Nutzungsdauer neu festzulegen. Aus beidem ergibt sich ein neuer Abschreibungsbetrag.

Die **Abschreibungsmethoden**, nach denen die jährlichen Abschreibungen ermittelt werden, lassen sich wie folgt einteilen:

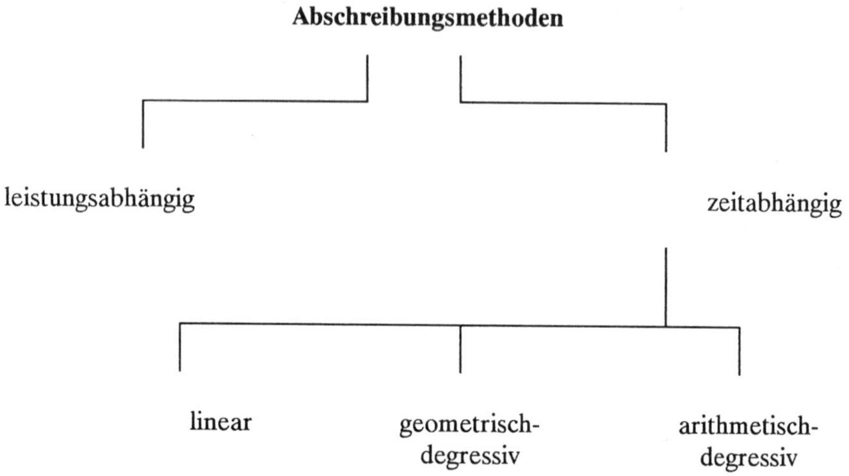

Abb. 22: Übersicht über die Abschreibungsmethoden

(1) Die **leistungsabhängige** Abschreibungsmethode:

Sie trägt dem Gedanken am ehesten Rechnung, daß eine Anlage durch ihren Gebrauch anteilig ihren Wert an die produzierten Erzeugnisse abgibt. Je mehr mit einer Maschine produziert wird, umso schneller wird sie abgeschrieben.

Die Berechnung der Abschreibungsbeträge setzt eine Schätzung der während der Nutzungsdauer der Anlage zu produzierenden Erzeugniseinheiten voraus. Die Abschreibung wird ermittelt, indem die Anschaffungskosten durch die die Gesamtanzahl der Erzeugnisse dividiert wird und das Ergebnis mit den jährlich produzierten Erzeugnissen multipliziert wird.

Beispiel:

Das Leistungspotential einer Maschine wird auf insgesamt 250.000 Einheiten geschätzt. Die Anschaffungskosten betrugen DM 100.000.-. Man geht von einer Nutzungsdauer von 5 Jahren aus und schätzt, daß sich die Jahresleistung wie folgt darstellt:

1. Jahr: 50.000 Einheiten
2. Jahr: 60.000 Einheiten
3. Jahr: 70.000 Einheiten
4. Jahr: 40.000 Einheiten
5. Jahr: 30.000 Einheiten

Es ergibt sich ein Abschreibungsbetrag von

$$\frac{\text{DM } 100.000.-}{250.000 \text{ Einh.}}$$

= DM 0,40/Einheit

Aus diesen Angaben läßt sich der Abschreibungsplan erstellen:

Periode	Leistung	Abschreibung	Restbuchwert
1	50.000	20.000.-	80.000.-
2	60.000	24.000.-	56.000.-
3	70.000	28.000.-	28.000.-
4	40.000	16.000.-	12.000.-
5	30.000	12.000.-	0.-

Abb. 23: Abschreibungsplan bei leistungsabhängiger Abschreibung

Diese Methode ist handels- und steuerrechtlich zulässig, erfordert jedoch eine wirtschaftliche Begründung (etwa: starke Schwankungen in der Leistungsabgabe) und eine eindeutige Nachweisbarkeit der Leistungsabgabe. Wegen des Dokumentationsaufwandes bei der zweiten Forderung wird diese Methode jedoch selten gewählt.

(2) **Zeitabhängige** Abschreibungsmethoden:

Diese Methoden tragen dem Umstand Rechnung, daß eine exakte Schätzung bzw. Messung des gesamten Leistungspotentials einer Anlage - gemessen in produzierten Einheiten - kaum möglich ist. Es ist daher allgemein anerkannt, die Zeit als wesentliche Dimension bei der Abschreibungsberechnung zugrunde zu legen. Dabei wird für die planmäßigen Abschreibungen allein auf den **Zeitraum der Nutzung** abgestellt. Die nachfolgend dargestellten Verfahren sind handelsrechtlich zulässig, sofern sie den Grundsätzen ordnungsmäßiger Buchführung entsprechen; steuerrechtlich gelten bei den Methoden b) und c) Einschränkungen.

Die zeitabhängigen Methoden lassen sich unterteilen in:

a) die lineare Methode
b) die geometrisch-degressive Methode
c) die arithmetisch-degressive Methode

a) die **lineare** Methode:

Nach dieser Methode werden für jedes Jahr der Nutzungsdauer konstante Abschreibungsbeträge angesetzt. Die Anschaffungskosten werden durch die Anzahl der Nutzungsjahre dividiert, der auf diese Weise ermittelte Abschreibungsbetrag ist in jedem Jahr der gleiche. Der Restbuchwert der Anlage vermindert sich damit jährlich linear um den gleichen Betrag.

Beispiel:

Als Ausgangsdaten gelten dieselben wie oben: Anschaffungskosten der Maschine DM 100.000.-, Nutzungsdauer 5 Jahre. Die Abschreibung beträgt pro Jahr:

DM 100.000.- : 5 Jahre = DM 20.000.-/Jahr

Nach dem ersten Jahr hat die Maschine einen Restbuchwert von

DM 100.000.- ./. DM 20.000.- = DM 80.000.-,

am Ende des fünften Jahres ist sie voll abgeschrieben. In den Büchern wird sie bei einer Weiternutzung allerdings mit einem Erinnerungswert von DM 1.- statt DM 0.- festgehalten.

b) die **geometrisch-degressive** Methode:

Hier wird die Abschreibung in einem gleichbleibenden Prozentsatz vom Restbuchwert bemessen. Der Abschreibungsbetrag ist danach umso höher, je höher der Restbuchwert ist. Somit wird in den ersten Jahren der Nutzungsdauer eine höhere Abschreibung angesetzt als in den späteren.

Beispiel:

Die Anschaffungskosten betragen wieder DM 100.000.-, es wird ein Abschreibungsprozentsatz von 25 % des Restbuchwertes gewählt. Damit beträgt die Abschreibung im

1.Jahr	25 %	von DM 100.000,00	= DM 25.000,00
2.Jahr	25 %	von DM 75.000,00	= DM 18.750,00
3.Jahr	25 %	von DM 56.250,00	= DM 14.062,50
4.Jahr	25 %	von DM 42.187,50	= DM 10.546,88
5.Jahr	25 %	von DM 31.640,62	= DM 7.910,16

Auf diese Weise würde es sehr lange dauern (beim Fortführen der Reihe bis zum Jahr 35), bis die Anlage auf den Wert von DM 1.- abgeschrieben ist. Da dies, insbesondere angesichts der geplanten Nutzungsdauer von 10 Jahren, betriebswirtschaftlich unsinnig wäre und zudem meist ein Interesse an einer schnellen Abschreibung besteht, wird in der Regel dann auf die lineare Abschreibungsmethode gewechselt, wenn die nach ihr ermittelten Abschreibungsbeträge höher sind als die nach der geometrisch degressiven. Im Beispiel wäre das bereits im zweiten Jahr der Fall.

Diese Methode ist steuerrechtlich nur mit einem maximalen Satz von 30 % des Restbuchwertes erlaubt, ferner dürfen die Abschreibungsbeträge das Dreifache der linearen Methode nicht übersteigen. Sie darf nur bei beweglichen Gütern des Anlagevermögens angewendet werden (§ 7 Abs. 2 EStG).

Neben bilanzpolitischen Überlegungen, die auf eine schnelle Abschreibung gerichtet sein können, findet die Methode ihren Sinn in einer möglichst gleichmäßigen Belastung mit Aufwendungen für die Maschine. In den ersten Jahren der Nutzungsdauer werden wenig Instandhaltungsaufwendungen anfallen, in den letzten Jahren umso mehr. Bei den Belastungen mit Abschreibungen ist es umgekehrt: In den ersten Jahren fallen mehr Abschreibungen an als in den letzten.

c) die **arithmetisch-degressive** Methode:

Auch bei dieser Methode, die steuerrechtlich nur in engen Grenzen angewendet werden darf, fallen die jährlichen Abschreibungsbeträge. Zur Berechnung wird zunächst die Quersumme aus den Jahren der Nutzungsdauer gebildet; im Beispiel beträgt diese 15. In umgekehrter Reihenfolge der Nutzungsjahre werden die Abschreibungsbeträge als x/15 der Anschaffungskosten ermittelt; d.h. für unser Beispiel (Anschaffungskosten DM 100.000.-) im

1.Jahr	5/15	= DM 33.333.-
2.Jahr	4/15	= DM 26.667.-
3.Jahr	3/15	= DM 20.000.-
4.Jahr	2/15	= DM 13.333.-
5.Jahr	1/15	= DM 6.667.-

Im Vergleich betragen die Abschreibungsbeträge bei den drei zeitabhängigen Methoden für eine Anlage mit DM 100.000.- Anschaffungskosten :

Periode	linear	geom.-degr.	arithm.-degr.
1	20.000	25.000	33.333
2	20.000	18.750	26.667
3	20.000	14.063	20.000
4	20.000	10.547	13.333
5	20.000	7.910	6.667

Abb. 24: Übersicht über die Abschreibungsentwicklung bei unterschiedlichen zeitabhängigen Abschreibungsmethoden

3.4.2.3 Buchung von Abschreibungen

Da die Abschreibungen für den "wertmäßigen Verbrauch" der Gegenstände stehen, stellen sie Aufwand dar und müssen auf einem Aufwandskonto (im Soll) gebucht werden. Die zu bildenden Aufwandskonten sollten mindestens der bilanziellen Gliederung des Anlagevermögens entsprechen. Die Wertminderung auf dem aktivischen Bestandskonto ist dementsprechend im Haben zu buchen. Der aus dem Anfangsbestand und der Abschreibung ermittelte Saldo auf dem Bestandskonto bildet den Restbuchwert ab.

Die Abschreibungsbuchungen sind spätestens am Jahresende in Vorbereitung des Jahresabschlusses vorzunehmen. Der Zeitpunkt ist jedoch nicht zwingend vorgeschrieben; denkbar ist z.B. auch eine Abschreibungsbuchung je Halbjahr. Die (Voll-)Abschreibung bei geringwertigen Wirtschaftsgütern wird in der Regel bereits bei ihrer Anschaffung vorgenommen.

Im obigen Beispiel haben wir einen Anfangsbestand von DM 100.000.-. Die Abschreibungsbuchung am Ende des ersten Jahres nach geometrisch-degressiver Methode ist daher wie folgt zu buchen:

Abschreibungen Maschinen
an Maschinen DM 25.000.-

Dies ist die sog. **direkte** Abschreibungsmethode. Vor Inkrafttreten des Bilanzrichtliniengesetzes war alternativ die sog. **indirekte** Methode zulässig. Hier wurde ein passivisches Wertberichtigungskonto gebildet, das die Gegenbuchung zur Aufwandsbuchung aufnahm. Der Buchungssatz würde dann lauten:

Abschreibungen auf Maschinen
an Wertberichtigungen DM 25.000.-

In Jahresabschlüssen der Jahre 1986 und früher sind bei Anwendung dieser Methode entsprechende Wertberichtigungspositionen auf der Passivseite der Bilanz zu finden. Nach neuer handelsrechtlicher Lage ist die **indirekte Methode für Kapitalgesellschaften grundsätzlich nicht mehr zulässig.**

Im Kontenbild stellt sich die (direkte) Abschreibungsbuchung des Beispiels wie folgt dar:

S Maschinen H

S		H	
Zugang	100.000.-		
		Abschr.	25.000.-
		(Saldo)	75.000.-

S Abschreibungen auf Maschinen H

S		H	
Masch.	25.000.-		

Wie zu ersehen ist, bleibt nach Vornahme der Abschreibung auf dem Bestandskonto "Maschinen" ein Saldo für den Endbestand von DM 75.000.-. Dieser Betrag stellt den planmäßigen **Buchwert** der Maschine **am Ende des ersten Nutzungsjahres** dar. Er wird beim Jahresabschluß in die Schlußbilanz übernommen, so wie die vorgenommene Abschreibung aus dem Aufwandskonto in die Gewinn- und Verlust-Rechnung übernommen wird.

Werden Sachanlagen über die ursprünglich geplante Nutzungsdauer hinaus verwendet, verbleiben sie trotz voller Abschreibung in der Regel mit einem Erinnerungswert von DM 1.- in den Büchern.

Beim Jahresabschluß werden die Konten demnach mit folgenden Buchungen abgeschlossen:

GuV-Konto
an Abschreibungen Maschinen DM 25.000.-

Schlußbilanzkonto
an Maschinen DM 75.000.-

Der Abschluß des Abschreibungskontos auf das GuV-Konto bewirkt, daß die Abschreibungen auf Anlagen als Werteverzehr bei Betriebsmitteln aus der Gewinn- und Verlust-Rechnung ersichtlich werden.

Übungsaufgabe 9
(Lösung im Anhang)

Folgende Vorfälle sind zu buchen:

(a) Ein Lastkraftwagen zum Nettopreis von DM 70.000.- wird auf Ziel gekauft.

(b) Wir erwerben eine Maschine zum Nettopreis von DM 200.000.-. Eine (umsatzsteuerfreie) Transportversicherung über DM 15.000.- wird uns vom Lieferanten in Rechnung gestellt. Die Montage (Kosten DM 5.000.-) wird von betrieblichen Arbeitskräften vorgenommen.

(c) Ein Computerprogramm wird für DM 15.000.- netto erworben und unter Abzug von 2 % Skonto per Bankscheck bezahlt.

(d) Ein weiteres Computerprogramm im Wert von DM 10.000.- wird von der betrieblichen EDV-Abteilung entwickelt.

(e) Von betrieblichen Arbeitskräften wird eine technische Anlage erstellt. Ihr Wert beträgt DM 30.000.-.

(f) Auf Basis der nachfolgenden Anschaffungswerte von Betriebsmitteln sind Abschreibungen nach der linearen Methode vorzunehmen. Neben den Anschaffungswerten ist die Nutzungsdauer angegeben:

Immaterielle Vermögensgegenstände:		
Anschaffungswert	DM	60.000.-
Nutzungsdauer		3 Jahre
Maschinen und technische Anlagen:		
Anschaffungswert	DM	650.000.-
Nutzungsdauer		10 Jahre
Fuhrpark:		
Anschaffungswert	DM	200.000.-
Nutzungsdauer		5 Jahre

Übungsaufgabe 10
(Lösung im Anhang)

Ein LKW wird zu einem Nettopreis von DM 60.000.- zuzüglich Umsatzsteuer gekauft. Das Unternehmen geht von einer Nutzungszeit von 5 Jahren und einer Gesamtfahrleistung von 600.000 km aus. Die Fahrleistung für die einzelnen Jahre wird wie folgt geschätzt:

Jahr 1	150.000 km
Jahr 2	130.000 km
Jahr 3	120.000 km
Jahr 4	100.000 km
Jahr 5	100.000 km

Prüfen Sie, welche Abschreibungsmethode (leistungsabhängig, linear oder geometrisch-degressiv mit 30 % Abschreibungssatz) im ersten Jahr zum höchsten Abschreibungsbetrag führt und nehmen sie danach die Buchung vor. Ab welchem Jahr der Nutzungsdauer führt die lineare Methode zu höheren Abschreibungsbeträgen als die degressive?

3.4.3 Zuschreibungen

Wenn außerplanmäßige Abschreibungen für abnutzbare Gegenstände des Anlagevermögens vorgenommen wurden, kann es geschehen, daß die Gründe zur Vornahme dieser Abschreibung später wieder entfallen. Einzelkaufleuten und Personengesellschaften ist es gestattet, den daraus resultierenden niedrigeren Buchwert gem. § 253 Abs. 5 HGB beizubehalten, auch wenn er faktisch zu niedrig angesetzt ist, oder die zu hoch angesetzte Abschreibung rückgängig zu machen. Für Kapitalgesellschaften besteht - unter bestimmten Ausnahmen - nach heutiger Rechtslage gem. § 280 HGB allerdings das Gebot, den zu niedrigen Wertansatz durch Zuschreibungen zu korrigieren. Zuschreibungen sind als Ertrag anzusehen, ihre Verbuchung erfolgt auf dem Konto "Erträge aus Zuschreibungen" bzw. auf dem Konto "sonstige betriebliche Erträge". Der Buchungssatz lautet:

Anlagenkonto
an Erträge aus Zuschreibungen
(bzw. Sonstige betriebliche Erträge)

3.4.4 Abgänge

Wenn Vermögensgegensgegenstände aus dem Betrieb ausscheiden, ist der Abgang zu verbuchen. Dabei sind bei Betriebsmitteln verschiedene Fälle zu unterscheiden:

(a) Abgang in Höhe des Restbuchwertes:

Dies ist der einfachste Fall, es erfolgt eine Buchung auf einem Finanzkonto und dem Anlagenkonto. Dabei handelt es sich um einen erfolgsunwirksamen Vorgang.

Beispiel:

Ein Lastkraftwagen mit dem Restbuchwert von DM 5.000.- wird zu genau diesem Wert gegen bar verkauft. Der Buchungssatz lautet:

Kasse		DM	5.700.-
an	Fuhrpark	DM	5.000.-
an	Mehrwertsteuer	DM	700.-

(b) Abgang zu einem Erlös **über** dem Restbuchwert:

Dieser Fall ist erfolgswirksam, denn es entsteht zusätzlich zu dem Aktivtausch (Finanzmittel gegen Sachmittel) ein Ertrag.

Beispiel:

Der Nettoerlös für den gebrauchten LKW beträgt DM 5.500.-. Zu buchen ist:

Kasse		DM	6.270.-
an	Fuhrpark	DM	5.000.-
	sonst.betr.Erträge	DM	500.-
	Mehrwertsteuer	DM	770.-

Das Konto "sonstige betriebliche Erträge" kann auch weiter untergliedert werden. Für das Beispiel wäre eine Buchung auf einem Konto "Erträge aus dem Abgang von Gegenständen des Anlagevermögens" ebenso denkbar.

(c) Abgang zu einem Erlös **unter** dem Restbuchwert:

Hier entsteht statt eines Ertrages ein Aufwand, der erfolgswirksam zu buchen ist.

Beispiel:

Der Nettoverkaufserlös für den LKW beträgt nur DM 4.500.-. Der Buchungssatz lautet:

Kasse		DM	5.130.-
sonst.betr.Aufwand		DM	500.-
an	Fuhrpark	DM	5.000.-
	Mehrwertsteuer	DM	630.-

Analog zum obigen Fall kann die Aufwandsbuchung auch auf einem genauer bezeichneten Konto "Verluste aus dem Abgang von Gegenständen des Anlagevermögens" erfolgen.

Aus allen drei Beispielen ist zu ersehen, daß der Abgang auf dem Konto "Fuhrpark" immer in Höhe des Restbuchwertes erfolgt. Jeweils erzielte Mehr- oder Mindererlöse sind erfolgswirksam als Ertrag oder Aufwand zu buchen. Die Umsatzsteuer ist nicht auf den Restbuchwert, sondern auf den erzielten Verkaufserlös zu berechnen. Für den Sonderfall, daß ein Vermögensgegenstand zum Ende der Nutzungsdauer, also voll abgeschrieben, ohne Verkaufserlös aus dem Betrieb ausscheidet, ist keine Buchung erforderlich.

Fassen wir zusammen:

Am Beispiel der Betriebsmittel haben wir vier Arten von Veränderungen behandelt:

(a) Zugänge als erfolgsunwirksame Mengen- und Wertveränderungen beim Bestand an Gegenständen;

(b) Abschreibungen als reine Wertveränderungen mit Erfolgswirksamkeit;

(c) Zuschreibungen als reine Wertveränderungen mit Erfolgswirksamkeit;

(d) Abgänge als Mengen- und Wertveränderungen, je nach Resterlös ohne oder mit Erfolgswirksamkeit.

3.5 Personalaufwand

3.5.1 Grundsachverhalte der Lohn- und Gehaltsabrechnung

Die bisher behandelten Produktionsfaktoren Werkstoffe (einschließlich der Handelswaren) und Betriebsmittel werden in der Buchführung sowohl auf Bestandskonten wie auf Aufwandskonten erfaßt: die Anzahl der Gegenstände in ihrer wertmäßigen Höhe auf den jeweiligen Bestandskonten, ihr Verbrauch zu Handels- oder Produktionszwecken auf den entsprechenden Aufwandskonten. Die Buchung auf den Bestandskonten basiert auf der Tatsache, daß die Gegenstände durch Verträge in das Eigentum der Unternehmen gelangt sind.

Bei den Arbeitskräften liegen andere Rechtsverhältnisse zugrunde. Die Un ternehmen sind nicht die Eigentümer der Arbeitskraft, stattdessen werden (in unterschiedlicher Form) Verträge über die Nutzung der Arbeitskraft geschlossen. Buchhalterisch ist lediglich diese Nutzung von Bedeutung, also der Ge- oder Verbrauch von Arbeitskraft. Dies bedeutet eine Buchung von Aufwand. Bestandsbuchungen fallen hier nicht an.

Das Entgelt, das die Arbeitskräfte für die Nutzung ihrer Arbeitskraft erhalten, nimmt je nach Status der Beschäftigten überwiegend die Form von Lohn oder

Gehalt an. Weitere Entgeltformen stellen Provisionen, Tantiemen, verschiedene Gratifikationen oder auch Sachleistungen dar.

Das Bruttoentgelt, das aus den Arbeits- bzw. Tarifverträgen resultiert, ist um die Lohn- und Kirchensteuer sowie die Arbeitnehmeranteile der Sozialversicherungsbeiträge zu kürzen. Diese Kürzungen hat das Unternehmen vorzunehmen, es ist für die Abführung der Steuern und Sozialversicherungsbeiträge verantwortlich.

Es ergibt sich somit folgender Grundsachverhalt:

Bruttoentgelt
./. Lohnsteuer
./. Kirchensteuer
./. Arbeitnehmeranteile zur
- Krankenversicherung
- Rentenversicherung
- Arbeitslosenversicherung

= Nettoentgelt

Die gesetzlich geregelten Beiträge zur Sozialversicherung sind nach folgenden Prozentsätzen vom Bruttoentgelt zu berechnen (Werte zum Stand von April 1989):

a)	Krankenversicherung:	12,2 %
b)	Rentenversicherung:	19,2 %
c)	Arbeitslosenversicherung:	4,0 %

Diese Beiträge teilen sich Arbeitgeber und Arbeitnehmer hälftig. Für den Arbeitgeber sind seine Beitragsanteile ebenso wie die Bruttoentgelte Aufwand und auf einem entsprechenden Konto zu buchen.

Darüberhinaus müssen weitere Bestandteile des Personalaufwandes zu berücksichtigt werden:

Beiträge zur Unfallversicherung zwecks Absicherung des Unfallrisikos am Arbeitsplatz und auf dem Weg von und zur Arbeit tragen die Unternehmen alleine. Diese Beiträge als weiterer gesetzlicher Personalaufwand sind damit in voller Höhe Aufwand.

Freiwillige Personalaufwendungen fallen auf betrieblicher Ebene zusätzlich zu arbeits- oder tarifvertraglichen oder gesetzlichen Aufwendungen an. Dazu gehören Sozialleistungen, zu denen das Unternehmen nicht bzw. nur im Rahmen von Betriebsvereinbarungen verpflichtet ist - z.B. Zuschüsse zum Kantinenessen oder zum Werkssport und Aufwendungen im Rahmen der betrieblichen Altersversorgung.

In der Lohn- und Gehaltsabrechnung werden weitere Vorgänge buchungsrelevant, auch wenn sie nicht zwingend den Personalaufwand des Unternehmens erhöhen:

Nach dem Gesetz zur Förderung der **Vermögensbildung** fallen **vermögenswirksame Leistungen** an, die je nach Arbeits- oder Tarifvertrag vom Arbeitgeber, Arbeitnehmer oder beiden zu tragen sind. Vom Arbeitgeber getragene vermögenswirksame Leistungen erhöhen das Bruttoarbeitsentgelt des Arbeitnehmers und müssen damit bei der Berechnung von Steuern und Sozialversicherungsbeiträgen berücksichtigt werden. Wenn das Arbeitnehmereinkommen bestimmte Grenzen nicht übersteigt, fördert der Staat die Anlage vermögenswirksamer Leistungen zusätzlich mit der Auszahlung einer **Arbeitnehmersparzulage**. Diese wird den Arbeitnehmern über das Unternehmen ausgezahlt, tangiert jedoch nicht die Berechnung von Brutto- und Nettoentgelt. Das Unternehmen kann die Auszahlung der Sparzulage mit der Abführung der Lohnsteuer an das Finanzamt verrechnen.

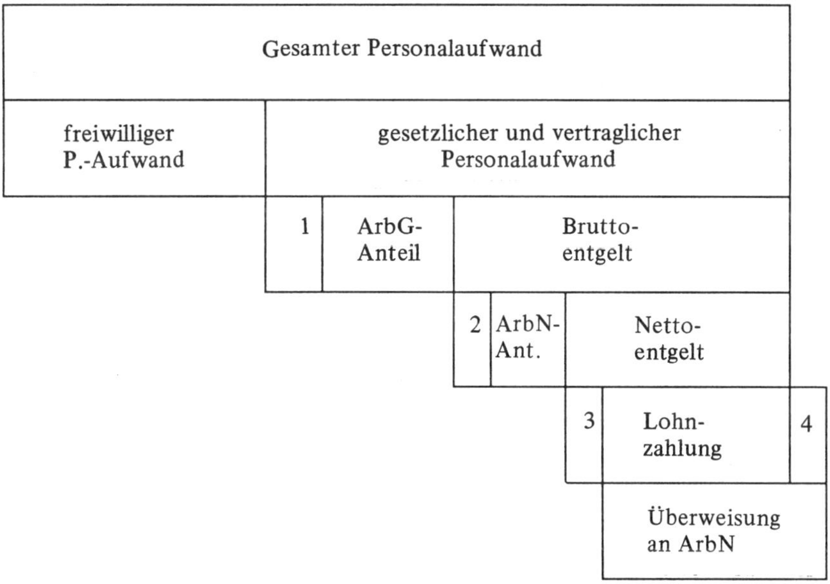

1: Beiträge zur Unfallversicherung
2: Lohn- und Kirchensteuer
3: Vermögenswirksame Leistungen
4: Arbeitnehmersparzulage

Abb. 25: Struktur des Personalaufwandes

Das Schaubild zeigt zum Abschluß noch einmal eine Übersicht über die **Zusammensetzung des Personalaufwandes** und der **Auszahlungen an die Arbeitnehmer.**

Als Bestandteile des Personalaufwandes und damit erfolgswirksame Komponenten sind die folgenden Zahlungen zu nennen:

- Bruttolohn bzw. -gehalt gemäß Arbeits- oder Tarifvertrag
- Arbeitgeberanteile zur Sozialversicherung
- freiwillige Sozialleistungen des Arbeitgebers
- Beiträge zur Unfallversicherung
- vermögenswirksame Leistungen, soweit vom Arbeitgeber getragen.

Zur besseren Abrechnung und zur Gewährleistung des Überblicks werden für die verschiedenen Aufwandsarten sinnvollerweise unterschiedliche Konten geführt. Dies gilt auch für die "durchlaufenden Beträge" bei den Steuern, Arbeitnehmersparzulagen und Sozialversicherungsbeiträgen.

3.5.2 Berechnung und Buchung der Beträge

Aus dem Tarifvertrag für eine Angestellte ergebe sich ein Monatsbruttogehalt von DM 5.200.-. Der Arbeitgeber trägt vermögenswirksame Leistungen in Höhe von DM 13.- für einen prämienbegünstigten Sparvertrag. Daraus ergibt sich ein Bruttoarbeitsentgelt von DM 5.213.-

Auf das Bruttoentgelt werden berechnet:

Lohnsteuer	DM	1.300.-
Kirchensteuer (9 % der Lohnsteuer)	DM	117.-
Arbeitnehmeranteile zur Sozialversicherung	DM	890.-

Daraus ermittelt sich das Nettoarbeitsentgelt von DM 2.906.-. Das Nettoentgelt entspricht jedoch nicht dem Auszahlungsbetrag, den die Angestellte auf ihr Konto überwiesen bekommt. Davon ist die vermögenswirksame Leistung von DM 13.- abzuziehen, die der Arbeitgeber direkt an das Kreditinstitut überweist. Zuzurechnen sei ferner eine Arbeitnehmersparzulage von DM 2,08. Die Überweisung lautet somit auf einen Betrag von DM 2.895,08.

Auf Arbeitgeberseite sind weiterhin zu berücksichtigen:

- die Arbeitgeberanteile zur Sozialversicherung	DM	890.-
- Beiträge zur Berufsgenossenschaft (Unfallversicherung)	DM	100.-

Der Personalaufwand umfaßt somit insgesamt:

- Bruttoarbeitsentgelt einschließlich vermögenswirksamer Leistungen	DM	5.213.-
- Arbeitgeberanteile zur Sozialversicherung	DM	890.-
- Unfallversicherung	DM	100.-

Zur Buchung dieser Vorgänge werden folgende Konten benötigt:

- ein Gehaltskonto
- ein Aufwandskonto "Vermögenswirksame Leistungen" (VWL)
- ein Konto "Gesetzlicher Sozialaufwand" für die Unfallversicherung und die Arbeitgeberbeiträge zur Sozialversicherung
- ein Bankkonto
- ein Sammelkonto "noch abzuführende Abgaben"

Das Sammelkonto nimmt alle Zahlungsbeträge auf, die vom Arbeitgeber an andere weiterzuleiten sind - also die Steuern, die Sozialversicherungsbeiträge, die Beiträge zur Unfallversicherung sowie die vermögenswirksamen Leistungen und die Gutschrift der Arbeitnehmersparzulage. Die faktische Überweisung dieser Beträge findet in der Regel im nächsten Monat statt.

Folgende Buchungen fallen an:

Gehälter		DM	5.200,00
noch abz.Abgaben		DM	2,08
VWL		DM	13,00
an	noch abz.Abgaben	DM	2.320,00
	Bank	DM	2.895,08
Gesetzl. Sozialaufwand		DM	990,00
an	noch abz.Abgaben	DM	990,00

Werden im nächsten Monat die Überweisungen an das Finanzamt, die Berufsgenossenschaft, die Sozialversicherungsträger und das Kreditinstitut für die vermögenswirksame Leistung getätigt, lauten die dazugehörigen Buchungen:

Noch abz.Abgaben
an Bank DM 1.414,92
Noch abz.Abgaben
an Bank DM 100,00
Noch abz.Abgaben
an Bank DM 1.780,00
Noch abz.Abgaben
an Bank DM 13,00

Wenn an Arbeitnehmer Lohn- oder Gehaltsvorschüsse gezahlt wurden, werden diese auf einem Forderungskonto "Sonstige Forderungen" (oder "Forderungen an Belegschaftsangehörige") gesammelt und bei der nächsten Gehaltsbuchung verrechnet. Ein bar ausgezahlter Vorschuß von DM 1.000.- wird wie folgt gebucht:

Sonstige Forderungen
an Kasse DM 1.000.-

und bei der Gehaltsabrechnung:

Gehälter
an Sonstige Forderungen DM 1.000.-

Zum Abschluß soll noch erwähnt werden, daß die bereits genannten **Sachleistungen** des Unternehmens ebenfalls zum (steuerlich relevanten) Bruttoentgelt zu zählen sind. Wenn Arbeitnehmer verbilligt Werkswohnungen mieten oder in der Betriebskantine essen, betriebseigene Gegenstände wie Kraftfahrzeuge auch zu privaten Zwecken nutzen können, dann sind solche Leistungen des Unternehmens zu bewerten und dem Bruttoentgelt zuzuschlagen. Der Bewertung liegen Richtlinien der Finanzbehörden zugrunde.

Übungsaufgabe 11
(Lösung im Anhang)

Bilden Sie die Buchungssätze für die folgenden Entgeltvorgänge:

Der Angestellte G.Harms bezieht jeweils zum 15. des Monats ein Bruttomonatsgehalt von DM 4.287.-. Auf einem Bausparkonto sammelt er vermögenswirksame Leistungen von monatlich DM 52.-, die über das Unternehmen an die Bausparkasse überwiesen werden, also vom Nettogehalt einbehalten werden. An den vermögenswirksamen Leistungen beteiligt sich der Arbeitgeber mit DM 13.-. Über das Unternehmen erhält der Angestellte eine vom Staat gewährte Arbeitnehmersparzulage von DM 12.-. Zu Monatsbeginn hat G.Harms einen Vorschuß von DM 800.- erhalten.

Weitere Angaben:

Lohnsteuer	DM	1.075.-
Kirchensteuer	DM	96.-
Krankenversicherung (Gesamtbetrag)	DM	516.-
Rentenversicherung (Gesamtbetrag)	DM	818.-
Arbeitslosenversicherung (Gesamtbetrag)	DM	128.-

3.6 Buchungen von Rechtsansprüchen

Rechtsansprüche entstehen aus dem Geschäftsverkehr zwischen dem Unternehmen und seiner betrieblichen Umwelt. Grundlage sind auf privatrechtlicher Ebene Arbeits-, Kauf-, Kredit- und andere Verträge; auf öffentlich-rechtlicher Ebene verpflichten u.a. Gesetze und Verwaltungsvorschriften zu Steuer- oder Abgabenzahlungen.

Rechtsansprüche beziehen sich auf Leistungen, Lieferungen oder Geldzahlungen. Viele Rechtsansprüche, die das Unternehmen gegenüber Dritten besitzt, sind als Vermögen zu aktivieren. Nicht aktivierbar sind z.B. Ansprüche auf Arbeitsleistungen gegenüber einem Arbeitnehmer, die aus einem Arbeitsvertrag resultieren; wohl aber werden Ansprüche an einen Kunden auf Bezahlung einer Rechnung als Forderungen aktiviert. Umgekehrt sind Rechtsansprüche, die gegenüber Unternehmen bestehen, von diesen als Verbindlichkeiten passiviert.

Buchungen von Rechtsansprüchen sind immer dann vorzunehmen, wenn einer der beiden Vertragspartner seinen Teil geleistet hat. Für den Fall eines Kaufvertrages über Waren haben wir die erforderlichen Buchungen schon kennengelernt. Wenn der Käufer seine Verpflichtung auf Bezahlung der Ware nicht sofort erfüllt, entsteht der Rechtsanspruch des verkaufenden Unternehmens auf eine Geldzahlung. Es wird gebucht:

Forderungen aus Lieferungen und Leistungen
an Umsatzerlöse
Mehrwertsteuer

Der Käufer muß umgekehrt seine Zahlungsverpflichtung als Verbindlichkeit erfassen. Sein Buchungssatz lautet:

Wareneinkauf
Vorsteuer
an Verbindlichkeiten aus Lieferungen und Leistungen

Buchungen sind dieser Logik zufolge auch erforderlich, wenn die Zahlung **vor** der Lieferung erfolgt. Der Rechtsanspruch besteht dann in der Erfüllung der Lieferung. Zur größeren Klarheit werden für solche Rechtsansprüche eigene Konten und Bilanzpositionen geführt, die die Bezeichnung "geleistete (bzw. erhaltene) **Anzahlungen**" erhalten. Die Buchungssätze in diesen Fällen lauten:

Geleistete Anzahlungen
an Bank

bzw.

Bank
an erhaltene Anzahlungen

Auch bei diesen Rechtsansprüchen muß die Umsatzsteuer gebucht werden, wenn in der Anzahlungsrechnung die Steuer ausgewiesen ist oder wenn die Anzahlung mindestens DM 10.000.- beträgt (vgl. § 13 (1) Nr. 1 UStG).

3.6.1 Verbindlichkeiten

Die Verbindlichkeiten werden sinnvollerweise auf unterschiedlichen Passivkonten erfaßt, damit das Unternehmen allein schon aus dem Kontenstand einen Überblick über den Stand der jeweiligen Verbindlichkeitenart erhält. Eine Aufteilung ist z.B. gemäß nachfolgender Übersicht denkbar. Sie entspricht dem Gliederungsschema des § 266 HGB, der mittlere und große Kapitalgesellschaften zu dieser Aufteilung in der Bilanz zwingt. (Kleine Kapitalgesellschaften sowie Einzelunternehmen und Personengesellschaften können in der Bilanz alle Verbindlichkeiten zu einer Position zusammenfassen. Eine interne Aufteilung empfiehlt sich dennoch.)

1. Anleihen
2. Verbindlichkeiten gegenüber Kreditinstituten
3. Erhaltene Anzahlungen auf Bestellungen
4. Verbindlichkeiten aus Lieferungen und Leistungen
5.- 7. ...
8. Sonstige Verbindlichkeiten

Diese Gliederung teilt die Verbindlichkeiten nach **Gläubigergruppen** auf. Zusätzlich verlangt das HGB eine Aufgliederung der Verbindlichkeiten nach **Fristigkeiten**, gemessen an ihrer **Rest**laufzeit. Als Restlaufzeit gilt die Zeit zwischen dem Bilanzstichtag und der Fälligkeit der Verbindlichkeit. Im Zweifel sollten daher für jede Verbindlichkeitenart mehrere Konten geführt werden, die die unterschiedlichen Restlaufzeiten berücksichtigen. Für die oben genannten Betriebsgrößen von Kapitalgesellschaften müssen im Jahresabschluß die Verbindlichkeitensummen für Restlaufzeiten bis zu einem Jahr sowie über fünf Jahre genannt sein.

3.6.2 Forderungen und Abschreibungen auf Forderungen

Unter Forderungen sind generell Ansprüche eines Unternehmens auf eine Leistung zu verstehen, wobei diese Leistung in Geld oder anderer Form erfolgen kann. Das HGB unterscheidet in § 266 Abs. 1 Nr. B II in

- Forderungen aus Lieferungen und Leistungen
- Forderungen gegen verbundene Unternehmen
- Forderungen gegen Unternehmen, mit denen ein Beteiligungsverhältnis besteht.

Im weiteren Sinne sind Forderungen gemäß der obigen Definition auch noch in anderen Bilanzpositionen zu finden. Denn auch Wertpapiere verbriefen den Anspruch auf Zahlungen; ebenso können Guthaben bei Kreditinstituten als Forderungen angesehen werden. Im folgenden wollen wir uns jedoch nur mit Forderungen aus Lieferungen und Leistungen befassen und daran Ursachen und Buchung von Abschreibungen behandeln.

Üblicherweise entstehen Forderungen aus Lieferungen und Leistungen aus unbaren Verkäufen, den sog. Zielverkäufen, wie sie im Kapitel über den Warenverkehr bereits ausführlicher behandelt wurden. Ein Unternehmen liefert Waren an ein anderes, wobei dieses die Rechnung nicht sofort begleicht. Diese Forderungen zählen zum Umlaufvermögen. Für die **Bewertung der Forderungen** zum Bilanzstichtag gilt zum einen der allgemeine Grundsatz der vorsichtigen Bewertung (vgl. § 252 Abs. 1 Nr. 4 HGB), zum zweiten verlangt § 253 Abs. 3, Satz 2 HGB für Gegenstände des Umlaufvermögens und damit auch für Forderungen:

> "...übersteigen die Anschaffungs- oder Herstellungskosten den Wert, der den Vermögensgegenständen am Abschlußstichtag beizulegen ist, so ist auf diesen Wert abzuschreiben."

3.6.2.1 Abschreibungsursachen und Einzelwertberichtigungen

Forderungsabschreibungen - üblich ist auch der Ausdruck "Wertberichtigungen" - sind dann vorzunehmen, wenn das fordernde Unternehmen nicht mit einem Zahlungseingang in voller Höhe der Forderung oder gar mit einem vollständigen Ausfall der Zahlung rechnet. Dies kann in bekanntgewordenen Zahlungsschwierigkeiten des Schuldnerunternehmens bzw. in dessen Konkurs begründet sein.

Es ist üblich, die Forderungen in drei Kategorien einzuteilen:

(1) **Einwandfreie Forderungen**:

Zu ihnen ist nichts bekannt geworden, was auf eine mögliche Minderung des Zahlungseingangs hinweist. Diese Forderungen sind für die Bilanz mit ihrem Nominalbetrag zu bewerten, in der Buchführung verbleiben sie in dieser Höhe auf dem ursprünglichen Forderungskonto.

(2) **Zweifelhafte Forderungen** (sog. **Dubiose**):

Bei diesen Forderungen sind begründete Zweifel am vollen Zahlungseingang entstanden. Das fordernde Unternehmen hat etwa festgestellt, daß das Schuldnerunternehmen in letzter Zeit regelmäßig die eingeräumten Zahlungsfristen überschritten hatte und mehrfach gemahnt worden war; der Verdacht entstehender Probleme wurde durch Branchengerüchte weiter genährt, daß das Schuldnerunternehmen in Liquiditätsschwierigkeiten steckte. Seitens eines anderen Unternehmens wurde bereits Klage erhoben.

In einem solchen Fall wird die Forderung als zweifelhaft eingestuft und in der Buchführung von den einwandfreien getrennt. Dies geschieht durch die Einrichtung eines Kontos "Dubiose" und die Umbuchung der vollständigen Forderung auf dieses Konto. Der Buchungssatz lautet:

Dubiose
an Forderungen aus Lieferungen und Leistungen

Auf dem Konto "Dubiose" bleibt die Forderung nun nicht mit dem ursprünglichen Nominalwert bestehen, sie ist - spätestens in Vorbereitung des Jahresabschlusses - mit ihrem wahrscheinlichen Wert anzusetzen. Das bedeutet, daß sie nur zu dem Wert zu Buche stehen darf, der dem wahrscheinlichen Zahlungseingang entspricht. In Höhe des erwarteten Ausfalls muß die Forderung abgeschrieben werden. Der Buchungssatz lautet:

Abschreibungen auf Forderungen
an Dubiose

(3) **Uneinbringliche Forderungen**:

Bei diesen Forderungen ist der Zahlungsausfall eindeutig, sie müssen in voller Höhe abgeschrieben werden. Die Ursachen hierfür können u.a. darin liegen, daß der Schuldner Konkurs angemeldet hat und aus der Konkursmasse keine Zahlung erwartet wird, oder daß der Aufenthaltsort des Schuldners nicht bekannt ist. Ist nicht bereits eine Umbuchung auf ein Dubiosenkonto erfolgt, dann wird die Forderung direkt vom Forderungskonto abgeschrieben:

Abschreibungen auf Forderungen
an Forderungen

Ein besonderes Problem stellt die Umsatzsteuerbehandlung dar. Im Forderungsbetrag ist die Mehrwertsteuer enthalten, denn umsatzsteuerpflichtig ist in der Regel zunächst das verein**barte** Entgelt. Tatsächlich ist die Steuer am Ende aber nur auf das verein**nahmte** Entgelt zu berechnen. Dies zieht folgende Wirkungen nach sich:

Allein die Umbuchung auf das Dubiosenkonto und die bilanziell nach dem Vorsichtsgrundsatz gebotene Abschreibung auf den wahrscheinlichen Wert berechtigt noch nicht zu einer Korrektur der Mehrwertsteuer. Der Fiskus akzeptiert eine Mehrwertsteuerkorrektur erst bei einem sicheren Ausfall der Zahlung. Ist also lediglich ein begründeter Verdacht auf Minderung oder Ausfall der Zahlung gegeben, wird keine Buchung auf dem Mehrwertsteuerkonto vorgenommen.

Steht dann allerdings der endgültige Ausfall fest, wird die Mehrwertsteuer korrigiert.

Beispiel:

Eine Forderung gegenüber dem Kunden Diemeyer in Höhe von DM 28.500.- einschl. Mehrwertsteuer ist zweifelhaft geworden und bereits auf das Konto "Dubiose" umgebucht. Es wird damit gerechnet, daß die Forderung noch zu 40 % beglichen wird, daß also noch netto DM 10.000.- eingehen werden. Die Abschreibung wird wie folgt gebucht:

Abschreibung auf Forderungen		
an Dubiose	DM	15.000.-

Die Schätzung des Zahlungseingangs stellt sich später als richtig heraus, es gehen noch DM 11.400.- auf dem Bankkonto ein; weitere Zahlungen müssen ausgeschlossen werden. Damit ist die Mehrwertsteuer um den Betrag zu korrigieren, der auf die ausgefallene Zahlung berechnet wurde. Es ist wie folgt zu buchen:

Bank	DM	11.400.-
Mehrwertsteuer	DM	2.100.-
an Dubiose	DM	13.500.-

Die Summe der Habenbuchungen entspricht der Gesamtsumme, die auf das Konto Dubiose umgebucht worden war. Im Kontobild stellt sich der Fall wie folgt dar:

S	Dubiose		H
	28.500	(1)	15.000
		(2)	13.500

S	Abschreibungen a.F.	H
(1)	15.000	

S	Bank	H
(2)	11.400	

S	Mehrwertsteuer	H
(2)	2.100	

Häufig wird jedoch der Fall gegeben sein, daß die Schätzung über den erwarteten Zahlungseingang nicht zutrifft. Dann wäre zu viel oder zu wenig abgeschrieben worden, es muß nachträglich eine weitere Korrektur vorgenommen werden:

Die Bewertung der Forderung mit dem wahrscheinlichen Wert und die dazugehörige Abschreibung wird in der Regel zum Bilanzstichtag vorgenommen. Stellt sich nun danach, also im darauffolgenden Geschäftsjahr, ein anderer als der erwartete Zahlungseingang heraus, wird die Abschreibung selbst als Aufwand des vergangenen Geschäftsjahres nicht mehr korrigiert. Die Buchungen erfolgen dann auf dem Konto "sonstige betriebliche Erträge", wenn der Zahlungseingang höher als erwartet ist, bzw. auf dem Konto "sonstige betriebliche Aufwendungen", wenn er niedriger als erwartet ist.

Nehmen wir den ersten Fall an. Bezogen auf das obige Zahlenbeispiel geht in der Folgeperiode vom Kunden Diemeyer wider Erwarten eine Zahlung von DM 19.950.- ein. Zum Jahresabschluß war wie oben in Erwartung eines Ausfalls von 60 % gebucht worden:

Abschreibung auf Forderungen
an Dubiose DM 15.000.-

Angesichts des Zahlungseingangs im neuen Jahr, der 70 % der ursprünglichen Forderung umfaßt, ist zu viel abgeschrieben worden. Denn eigentlich hätten nur 30 % der Nettoforderung abgeschrieben werden dürfen, also DM 7.500.-. Die Differenz stellt im nächsten Jahr einen "sonstigen betrieblichen Ertrag" dar. Es ist zu buchen:

Bank		DM	19.950.-
Mehrwertsteuer		DM	1.050.-
an	Dubiose	DM	13.500.-
	sonst.betriebl.Erträge	DM	7.500.-

Die Abschreibungsmethode, die in den Beispielen angewendet wurde, ist die sog. **direkte Methode**, da die Wertberichtigung unmittelbar auf dem Forderungs- bzw. Dubiosenkonto vorgenommen wurde. Daneben ist die **indirekte Methode** möglich: Die Gegenbuchung zur Abschreibung erfolgt auf einem Konto "Wertberichtigungen auf Forderungen" oder "Delkredere". Der Buchungssatz zu obigem Beispiel würde dann lauten:

Abschreibungen auf Forderungen			
an	Wertberichtigungen auf Forderungen	DM	15.000.-

3.6.2.2 Pauschalwertberichtigungen auf Forderungen

Aus Vereinfachungsgründen sowie zur Berücksichtigung des allgemeinen Risikos, das mit der Vergabe von Krediten verbunden ist, können die Forderungen eines Unternehmens **pauschal** wertberichtigt werden. Man geht dabei von einem bestimmten Prozentsatz aus, der aus betriebs- oder branchenbezogenen Erfahrungswerten der Vergangenheit abgeleitet ist. Diese Erfahrung zeigt z.B., daß durchschnittlich 3 % der gesamten Forderungen in den letzten Jahren uneinbringlich wurden. Die Buchung erfolgt dabei nach der indirekten Methode, denn es ist ja nicht bekannt, welche konkrete Forderung uneinbringlich wird.

Beispiel:

Der gesamte Forderungsbestand des Unternehmens beträgt am Ende des Geschäftsjahres 01 DM 1.800.000.- (netto!). Darauf wird eine Pauschalwertberichtigung von 3 % gebildet. Der Buchungssatz lautet:

Abschreibungen auf Forderungen			
an	Wertberichtigungen auf Forderungen	DM	54.000.-

Die Mehrwertsteuer wird nicht korrigiert, denn der konkrete Forderungsausfall ist noch nicht bekannt.

Für die buchmäßige Behandlung der Forderungsausfälle sind mehrere Varianten denkbar[1], hier wird nur die gebräuchlichste dargestellt:

Die im Laufe des Jahres eingetretenen tatsächlichen Forderungsausfälle werden unter Korrektur der Mehrwertsteuer aus dem Forderungs- sowie dem Wertberichtigungskonto ausgebucht. Am Ende der Periode wird die Pauschalwertberichtigung auf den dann existierenden Forderungsbestand angepaßt, nachdem vorher einzelwertberichtigte Forderungen ausgesondert wurden.

Beispiel:

Im Laufe des Jahres 02 fallen Forderungen in Höhe von netto DM 50.000.- tatsächlich aus. Der Gesamtbestand der Forderungen am Ende des Jahres 02 beträgt brutto incl. Mehrwertsteuer DM 2.394.000.-, es wurden keine Forderungen einzeln wertberichtigt. Dann wird wie folgt gebucht:

(1) Buchung der Forderungsausfälle:

Wertberichtigungen auf Forderungen	DM	50.000.-
Mehrwertsteuer	DM	7.000.-
an Forderungen	DM	57.000.-

(2) Anpassung der Pauschalwertberichtigung:

Forderungsbestand (brutto DM 2.394.000.-) netto DM 2.100.000.-, darauf 3 % Pauschalwertberichtigung = DM 63.000.-. Stand der Pauschalwertberichtigung DM 54.000.- ./. DM 50.000.- = DM 4.000.-. Buchungssatz:

Abschreibungen auf Forderungen		
an Wertberichtigungen auf Ford.	DM	59.000.-

Denkbar ist statt dieser unmittelbaren Wertberichtigungsanpassung jedoch auch, den zu hohen Ansatz der Pauschalwertberichtigung auf das Jahr 02 durch folgende Buchung ersichtlich zu machen und die Wertberichtigung für das nächste Jahr ganz neu zu bilden:

Wertberichtigungen auf Forderungen		
an sonst. betriebl. Erträge	DM	4.000.-
Abschreibungen auf Forderungen		
an Wertberichtigungen auf Ford.	DM	63.000.-

1 vgl. Eisele, W., Technik des betrieblichen Rechnungswesens, 2.Auflage, Wiesbaden 1985, S.184 ff.

Ist die Pauschalwertberichtigung anders als in diesem Beispiel zu niedrig angesetzt worden, müssen zusätzliche Forderungsabschreibungen vorgenommen werden.

3.6.2.3 Der Abschluß der Forderungs- und Wertberichtigungskonten

Unternehmen in den Rechtsformen der Einzelunternehmung oder von Personengesellschaften können auf der Passivseite der Bilanz einen Posten (Pauschal)Wertberichtigungen auf Forderungen ausweisen. Gemäß § 266 Abs. 3 HGB ist dies für Kapitalgesellschaften nicht gestattet, sie müssen die Wertberichtigungen mit den Forderungskonten saldieren und den Nettobetrag aktivisch in der Bilanz ausweisen. Der Buchungssatz lautet dann:

Wertberichtigungen auf Forderungen
an Forderungen

Die ausgesonderten zweifelhaften Forderungen werden in der Bilanz selten in einer eigenen Position aufgezeigt, hierfür besteht auch keine Verpflichtung. Es erfolgt dann eine Umbuchung der zweifelhaften Forderungen - mit ihrem wahrscheinlichen Wert - auf das Forderungskonto:

Forderungen
an Dubiose

Zu Beginn der Folgeperiode werden die Saldierung und die Umbuchung wieder rückgängig gemacht, für das laufende Geschäft stehen die Beträge wieder auf den Konten "Wertberichtigungen" bzw. "Dubiose".

Übungsaufgabe 12
(Lösung im Anhang)

Der gesamte Forderungsbestand unseres Unternehmens gegenüber Kunden beträgt zum 31.12. DM 1.368.000.-. Aus dem Bestand sind folgende Forderungen im Gesamtbetrag von DM 70.680.- bereits als zweifelhafte auf das Dubiosenkonto umgebucht worden:

- DM 5.700.- gegenüber Kunden Schlagmann, der mit Erfolg die Einrede der Verjährung eingewendet hat;
- DM 22.800.- gegenüber Kunden Mangelmeyer, dessen Firma zum Konkurs angemeldet wurde. Inzwischen ist klar, daß mangels Masse die Konkursabwicklung eingestellt wird;

- DM 17.100.- gegenüber Kunden Habemeyer; auch er hat seine Firma zum Konkurs angemeldet, jedoch ist mit einer Zahlung aus der Konkursmasse in Höhe von 1/3 der Forderung zu rechnen;
- DM 25.080.- gegenüber Kunden Emig, der ausgewandert ist. Es wurden keine Vermögenswerte hinterlassen.

Ferner ist bei den Wertberichtigungen zu berücksichtigen, daß der Kunde Plötz im Dezember verstorben ist. Das Konkursverfahren über den Nachlaß wird im Januar eröffnet werden; gemäß den vorliegenden Auskünften kann auch nicht mit einer teilweisen Begleichung der Forderung von DM 11.400.- gerechnet werden.

Für die anderen Forderungen ist eine Pauschalwertberichtigung von 4 % zu bilden. Die aus dem Vorjahr bestehende Pauschalwertberichtigung hat eine Höhe von DM 50.000.-. Im Laufe des Jahres sind Forderungen in Höhe von DM 51.300.- ausgefallen, die nicht einzeln wertberichtigt wurden.

Nehmen Sie die notwendigen Buchungen einschließlich der Mehrwertsteuerkorrektur vor. Buchen Sie dabei die endgültigen Ausfälle nach der direkten, die wahrscheinlichen Ausfälle nach der indirekten Methode. Schließen Sie danach die Konten ab und gehen Sie dabei davon aus, daß es sich bei unserem Unternehmen um eine GmbH handelt.

3.7 Rückstellungen

Rückstellungen sind Positionen auf der Passivseite der Bilanz, die den Charakter von Fremdkapital haben. Sie werden gebildet, um einen **Aufwand der laufenden Periode** zu erfassen, wenn die dazugehörige **Ausgabe** oder eine innerbetriebliche Leistung erst in einer der **Folgeperioden** ansteht. Dabei ist von Bedeutung, daß die **Ursache** des Aufwands in der **laufenden** Periode liegt und daß die Höhe des Aufwands nicht genau festliegt, sondern geschätzt werden muß.

Nach § 249 Abs. 1 HGB **müssen** Rückstellungen gebildet werden für

- ungewisse Verbindlichkeiten;
- drohende Verluste aus schwebenden Geschäften;
- im Geschäftsjahr unterlassene Aufwendungen für Instandhaltung und Abraumbeseitigung, wenn sie bald nachgeholt werden;
- Gewährleistungen ohne rechtliche Verpflichtung.

Ferner **dürfen** Rückstellungen nach § 249 Abs. 2 HGB für Aufwendungen gebildet werden, deren Höhe und Eintrittszeitpunkt unbestimmt ist, ihrer Eigenart nach aber genau umschrieben sind (sog. Aufwandsrückstellungen).

Beispiele für die Bildung von Rückstellungen:

(a) Zusagen für die Altersversorgung von Betriebsangehörigen (Pensionsrückstellungen); wann und wie lange die Auszahlung erfolgt, hängt vom Verrentungszeitpunkt und der Lebensdauer der einzelnen Betriebsangehörigen ab. Es handelt sich hier also um ungewisse Verbindlichkeiten. Der Buchungssatz lautet:

Aufwendungen für Altersvorsorge
an Pensionsrückstellungen

(b) Gewerbesteuerrückstellung: Die Höhe der Gewerbesteuer ist im Gewinn des laufenden Jahres begründet; er wird aber erst im Folgejahr nach der Jahresabschlußerstellung endgültig feststehen. Der Gewerbesteueraufwand muß daher geschätzt werden. Auch hier liegt eine ungewisse Verbindlichkeit vor. Der Buchungssatz lautet:

Gewerbesteueraufwand
an Steuerrückstellungen

(c) Rückstellungen aus Gewährleistungen, für die keine rechtliche Verpflichtung besteht: Solche Gewährleistungen (Kulanz) lassen sich nur aus Erfahrungswerten der Vergangenheit ableiten; wie häufig tatsächliche Zahlungen anfallen, kann daher nur geschätzt werden. Buchungssatz:

Kulanzaufwand
an sonstige Rückstellungen (bzw. Kulanzrückstellungen)

Durch diese Aufwandsbuchungen wird das Jahresergebnis derjenigen Periode belastet, in der die Ursache für die spätere Auszahlung liegt. In einer der Folgeperioden wird die tatsächliche Auszahlung dann nicht mehr als Aufwand gebucht, stattdessen wird die Rückstellung in Anspruch genommen. Betrachten wir dies an einem **Zahlenbeispiel** zu den Kulanzrückstellungen:

Im Jahr 01 wird von der Unternehmung ein neues Produkt auf den Markt gebracht. Zur Unterstützung der Markteinführung sollen etwaige Mängel auch jenseits der marktüblichen Garantiezusagen durch Kulanzleistungen aufgefangen werden. Hierfür wird eine Rückstellung in Höhe von DM 80.000.- gebildet. Der Buchungssatz lautet:

Kulanzaufwand
an sonstige Rückstellungen DM 80.000.-

Im Laufe der Folgeperiode werden Kulanzleistungen von Kunden des Unternehmens in einer Höhe von DM 65.000.- in Anspruch genommen. Die Zahlungen erfolgen durch Banküberweisung. Es wird gebucht (hier summarische Darstellung):

Sonstige Rückstellungen
an Bank DM 65.000.-

Für das dritte Jahr wird entschieden, keine Kulanzleistungen mehr zu gewähren. Am Ende des Jahres 02 wird daher die nicht in Anspruch genommene Rückstellung aufgelöst:

Sonstige Rückstellungen
an sonst.betriebl.Erträge DM 15.000.-

Für die Wahrung eines besseren Einblicks kann es sinnvoll sein, statt eines Sammelkontos "sonst.betriebliche Erträge" ein Konto "Erträge aus der Auflösung von Rückstellungen" zu führen.

Da die anzusetzenden Beträge bei der Rückstellungsbildung in der Regel nur geschätzt werden können, wird es nur selten der Fall sein, daß die spätere Zahlung genau in Höhe der Rückstellung vorzunehmen ist. Wenn die Rückstellung zu hoch gebildet wurde, entstehen wie im Kulanzbeispiel sonstige betriebliche Erträge; ist sie mit einem zu niedrigen Betrag angesetzt worden, ist in der Zahlungsperiode zusätzlicher sonstiger betrieblicher Aufwand zu buchen.

Die Bildung von Rückstellungen stellt eine der interessantesten Möglichkeiten zur Legung stiller Reserven im Rahmen der Bilanzpolitik dar. Die Rückstellungsbildung und damit -buchung muß bei gegebenem Anlaß im Laufe des Geschäftsjahres vorgenommen werden. Insbesondere aber in Vorbereitung des Jahresabschlusses sind den Unternehmen hierbei in unterschiedlichem Ausmaß Spielräume gegeben, das ablaufende Geschäftsjahr noch mit zusätzlichem Aufwand gewinnmindernd zu belasten.

Übungsaufgabe 13
(Lösung im Anhang)

Der Bestand des Passivpostens "Sonstige Rückstellungen" in der Bilanz des Geschäftsjahres 01 umfaßt DM 600.000.-. Darin sind enthalten:

(a) eine Rückstellung für eine Schönheitsreparatur am betrieblichen Verwaltungsgebäude in Höhe von DM 120.000.-.Die Reparatur wird im Februar des Jahres 02 von einer Fremdfirma vorgenommen, die sie mit DM 135.000.- zuzüglich Mehrwertsteuer in Rechnung stellt.
(b) eine Rückstellung für einen Prozeß in Höhe von DM 50.000.-. Der Prozeß endet im Juni des Jahres 02 mit der Verpflichtung des Unternehmens, DM 30.000.- an den Kontrahenten zu zahlen und die Gerichtskosten in Höhe von DM 2.500.- zu übernehmen.

Nehmen sie die notwendigen Buchungen bis zum Abschluß vor.

Übungsaufgabe 14
(Lösung im Anhang)

Im Jahr 02 sind Gewerbesteuervorauszahlungen in Höhe von DM 54.000.- geleistet worden. Die Gewerbesteuerschuld wird aufgrund der Gewinnlage auf DM 62.000.- geschätzt. Daher wird eine Rückstellung in der erforderlichen Höhe gebildet. Der Steuerbescheid im Jahre 03 ergibt eine tatsächliche Steuerschuld von DM 58.000.-.

Bilden Sie die erforderlichen Buchungssätze.

4

BUCHUNGEN BEI EDV-BUCHFÜHRUNG

Wenn ein Unternehmen seine Buchführung erstmals mit EDV-Unterstützung durchführen will oder ein altes EDV-System durch ein neues ersetzt, sind einige Vorbereitungen zu treffen. Hier soll nicht näher auf die analysierenden bzw. organisatorischen Vorbereitungen eingegangen werden. Sie sind in der Spezialliteratur[1] ausführlich nachzulesen. Zu diesen Vorbereitungen der Einführung eines EDV-Systems gehören:

(1) die Aufnahme und Analyse des bisherigen (Ist-)Zustandes zur Beschreibung der aktuellen Gegebenheiten und Analyse der Schwachstellen (**Ist-Analyse**);

(2) die Festlegung der Ziele und Grobstrukturen des neuen Systems (**Soll-konzeption** einschl. **Pflichtenheft**);

(3) die Planung der Verfahrensdetails (**Detailplanung/Systementwurf**) hinsichtlich der Programm- und Datenstrukturen;

(4) die Umsetzung der Planung des Systems (**Systemrealisierung**);

(5) die Einführung des Systems (**Implementierung**).

Diese klassische Ablaufstruktur wird vor allem bei der Eigenentwicklung von Anwendungssystemen verfolgt. Als Alternative zur Eigenentwicklung wurde in Teil I der Einsatz von Standardprogrammen dargestellt, die insbesondere im Bereich der Finanzbuchhaltung sich oft als kostengünstiger herausstellen. Die Punkte 3 bis 5 erhalten dann in der Ablaufstruktur einen anderen Inhalt:

(3) **Gewinnung eines Überblicks** über die infragekommenden Standardprogramme, die auf dem Software-Markt angeboten werden;

(4) **Detailprüfung** der in die engere Auswahl genommenen Programme hinsichtlich der Erfüllung der eigenen Vorstellungen;

(5) **Auswahl** eines Programmes, ggf. unter Vornahme von Programmanpassungen, und **Implementierung** des Programmes.

Die folgende Darstellung setzt an dem Punkt der Entscheidung für ein Standardprogramm ein, an dem die Unternehmensdaten auf den Computer übernommen werden.

---

1 Vgl. etwa Stahlknecht, P., Einführung in die Wirtschaftsinformatik, 3.Aufl., Berlin u.a. 1989; Wente, K.W., Angewandte Informatik in der Betriebswirtschaft, Stuttgart 1980

Dabei wird der **erste Schritt** der **Installation** nur in Stichworten abgehandelt: Bei der Installation müssen dem Programm Informationen über die eingesetzte Hardware mitgeteilt werden, z.B. ob mit einer Festplatte oder allein mit Disketten gearbeitet wird, welche Ausgabegeräte (Drucker u.a.) eingesetzt werden usw.. Ferner ist bei flexibel einsetzbaren Programmen mitzuteilen, nach welchem Kontenrahmen das Unternehmen bucht. Bei der Installation werden bestimmte Steuerungsparameter für das Programm festgelegt, die in der Regel auf Dauer gelten. Im Anschluß an die Installation wird das Programm gestartet, auf dem Bildschirm erscheint das erste Auswahlmenü für die unterschiedlichen Programmfunktionen. Im Beispielsprogramm hat dieses, wie oben bereits gezeigt, folgende Struktur:

GFU / AUB	**FINANZBUCHHALTUNG-HAUPTMENÜ**
	0 = STAMMDATENVERWALTUNG 1 = TAGES-, MONATS- UND JAHRESARBEITEN 2 = AUSWERTUNGEN 3 = DEBITOREN 4 = KREDITOREN 5 = FAKTURIERUNG 6 = KOSTENRECHNUNG 7 = REORGANISATION 8 = SONDERPROGRAMME 90 = ARBEITSABLÄUFE 91 = DRUCKEN UND LÖSCHEN LISTEN ESC = Ende (0) BITTE FUNKTION EINGEBEN
PARAMETER:	1 = TERMINALNUMMER 1 = UNTERNEHMENSKENNZEICHEN
FEHLERMELDUNG:	

Abb. 26: Hauptauswahl Finanzbuchhaltung

Zunächst interessieren nur die ersten beiden Auswahlpositionen, auf die anderen wird erst in späteren Kapiteln eingegangen. Sie beinhalten die Stammdatenverwaltung und die Bewegungsdatenerfassung und -verarbeitung, auf deren grundsätzliche Ausprägung bereits in Kap. 1.3 eingegangen wurde.

4.1 Die Stammdatenverwaltung

Wählt man aus dem Menü die 0, führt das Programm zu einem weiteren Auswahlmenü, das die Anwahlmöglichkeit für verschiedene Kategorien von Stammdaten eröffnet. Neben der Stammdatenverwaltung für Kunden und Lieferanten (bei Debitoren- und Kreditorenbuchführung) und für Artikel (bei EDV-gestützter Lagerbuchführung - vgl. jeweils Kap. 5) sowie einem "Informationsstamm" mit programmrelevanten Daten wie dem aktuellen Tagesdatum und den gültigen Umsatzsteuersätzen wird hier auch der **Kontenstamm** angesprochen. Das Programm bietet die Möglichkeit der "Pflege" von Kontenstammdaten mit Neuanlage und Änderung wie auch der dialoggesteuerten Anzeige der Kontendaten am Bildschirm.

Für die Neuanlage wie auch Änderung der Kontenstammdaten wird die Funktion "Pflegedienst" aufgerufen, worauf die auf der nächsten Seite abgebildete Eingabemaske erscheint.

Als Mindestangaben müssen die Kontonummer und die Kontenbezeichnung eingegeben werden. Alle weiteren Felder können mit Werten belegt werden, je nachdem, in welchem Umfang die Programmöglichkeiten genutzt werden. Z.B. sind feste Verknüpfungen der Konten mit der Kostenrechnung möglich (hierauf wird nicht näher eingegangen), es können Steuerungsparameter eingegeben werden, die die regelmäßige Erstellung von Tageskontenauszügen oder die Bildschirmanzeige von getätigten Buchungen steuern. Auf die programmspezifischen Details soll hier jedoch nicht näher eingegangen werden.

Das Beispielsprogramm ist wie viele FiBu-Programme "mandantenfähig", d.h., daß mit demselben Programm die Buchführung verschiedener Unternehmen bewältigt werden kann. Die erste Ziffer der Kontonummer stellt die Nummer des Mandanten dar. Der nächste Block von vier Ziffern nimmt die Kontonummern des jeweiligen Mandanten auf, ein weiterer Block von vier Ziffern kann für Unterkonten zur weiteren Aufgliederung genutzt werden.

KONTENSTAMM-PFLEGEDIENST		
KONTONUMMER	(1.0000.0000)	ESC = Rücksprung
Kontobezeichnung	(	)
Anzeigekennzeichen	( )	(leer = nicht anzeigen; J = anzeigen)
Kostenstelle	0000	
Kostenart	0000	
Steuer-Kennzeichen	0	(MwSt gem. Info-Datei)
Druck-Kennzeichen	N	(leer = Tageskontoauszug; N = kein Auszug)
Verdichtungskennzeichen	( )	(leer = keine; T = Tagessumme; B = Belegnr.)
Auflösungskennzeichen	( )	(leer = nicht auflösen; J = auflösen)
Auswertungsparameter 1	( )	
Auswertungsparameter 2	( )	

Abb. 27: Bildschirmmaske Kontenstammpflegedienst

Für jedes Konto muß mindestens die Kontonummer und die Kontobezeichnung erfaßt werden, z.B.:

1.1000.0000 Kasse
1.3000.0000 Rohstoffbestände
1.4390.0000 Gehälter
1.8100.0000 Umsatzerlöse

Die Daten werden sofort nach der Erfassung in die Kontenstammdatei weggeschrieben (Dialogverarbeitung). Sie erhält den Dateinamen FIBUST.DAT (für: Finanzbuchführung-Stammdaten).

Im Anschluß kann über die Funktion AUSWERTUNGEN des Kontenstammes aus dem Hauptmenü ein Kontenplan erstellt werden, welcher sortiert nach Kontennummern eine systematische Übersicht über alle Kontenbezifferungen und -bezeichnungen bietet. Ein solcher Kontenplan für die verwendeten Buchungsbeispiele ist im Anhang wiedergegeben. Dabei ist der Gemeinschaftskontenrahmen der Industrie (GKR) zugrundegelegt.

4.2 Die Erfassung und Verarbeitung von Bewegungsdaten

Das Beispielsprogramm ist so konzipiert, daß die Geschäftsvorfälle im Dialog mit dem Computer erfaßt und anschließend in einem Stapelverarbeitungslauf auf die Konten gebucht werden. Die Trennung von Erfassungs- und Verarbeitungsfunktion bietet den Vorteil einer besseren Kontrollmöglichkeit.

Nach Anwahl der Funktion 1 im Hauptmenü (TAGES-, MONATS- UND JAHRESARBEITEN) und Anwahl der Funktion ERFASSEN BUCHUNGEN im Folgemenü ist die folgende Eingabemaske zu sehen:

ERFASSUNG VON FIBU-BUCHUNGEN	LFD.NR	BEARBEITER-NR. 31.12.01
Änderungs-Nr.	0	(NULL = neue Sätze)
Unternehmen	1	
Konto-Nr. (Soll)	0000 0000	
Gegenkonto (Haben)	0000 0000	
Kostenstelle	0000	
Kostenträger	0000	
Betrag	0,00	(NULL = Satz gelöscht)
Storno-KZ		(S = Storno)
MwSt-Proz-KZ	0	
MwSt-Art-KZ	0	1 + 3 = MwSt;2 + 4 = VSt;5 = Pausch.VSt;9 = Steuer-umbuchungen)
Belegnummer	0000	
Rechnungsnummer	0	
Buchungstext		
Belegdatum	31.12.01	
Zahlungsziel Tage	0	
Skontoprozent	0,00	

Abb. 28: Eingabemaske für die Buchungserfassung

Die erste Zeile ist für spätere Änderungen fehlerhafter Buchungssätze von Bedeutung. In der zweiten Zeile wird standardmäßig die Unternehmensnummer des Mandanten angezeigt. Das System zeigt durch einen blinkenden Cursor auf der ersten Stelle des Sollkontos, daß eine Eingabe erwartet wird. Gemäß der Grundregel "Erst Soll-, dann Habenbuchungen" ist nun der Buchungssatz einzugeben - zunächst das Konto, das die Sollbuchung aufnimmt, danach das Konto für die Habenbuchung, anschließend der Betrag.[1] Eine Korrekturbuchung bereits früher durchgeführter Buchungen ist durch Eingabe eines S im Feld "Stornokennzeichen" zu markieren.

Die nächsten beiden Eingabefelder dienen der Steuerung von Umsatzsteuerbuchungen. In Kap. 3.2 haben wir verschiedene Arten von Umsatzsteuerbuchungen kennengelernt:

1 Eine Zuweisung der Buchung zu Kostenstellen oder Kostenträgern ist möglich, wird aber hier nicht näher behandelt.

(1) Bei Ausgangsrechnungen (z.B. Warenverkauf) ist eine Mehrwertsteuerbuchung erforderlich.
(2) Bei Eingangsrechnungen (z.B. Materialeinkauf) ist eine Vorsteuerbuchung durchzuführen.
(3) Bei Rücksendungen von Kunden oder ihnen gewährten nachträglichen Preisnachlässen muß die vorher gebuchte Mehrwertsteuer korrigiert werden.
(4) Bei Rücksendungen an Lieferanten oder von diesen gewährten nachträglichen Preisnachlässen ist die Vorsteuer zu korrigieren.

Die Kennzeichnung der Art der Umsatzsteuerbuchung ist im Feld "MWST-ART-KZ durch die Eingabe der entsprechenden Ziffer vorzunehmen.

Ferner muß die Angabe über den für den Geschäftsvorfall relevanten Umsatzsteuersatz erfolgen. Im Normalfall beträgt dieser heute 14 %, bei bestimmten Waren wie z.B. Büchern gilt der ermäßigte Steuersatz von 7 %. Zusätzlich muß ein EDV-Programm für den Fall gerüstet sein, daß der Steuersatz geändert wird. Um Neuprogrammierungen zu vermeiden, arbeiten die meisten Finanzbuchführungs-Programme mit der Tabellentechnik:

ÄNDERUNG DER Z.ZT.GÜLTIGEN MEHRWERTSTEUERSÄTZE

Die unter den Schlüsselziffern eingetragenen Mehrwertsteuersätze können einzeln oder insgesamt abgeändert werden. Soll keine weitere Änderung vorgenommen werden, <RETURN> drücken. Der Prozentsatz wird mit jeweils einer Nachkommastelle abgebildet.

1 = 14,0 %	2 = 07,0 %
3 = 13,0 %	4 = 06,5 %
5 = 00,0 %	6 = 00,0 %
7 = 00,0 %	8 = 00,0 %
9 = 00,0 %	

Abb. 29: Mehrwertsteuertabelle

Die Tabelle wird so gestaltet, daß die infragekommenden Prozentsätze verschiedenen Indexziffern zugeordnet werden. Im Beispielsprogramm ist die obige Tabelle zu pflegen:

Die Neuanlage bzw. Änderung der Umsatzsteuertabelle erfolgt im Programmbereich der Stammdatenverwaltung. Neben der erwähnten Kontenstammverwaltung ist dort im Beispielsprogramm eine Verwaltung von allgemeinen INFORMATIONS-Stammdaten eingerichtet, zu denen die Umsatzsteuer gehört.

Beispiel:

Ein Bareinkauf von Rohstoffen zum Nettopreis von DM 2.000.- soll gebucht werden. Der Buchungssatz lautet:

3000 (Rohstoffe)	DM	2.000.-
1550 (Vorsteuer)	DM	280.-
an 1000 (Kasse)	DM	2.280.-

In die Erfassungsmaske werden das Sollkonto (Rohstoffe) und das Habenkonto (Kasse) sowie der Bruttobetrag (DM 2.280.-) eingegeben. Das Feld MWST-PROZ-KZ erhält eine 1, womit auf die 14 % aus der Umsatzsteuertabelle zugegriffen wird. In das Feld MWST-ART-KZ wird eine 2 eingegeben, womit dem Programm mitgeteilt wird, daß die Umsatzsteuer als Vorsteuer gebucht werden soll. Im nachfolgenden Verarbeitungslauf wird dann automatisch auf das Vorsteuerkonto gebucht. Bei der Erfassung muß das Vorsteuerkonto selbst nicht angegeben werden.

Weitere Eingabefelder bestehen für Beleg- und Rechnungsnummern, für den Buchungstext sowie für das Belegdatum. Bei Eingangsrechnungen von Lieferanten können ferner Angaben über die gewährten Zahlungskonditionen (Zahlungsziel und Skontoprozentsatz) eingefügt werden. Dies ist für die Kreditorenbuchführung von Bedeutung.

Im Dialog mit dem Computer werden auf diese Weise die Buchungen eingegeben und damit in eine "Datei der erfaßten Buchungen" ("ERFBUCH.-DAT") geschrieben. Gleichzeitig entsteht ein Erfassungsprotokoll ("ERFPR.-LST")[1], das ausgedruckt und überprüft werden kann. Werden Eingabefehler entdeckt, wird die laufende Nummer des fehlerhaften Buchungssatzes in der ersten Zeile der Erfassungsmaske aufgerufen, die falschen Eingaben können überschrieben werden.

Nach Beendigung der Eingabearbeiten erfolgt die **eigentliche Buchung** auf den Konten. Das Programm bewältigt dies in der sog. Stapelverarbeitung. Alle als Stapel aufgelaufenen Buchungen aus der Datei ERFBUCH.DAT werden sortiert, nach Soll- und Habenbuchungen aufgelöst und auf die zuge-

---

1 Diese Dateinamen sind sog. mnemotechnische Kürzel, die die Programmierer bei der Namensvergabe benutzen. Die Namenszusätze hinter dem Punkt verdeutlichen, daß es sich um Daten zur Weiterverarbeitung ("*.DAT") bzw. um Listdateien für Ausdrucke ("*.LST") handelt.

hörigen Konten gebucht. Ggf. werden dabei weitere Buchungen automatisch erzeugt und gebucht, so z.B. bei Geschäftsvorfällen, bei denen Umsatzsteuer anfällt.

Dieser **Tagesbuchungslauf** bewirkt mehreres:

(1) die Daten aus der Datei ERFBUCH.DAT werden gelöscht, die Datei wird freigemacht für die Buchungen des nächsten Tages;
(2) die Kontenstammsätze der betroffenen Konten werden fortgeschrieben; d.h., es wird ein neuer Saldo ermittelt, die Statistik-Felder der Soll- und Habenbuchungen werden um die neuen Werte fortgeschrieben; die Felder mit der Anzahl der Buchungen und dem Datum der letzten Bewegung werden angepaßt. Dies berührt die Datei "FIBUST.DAT".
(3) die Buchungen aus diesem Buchungslauf werden in einer eigenen Datei gesammmelt. Sie enthält die Buchungsumsätze der einzelnen Tage, sie trägt den Namen "TAGESUMS.DAT". Diese Datei wird von Tag zu Tag größer, denn die Buchungen je Tag werden "angehängt". Die Datei wird erst am Abschluß des Monats in einem Monatsbuchungslauf wieder geleert.
(4) ein Buchungsprotokoll wird erzeugt und als Listdatei zum Ausdruck bereitgestellt.

Dieser Ablauf wiederholt sich an jedem Tag, an dem gebucht wird. Am Monatsende wird ein **Monatsbuchungslauf** durchgeführt. Er bewirkt

(1) eine Fortschreibung der Statistik-Felder in der Kontenstammdatei;
(2) die Erstellung des Journals (Grundbuchfunktion) aus den Daten der Tagesumsatzdatei; hier wird eine Druckdatei zum späteren Ausdruck des Journals bereitgestellt;
(3) die Erstellung der Umsatzsteuervoranmeldung aus allen Umsatzsteuerbuchungen;
(4) die Übertragung der Daten aus der Tagesumsatzdatei in eine Datei der Monatsumsätze ("MONATUMS.DAT");
(5) das Löschen der Daten in der Tagesumsatzdatei, womit diese wieder frei wird für die Aufnahme der Tagesbuchungen des Folgemonats;
(6) die Erstellung eines Monatsbuchungsprotokolls.

Ergänzend sei noch festgehalten, in welcher Form die Eröffnungsbuchungen getätigt werden. Beim **erstmaligen** Einsatz des Programms erfolgen die Buchungen der Anfangsbestände der Konten im Soll bzw. im Haben, die Gegenbuchungen werden auf ein Konto "Saldovortrag" gebucht. Im laufenden Betrieb werden die Eröffnungsbuchungen für ein neues Geschäftsjahr vom Programm automatisch vorgenommen.

4.3 Die Abschlußarbeiten mit EDV

Der Einsatz der EDV für die Finanzbuchführung entbindet ein Unternehmen selbstverständlich nicht davon, alle für den Abschluß relevanten **Buchungen** vorzunehmen. Sie sind der notwendige Schritt für die **inhaltliche** Gestaltung des Abschlusses. Alle diejenigen Abschlußarbeiten jedoch, die routinemäßiges Zusammenzählen und Zusammenführen einzelner Konten zu den Abschlußrechenwerken Bilanz und Gewinn- und Verlustrechnung bewirken, werden vom Buchführungsprogramm quasi "per Knopfdruck" vorgenommen.

Bei vielen Programmen sind Bilanz und GuV-Rechnung lediglich als periodische Auswertungen in Form von Listenzusammenstellungen realisiert. Meist findet keine Buchung auf Abschlußkonten im eigentlichen Sinne statt. Vergleichbares nimmt das Programm nur beim Jahreswechsel vor. In dieser Weise arbeitet auch das Beispielsprogramm.[1] Da für die Listings keine Abschlußbuchungen durchgeführt werden, kann ein besonderer Vorteil genutzt werden: Bilanz und GuV-Rechnung lassen sich zu jedem beliebigen Zeitpunkt erstellen. Auf diese Weise können beispielsweise monats- oder quartalsweise Zwischenabschlüsse aufgestellt werden, die der Unternehmensleitung einen Überblick über die Lage des Unternehmens verschaffen.

An dieser Stelle soll abschließend nur noch erläutert werden, wie die Umstellung der Finanzbuchführung von einem auf das nächste Geschäftsjahr vorgenommen wird.

Das Konto "Saldovortrag" haben wir bisher nur als Gegenkonto für Eröffnungsbuchungen bei der erstmaligen Einrichtung des Programms kennengelernt. Im laufenden Betrieb wird dieses Konto erst wieder beim Jahresabschluß angesprochen: Die Salden aller Konten werden während des Ablaufs der Funktion "JAHRESWECHSEL" auf das Saldovortragskonto gebucht. Im neuen Geschäftsjahr werden durch Aufruf der Funktion "TAGESBUCHUNG" die Salden der Bestandskonten wieder auf die einzelnen Bestandskonten gebucht. Die Erfolgskonten bleiben unberücksichtigt. Auf dem Saldovortragskonto verbleibt als Rest der Gewinn oder Verlust des vergangenen Geschäftsjahres, denn Gewinn oder Verlust ergeben sich aus der Differenz der Salden derjenigen Konten, die als Aufwands- oder Ertragskonten definiert wurden. Dieser (Rest-)Saldo muß dann als Gewinnverwendung im neuen Jahr entweder auf die Eigenkapitalkonten der Gesellschafter (bei Personengesellschaften) oder entsprechend den Gegebenheiten bei Kapitalgesellschaften weiterverbucht werden[2].

---

1 Einzelheiten der Abschlußerstellung sind Gegenstand von Kap. 7.

2 Zu weiteren Details s. Kap. 8.

5

WICHTIGE NEBENBUCHFÜHRUNGEN BEI EDV-UNTERSTÜTZUNG

5.1 Debitoren- und Kreditoren-Buchführung

Mit dem Ziel einer Überwachung und Steuerung des Zahlungsverkehrs zu Kunden und Lieferanten werden neben den Sachkonten in vielen Betrieben Personenkonten geführt. Je nach Betriebsgegebenheiten werden Personenkonten für die Kunden (Debitorenbuchführung) oder Lieferanten (Kreditorenbuchführung) oder beide Seiten verwaltet. Inhalt dieser Buchführungen ist die Verwaltung der Forderungen bzw. Verbindlichkeiten gegenüber den Geschäftspartnern.

Wird die Finanzbuchführung mit EDV-Unterstützung betrieben, ergibt sich der Vorteil der schnellen Erfassung der jeweiligen Zahlungsvorgänge, da sie gleichzeitig mit den Buchungen in der Hauptbuchführung auf den Personenkonten gebucht werden. Meist wird die Debitoren- und Kreditoren-Buchführung bei EDV als sog. Offene-Posten-Buchführung betrieben. Das bedeutet, daß entstandene Forderungen oder Verbindlichkeiten bis zu ihrer Bezahlung als Offene Posten geführt werden. Nach erfolgte Zahlung wird ein Ausgleich vorgenommen, die Posten erhalten bis zu ihrer Löschung in der Datei den Charakter von Ausgeglichenen Posten.

5.1.1 Die Debitoren-Buchführung

5.1.1.1 Aufgaben

Für den Bereich der Debitoren-Buchführung sind folgende Aufgaben von Bedeutung:

(1) Erfassung und Verbuchung aller ausgehenden Rechnungen und Gutschriften auf Sach- und Personenkonten;

(2) Erfassung und Verbuchung der Zahlungseingänge auf Sach- und Personenkonten;

(3) Verwaltung und Überwachung der offenen und ausgeglichenen Posten

(4) Periodische Auswertungen der Personenkonten (Listen der offenen Posten, Saldenlisten, Mahnungen)

Die Funktionsweise soll an folgendem **Beispiel** verdeutlicht werden:

Am 11. Januar 01 wurden Fertigerzeugnisse zum Nettowert von DM 50.000.- an den Kunden Meyer auf Ziel verkauft. Dem Kunden wurde ein Zahlungsziel von 30 Tagen eingeräumt, bei Bezahlung innerhalb von 10 Tagen können 2 % Skonto abgezogen werden. Der Kunde bezahlt die Rechnung unter Skontoabzug am 18. Januar 01. Folgende Buchungen fallen an:

11.1.:			
Forderungen		DM	57.000.-
an	Umsatzerlöse	DM	50.000.-
	Mehrwertsteuer	DM	7.000.-
18.1.:			
Bank		DM	55.860.-
Skontoaufwand		DM	1.000.-
Mehrwertsteuer		DM	140.-
an	Forderungen	DM	57.000.-

Die Buchung der Forderung am 11.1. in der Hauptbuchführung erfordert auch eine Buchung auf dem Personenkonto des Kunden Meyer. Auf dem Personenkonto werden DM 57.000.- als offener Posten geführt. Will sich das Unternehmen beispielsweise am 15.1. einen Überblick über noch ausstehende Zahlungen verschaffen, kann es sich eine Liste darüber zusammenstellen. Dies kann für alle Außenstände wie auch für die einzelner Kunden erfolgen. Durch die Buchung am 18.1. wird der Betrag von DM 57.000.- nach Zuordnung der Zahlung zu der Forderung auf dem Personenkonto als ausgeglichener Posten gekennzeichnet.

Zwar mag allein die Gewinnung eines Überblicks über die Außenstände schon von Bedeutung sein, jedoch schließen sich daran weitere Arbeiten an. Im obigen Beispiel bezahlt der Kunde die Rechnung relativ schnell. Häufig ist es jedoch der Fall, daß die Kunden das eingeräumte Zahlungsziel überschreiten. In diesem Fall werden Mahnungen nötig, die bei fehlender EDV-Unterstützung eine oft zeitraubende Durchsicht der Außenstände erfordern. Eine Mahnung alleine bewirkt oft noch nicht, daß der Kunde zahlt. Also müssen u.U. mehrere Mahnungen geschrieben werden.

Bei diesen Arbeiten leistet die EDV wertvolle Unterstützung.

5.1.1.2 Durchführung mit Hilfe der EDV

Damit eine kundenbezogene Nebenbuchführung mit einem EDV-Programm bewältigt werden kann, ist es zunächst erforderlich, für jeden Kunden einen Kundenstammsatz zu erfassen. Dies erfolgt im Beispielsprogramm analog den Kontenstammdaten in der Kundenstammverwaltung. Ein Kundenstammsatz enthält folgende Daten:

KUNDENSTAMM-PFLEGEDIENST		
KUNDENNUMMER	(16268)	ESC = Rücksprung
Firmenname	(Dirk Meyer	)
Name 1	(Textil-Großhandel	)
Name 2	(	)
Strasse	(Fadenstr. 13	)
Postfach	(2380)	
Auslandskennzeichen	( )	
PLZ / Ort	(1906) (Wardenburg	)
Vorw. / Tel.	(04405)/(386)	
Bankverbindung	(Kreissparkasse Wardenburg	)
Konto-Nr.	(000098621)	
BLZ	(28590183)	
Rabatt	(2,00) %	
Zahlungsmodalität	(2)	
Zahlungslimit	(005.000)	
Mahnkennzeichen	( )	
Kundenart	(1)	
Bezirk	(3)	

Abb. 30: Bildschirmmaske Pflegedienst Kundenstammsatz)

Die Datenfelder im oberen Teil der Eingabemaske erfordern Angaben zur näheren Beschreibung der Kunden wie Namen, Adresse, Telefon, Bankverbindung. Für die Debitorenbuchführung sind ferner die weiteren Felder von Bedeutung:

(1) In das Feld "**Rabatt**" kann ein Prozentsatz eingegeben werden, welcher bewirkt, daß auf alle Rechnungen, die dieser Kunde erhält, ein Rabatt berechnet wird, welcher den Nettowarenwert mindert.

(2) Mit der Eintragung einer Ziffer in das Feld "**Zahlungsmodalität**" wird analog zum Zugriff auf den richtigen Umsatzsteuersatz (vgl. Kap. 3.2) eine Tabelle abgefragt, die frei wählbare Zuordnungen von Zahlungsfristen und gewährten Skontoprozentsätzen beinhaltet. Wird einem Kunden z.B. die Zahlungsmodalität 3 zugewiesen, so bedeutet dies gemäß nachstehender Tabelle, daß er bei einer Zahlung innerhalb von 10 Tagen zum Abzug von 3 % Skonto berechtigt ist; eine Zahlung innerhalb von 20 Tagen ermöglicht einen Skontoabzug von 2 %, innerhalb von 30 Tagen von 1 %. Nach 60 Tagen ist die Forderung fällig. Die Tabelle hat folgenden Aufbau:

TABELLE DER ZAHLUNGSMODALITÄTEN				
1.Wert: Zahlungsziel in Tagen; 2.Wert: Skontoprozentsatz				
Index	1.Paar	2.Paar	3.Paar	4.Paar
1 =	15 0,00	0 0,00	0 0,00	0 0,00
2 =	20 3,00	40 2,00	60 1,00	70 0,00
3 =	20 2,00	30 1,00	40 0,00	0.0,00
4 =	60 0,00	0 0,00	0 0,00	0 0,00
5 =	usw.			

Abb. 31: Tabelle der Zahlungsmodalitäten

(3) Für jeden Kunden kann ein **Zahlungslimit** festgelegt werden. Gibt der Kunde eine Bestellung ab, deren Abwicklung eine Gesamtverbindlichkeit jenseits des festgelegten Zahlungslimits bewirken würde, so würde das Programm einen entsprechenden Hinweis ausgeben. (Dies ist für die eigentliche Debitoren-Buchführung nicht von Bedeutung, wird hier aber im Vorgriff auf die Behandlung der EDV-gestützten Fakturierung - vgl. Kap. 6.2 - aus Gründen der systematischen Behandlung des Kundenstammsatzes bereits erläutert.)

(4) Wird im Kundenstammsatz das Feld "**Mahnkennzeichen**" durch Eingabe irgendeines Zeichens (z.B. N) markiert, so bedeutet das, daß dieser Kunde generell **nicht gemahnt** wird. Das mag bei wichtigen Kunden der Fall sein, deren Außenstände vorzugsweise in persönlichen Gesprächen angemahnt werden.

(5) Die Bestimmung einer "**Kundenart**" dient der Ansteuerung unterschiedlicher Verkaufspreise, die im Artikelstamm (s. Kap. 5.3.2) definiert werden. Hierüber ist eine kundenbezogene Preisdifferenzierungspolitik möglich.

(6) Die Zuordnung eines Kunden zu einem "**Bezirk**" ermöglicht eine Umsatzauswertung pro Kunden bzw. Region nach bis zu 99 unterschiedlichen Bereichen.

In der Hauptbuchführung werden die Geschäftsvorfälle mit dem Kunden erfaßt, wobei die Nummer des Kunden gemäß Kundenstammsatz neben dem Forderungskonto einzugeben ist. Die Tagesbuchung bewirkt automatisch eine Buchung der Forderung bzw. Zahlung auf dem Personenkonto. Die entsprechende Datei trägt den Namen DEBOP.DAT (für Debitoren-Offene-Posten-Datei).

Die Überwachung der Außenstände findet im Rahmen der Debitoren-Buchführungsfunktion des Programmes statt, die aus dem Hauptmenü angewählt wird. Danach sind dem Benutzer folgende Auswahlmöglichkeiten gegeben:

GFU/AUB	**FINANZBUCHHALTUNG - DEBITOREN**
	0 = OP-LISTEN
	1 = OP-ANZEIGE UND KENNZEICHNUNG
	2 = AUSGLEICH AUTOMATISCH
	3 = MAHNWESEN
	4 = LASTSCHRIFT
	5 = ZAHLUNGSVERKEHR
	(0) BITTE FUNKTION EINGEBEN

Abb. 32: Auswahlmaske für die Debitoren-Buchführung

Nach Bedarf werden OP-Listen ausgedruckt, für die nachfolgend zwei Beispiele wiedergegeben werden.

Eines der Probleme, die mit der OP-Buchführung bei EDV-Unterstützung gut bewältigt werden können, ist das des Ausziffern. Es wird häufig der Fall eintreffen, daß gegenüber einem Kunden mehrere offene Posten bestehen, die aus verschiedenen Geschäftsvorfällen resultieren. Der Kunde kann nun mehrere oder alle seine Verbindlichkeiten in einer zusammengefaßten Überweisung begleichen. Herrscht bei dem Kunden ein hohes Organisationsbewußtsein innerhalb seines Zahlungswesens, dann wird er auf der Überweisung angeben, auf welche Forderungen unseres Unternehmens sich die Überweisung

VERDICHTETE DEBITOREN-LISTE z. 18.01.01			
Kunden-Nr.	Sachkonto	Betrag	Kunden-Name
12345	8140	27.930,00	Franz Diemeyer
12386	8150	16.872,00	Heinrich Plötz
14723	8140	64.957,20	Schlagmann GmbH
16268	8120	49.362,00	Dirk Meyer
Summe		159.121,20	

Abb. 33: Beispiel einer verdichteten OP-Liste

EINZEL-DEBITOREN-LISTE z. 18.01.01							
Kunde	Beleg	Rg	Betrag	Rg-Dat.	Fäll.	Text	A
16268	0025	0005	16.530,00	02.01.01	17.01.01	Rechnung	O
16268	0043	0074	57.000,00	11.01.01	10.02.01	Rechnung	A
16268	0072	0087	31.692,00	15.01.01	14.02.01	Rechnung	O
16268	0066	0074	55.860,00			Überw. A	
Summe			49.362,00				

Abb. 34: Beispiel einer Einzel-OP-Liste[1]

bezieht. Eine Aufsplittung des Gesamtbetrages der Überweisung auf die einzelnen Forderungen bereitet dann keine Probleme. Gibt der Kunde solche Hinweise jedoch nicht, muß die Sachbearbeiterin in der Debitorenbuchführung diese **Zuordnung von Zahlungen zu Offenen Posten** selbst vornehmen. Diese Zuordnung erfolgt mit Hilfe des sog. **Ausziffern**s, das von den meisten Software-Produkten unterstützt wird. Ausziffern bedeutet, daß die Zahlungseingänge und die als zugehörig bezeichneten offenen Posten mit einer identischen Ziffernkombination (z.B. 123) gekennzeichnet werden. Wenn der Ge-

1 Die Listenbeispiele sind hier verkürzt dargestellt. Die Ausdrucke enthalten i.d.R. weitere Informationen, z.B. über die Zahlungsmodalitäten, sowie Hinweise zum Mahnwesen wie etwa die aktuell gültige Mahnstufe. Die rechte Spalte der Einzeldebitorenliste beinhaltet Kürzel für Offene bzw. Ausgeglichene Posten (A bzw. O). Das gewählte Zahlenbeispiel zeigt die im Text behandelten Buchungen in der Einzeldebitorenliste, wobei die Skontobuchung und die Steuerkorrektur hier nicht erscheinen. In der verdichteten Liste sind bei der Position für diesen Kunden weitere Forderungen enthalten.

samtbetrag der Zahlung mit der Summe der Einzelbeträge übereinstimmt, ggf. unter Abzug eines berechtigten Skontos für frühzeitige Zahlung, qualifiziert das Programm die entsprechenden Posten als ausgeglichen.

Das Programm kann den Ausgleich der offenen Posten durch Abprüfung verschiedener Kriterien auch automatisch vornehmen. Gemäß angegebenen Rechnungs- und Belegnummern und bei Übereinstimmung der Beträge, ggf. korrigiert um Skonto, führt das Programm nach erfolgtem automatischen Ausgleichslauf die entsprechenden Posten als ausgeglichen. Bei Sammelüberweisungen muß allerdings die Sachbearbeiterin das Ausziffern selbst vornehmen. Die entsprechende Bildschirmmaske ist nachstehend wiedergegeben.

DEBITOREN-OP-BEARBEITUNG									
				Kunden-Nr.	23765		AKZ:		E
Datum	Rg.	Bel.	Fällig	Text	Soll	Haben	A K Z	S T Z	S P Z
28.01.		0981		Übw.		16.950,00	111		
04.01.	0881	0821	03.02.	Rech.	11.400,00		111		
25.01.	0911	1225	24.02.	Rech.	5.529,00		111		
27.01.	0965	1264	26.02.	Rech.	22.800,00				
29.01.	1001	1387	28.02.	Rech.	15.048,00				

Abb. 35: Maske für den manuellen OP-Ausgleich

Im oberen Teil muß die Kundennummer des Kunden eingegeben werden, bei dem der Ausgleich vorzunehmen ist. Anschließend werden die Forderungen und ggf. erfolgte Zahlungen auf dem Bildschirm angezeigt. Der Platz reicht für 12 Positionen aus, sind es mehr, kann durch Eingabe von V und R "geblättert" werden. Zum Ausziffern wird oben ein "Aktionskennzeichen" E (für Eingabe) eingegeben, worauf der Cursor in die Spalte der Tabelle springt; die mit "AKZ" (für Ausgleichskennzeichen) benannt ist. Nun müssen die zusammengehörigen Positionen durch Eingabe gleicher Ziffernkombinationen markiert werden.

Im angezeigten Beispiel hat die Sachbearbeiterin festgestellt, daß die Überweisung des Kunden in Höhe von DM 16.950.- sich auf zwei Forderungen bezieht. Eine ältere Forderung von DM 11.400.- wurde in voller Höhe beglichen, bei einer jüngeren Forderung von DM 5.700.- wurden 3 % Skonto abgezogen. Die Sachbearbeiterin kennzeichnet diese drei Positionen mit der Ziffernkombination "111". Die beiden anderen Forderungen werden noch nicht bearbeitet.

Wenn auf diese Weise alle Kunden betrachtet und ggf. Auszifferungen vorgenommen worden sind, wird die Programmfunktion OP-AUSGLEICH aufgerufen. Die Posten werden als ausgeglichen gekennzeichnet, gleichzeitig werden Buchungssätze für die Skontoverbuchung und die Umsatzsteuerkorrektur vom Programm erzeugt, die beim nächsten Tagesbuchungslauf verarbeitet werden. In obigem Beispiel ist dies der Buchungssatz:

Skontoaufwand		DM	150.-
Mehrwertsteuer		DM	21.-
an	Forderungen	DM	171.-

Als weitere wichtige Funktion einer Debitoren-Buchführung gilt das **Mahnwesen**. Die meisten Buchführungsprogramme ermöglichen vor dem Erstellen der eigentlichen Mahnschreiben die Zusammenstellung einer Liste von Mahnvorschlägen, die aus der Debitoren-OP-Datei alle fälligen und noch nicht beglichenen Forderungen enthält.

Nach Sichtung dieser Mahnvorschlagsliste kann die Sachbearbeiterin im Dialog mit dem Computer einzelne Positionen noch verändern, bevor die Mahnungen geschrieben werden. So können z.B. Forderungen mit einer Mahnsperre belegt werden - dann würden sie nicht angemahnt; oder es können die Mahnstufen verändert werden, was beim Druck der Mahnungen den Zugriff auf den festgelegten Mahntext ändert. Die Dialogbearbeitung findet im Rahmen der gleichen Bildschirmmaske wie oben beim OP-Ausgleich statt. Die Eingabe erfolgt dann in der zweiten bzw. dritten Spalte von rechts, die mit "SPZ" (für Sperrzeichen) bzw. "STZ" (für Stufenzeichen) gekennzeichnet sind.

Anschließend wird die Funktion **MAHNWESEN** aufgerufen, die nach den geschilderten Vorbereitungsarbeiten automatisch abläuft und zum Ausdruck der Mahnschreiben und entsprechender Mahnprotokolle führt.

Beispiel:

Es wurde derselbe Umsatzvorgang wie oben gebucht, der Kunde bezahlt die Rechnung allerdings erst am 3. März. Sieht man von in Rechnung gestellten Verzugszinsen ab, so lautet der Buchungssatz am 3.3.:

Bank			
an	Forderungen	DM	57.000.-

Bei der Installation des Buchführungsprogrammes wurde festgelegt, daß in einem Abstand von 10 Tagen gemahnt werden soll. Alle 10 Tage wird also die Funktion MAHNWESEN aufgerufen. Das bedeutet, daß das Programm die

Offenen Posten mit ihrer Fälligkeit abfragt und unter Hinzuziehung von vorher festgelegten Mahntexten schriftliche Mahnungen erstellt.

Dabei können den Mahnstufen entsprechend unterschiedliche Texte festgelegt werden. Auf der ersten Mahnstufe wird eine (freundliche) Zahlungserinnerung erstellt werden, auf der zweiten Stufe wird die Mahnung deutlicher formuliert sein, bis auf der vierten und letzten Stufe gerichtliche Schritte angekündigt werden.

Nach jedem Durchlauf der Mahnfunktion wird ein Zähler für die Mahnstufe bei den noch nicht beglichenen offenen Posten heraufgesetzt. Im Beispiel wird das Mahnwesen jeweils am 10, 20. und 30. des Monats aufgerufen. Am 20. und 30. Januar sowie am 10.Februar ist die Forderung noch nicht fällig, es wird keine Mahnung erstellt. Am 20. Februar ist sie fällig; und da sie immer noch als offener Posten geführt wird, erstellt das Programm eine Mahnung der ersten Stufe, wobei die Mahnstufe erhöht wird. Am 28. Februar wird eine Mahnung der zweiten Stufe geschrieben. Am 3.3. wird die Rechnung beglichen, beim nächsten Durchlauf der Mahnfunktion ist der Posten als ausgeglichen gekennzeichnet und damit von einer weiteren Mahnung ausgeschlossen.

Für Zwecke der Entscheidungsunterstützung im Finanzbereich des Unternehmens bieten komfortable Programme weiterhin die Möglichkeit, verschiedene Auswertungen der Debitoren-Datei vorzunehmen. Aus diesen Möglichkeiten sollen hier abschließend zwei benannt werden:

(1) Im Kundenstammsatz können die Kunden verschiedenen **Bonitätsklassen** zugeordnet werden, die ausdrücken, wie sicher die Forderungen sind. Erhält ein Kunde die Bonitätsklasse "1", rechnet das Unternehmen mit einem sicheren Zahlungseingang. Ein anderer Kunde, der in Liquiditätsproblemen steckt, könnte mit der Bonitätsklasse "6" markiert werden. Die Zahlung geht unter Umständen nicht ein. Zu jedem beliebigen Zeitpunkt kann nun eine Überblicksliste über alle Forderungen erstellt werden, die Aussagen über die Wahrscheinlichkeit der Zahlungseingänge zuläßt.

(2) Eine andere Auswertungsmöglichkeit besteht darin, das konkrete **Zahlungsverhalten** der Kunden zu analysieren. Für die Sicherung der eigenen Zahlungsfähigkeit ist es von Bedeutung zu wissen, wann das Unternehmen mit der Zahlung durch die Kunden rechnen kann. Manche Kunden bezahlen die Rechnungen unter Skontoabzug sofort, andere nach einer Woche, wieder andere erst nach der zweiten Mahnung. Unterstellt man gleichbleibende Zahlungsgewohnheiten der Kunden, so lassen sich aus einer Analyse der Vergangenheitsdaten Rückschlüsse darauf ableiten, wann die mit dem Verkauf von Erzeugnissen entstandenen Forderungen zu tatsächlichem Geldeingang werden.

5.1.2 Die Kreditorenbuchführung

5.1.2.1 Aufgaben

In der Kreditorenbuchführung werden die Verbindlichkeiten gegenüber Lieferanten auf den entsprechenden Personenkonten geführt. Diese Nebenbuchführung ist analog zur Debitorenbuchführung mit der Haupt- oder Sachkontenbuchführung verbunden. Auch sie wird bei EDV-Unterstützung in der Regel als Offene-Posten-Buchführung betrieben.

Die Aufgaben umfassen im einzelnen:

(1) Erfassung und Verbuchung der Eingangsrechnungen und erhaltenen Gutschriften;

(2) Prüfung der Rechnungen auf Korrektheit;

(3) Begleichung der Rechnungen durch Zahlungsanweisungen;

(4) Verwaltung und Überwachung der offenen Posten insbesondere hinsichtlich der Fälligkeit und der Zahlungskonditionen.

(5) Periodische Auswertungen (OP-Listen, Saldenlisten)

Die unter (4) genannte Aufgabe erhält unter dispositiven Aspekten eine besondere Bedeutung. Denn unter finanzwirtschaftlichen Gesichtspunkten müssen die Verbindlichkeiten daraufhin beobachtet werden, welche Zahlungskonditionen von den Lieferanten bestimmt wurden: ob z.B. die Möglichkeit eines Skontoabzugs eingeräumt wurde; welches Ziel gewährt wurde - wann also die Verbindlichkeit fällig wird bzw. bei Zielüberschreitungen Verzugszinsen drohen.

Zusätzlich kann bei der Zahlungsregulierung unter (3) relevant werden, die aktuellen Kontostände auf den Finanzkonten des Unternehmens in Überlegungen einzubeziehen, über welches Konto die Zahlungsregulierung erfolgt. Es ist also zu prüfen, ob etwa durch die Rechnungsbegleichung ein Konto überzogen wird oder gar ein vom Kreditinstitut eingeräumter Überziehungskredit zur Bezahlung nicht mehr ausreicht und daher andere Wege zur Rechnungsbegleichung gefunden werden müssen.

Bei der Kreditorenbuchführung steht also mehr die aktive Gestaltung des eigenen Zahlungsverhaltens im Vordergrund, während in der Debitorenbuchführung eher auf das Zahlungsverhalten der Kunden reagiert werden muß.

5.1.2.2 Durchführung mit Hilfe der EDV

Für die Lieferanten muß analog zu den Kunden eine Stammdatei mit den Angaben über die Firma, Adresse, Bankverbindung etc. angelegt werden. Ebenso ist bei den Sachkonten ein Kreditorensammelkonto (bzw. Verbindlichkeitenkonten für die einzelnen Lieferanten) einzurichten.

Das weitere Vorgehen soll an folgendem **Beispiel** verdeutlicht werden:

Am 22. Januar 01 kauft unser Unternehmen zwei Personal Computer mit Zubehör zu einem Listenpreis von DM 14.000 vom Lieferanten Bitbeisser GmbH & Co KG. Der Lieferant räumt 2 % Skonto bei Bezahlung innerhalb von 10 Tagen ein, ansonsten ist die Rechnung nach 30 Tagen fällig. Der Buchungssatz am 22.1. lautet:

Betriebs- und Geschäftsausstattung		DM	14.000.-
Vorsteuer		DM	1.960.-
an	Verbindlichkeiten	DM	15.960.-

In der Buchungserfassungsmaske des Beispielsprogramms ist dafür die auf der nächsten Seite wiedergegebene Eingabe erforderlich:

In den beiden unteren Feldern sind Angaben zum Zahlungsziel und zum eingeräumten Skonto zu tätigen.

Wird die Buchung über den Tagesbuchungslauf auf den Konten gebucht, erfolgt gleichzeitig eine Buchung in der Datei der Offenen Posten bei den Kreditoren ("KREDOP.DAT").

Am 29. Januar 01 soll die Rechnung unter Ausnutzung des Skontos beglichen werden. Nach Prüfung der Kontenstände fällt die Entscheidung, eine Überweisung vom Konto der Sparkasse vorzunehmen. Der Buchungssatz dazu lautet:

Verbindlichkeiten		DM	15.960,00
an	Sparkasse	DM	15.640,80
	Skontoertrag	DM	280,00
	Vorsteuer	DM	39,20

Dieser Buchungssatz braucht allerdings in der Kreditorenbuchführung nicht über die übliche Buchungserfassung eingegeben werden, das regelt das Programm automatisch.

Zur Verwaltung und Regulierung der offenen Posten wird im Hauptmenü des Programmes die Kreditorenbuchführung angewählt. Innerhalb dieses Funktionsbereichs können wieder **Listen** über die offenen Posten erstellt werden, worunter neben den reinen Auflistungen vor allem die "Zahlungsvorschlagsliste" von Bedeutung ist. Sie weist alle fälligen Verbindlichkeiten aus und ist damit eine wichtige Voraussetzung für die nachfolgende Dialogbearbeitung der offenen Posten am Bildschirm.

ERFASSUNG VON FIBU-BUCHUNGEN	**LFD.NR 01**	**BEARBEITER-NR. 01 22.01.01**
Änderungs-Nr.	0	(NULL = neue Sätze)
Unternehmen	1	
Konto-Nr. (Soll)	0370.0000	BGA
Gegenkonto (Haben)	1600.1234	Bitbeisser
Kostenstelle	0000	
Kostenträger	0000	
Betrag	15.960,00	NULL = Satz gelöscht)
Storno-KZ		(S = Storno)
MwSt-Proz-KZ	1	
MwSt-Art-KZ	2	1 + 3 = MwSt;2 + 4 = VSt;5 = Pausch.VSt;9 = Steuer-
Belegnummer	0853	umbuchungen)
Rechnungsnummer	0	
Buchungstext	Computerkauf	
Belegdatum	22.01.01	
Zahlungsziel Tage	**10**	
Skontoprozent	**2,00**	

Abb. 36: Erfassung des Geschäftsvorfalls in der Eingabemaske

ZAHLUNGSVORSCHLAGS-LISTE z. 23.01.01

Kred.	B-Dat	B-Nr	A-KZ	Betrag	Skto.	Fäll.	Text
01234	12.01.	0821		342,00	21.01.	200 Disk.	
03651	11.01.	0801		2.622,00	20.01.	Drucker	
03651	11.01.	0802		5.700,00	20.01.	OHP	

Abb. 37: Beispiel für eine Zahlungsvorschlagsliste

Der Aufruf der Funktion OP-ANZEIGE UND KENNZEICHNUNG führt den Sachbearbeiter zu folgender Bildschirmmaske:

ZAHLUNGSVERKEHR							
Absender:		Musterfirma					
Lief.-Nr.:		03651		Bank:			SOKO-Bank
Lief.-Name:		Bitbeisser GmbH		Kto-Nr.:			1234567
Straße:		Chipstr. 23		BLZ:			40050000
PLZ/Ort:		9999 Mehringshausen		Sperre:			
				Saldo:			-8.322,00
KZ	B-Nr.	G-Kto	Buch.text	Soll	Haben	Proz	Fällig
U	0801	0370	Drucker		2.622,00		20.01.
U	0802	0370	OHP		5.700,00		20.01.

Abb. 38: OP-Bildschirmanzeige für Kreditoren

Dabei ist die Wahl zwischen manuellem und automatischem OP-Ausgleich gegeben. Die automatische Funktion veranlaßt Zahlungen **aller** fälligen Verbindlichkeiten, die manuelle Funktion gibt dem **Sachbearbeiter** die **Entscheidung** über die Zahlungsveranlassung in die Hand. Zusätzlich kann die **Zahlungsart** gewählt werden. Im vorliegenden Programm ist zwischen Scheckschreibung, Überweisungen (in der Maske durch das Zahlungskennzeichen "U" gewählt), Postscheck und Datenträgeraustausch unterschieden; dies könnte ebenso nach Kreditinstituten differenziert werden.

Im einzelnen ist die Nummer des Lieferanten einzugeben. Bei manuellem OP-Ausgleich wird wie in oben gezeigt eine Auflistung der offenen Posten gegenüber dem Lieferanten ausgegeben. Der Cursor steht in der linken Spalte, das Programm erwartet eine Kennzeichnung derjenigen Verbindlichkeiten, die beglichen werden sollen.

Nach Beendigung der Bearbeitung hat das Programm die Buchungssätze erzeugt, die für die Rechnungsbegleichung anfallen. Die Zahlungsträger (Schecks, Überweisungsformulare etc.) werden gedruckt, die Buchungen beim nächsten Tagesbuchungslauf verarbeitet. Meist wird zunächst auf ein Verrechnungskonto für Schecks oder Überweisungen gebucht; erst beim Vorliegen des Kontoauszugs des Kreditinstituts wird die Buchung auf dem Finanzkonto vorgenommen.

Im Zusammenspiel von Debitoren- und Kreditorenbuchführung kann periodisch eine **Auswertung** vorgenommen werden, die nach unterschiedlichen Fristigkeitsstufen die eigenen Zahlungsverpflichtungen den zu erwartenden Zahlungen der Kunden gegenüberstellt. Auf diese Weise läßt sich ein Finanzüberschuß bzw. -fehlbetrag aus den Vorfällen mit den Geschäftspartnern ermitteln, der Anlaß zu finanziellen Anpassungsmaßnahmen sein kann.

5.2 Lohn- und Gehaltsbuchführung

Der Kern der Aufgaben einer Lohn- und Gehaltsbuchführung wurde bereits in Kap. 3.5 über die Buchung des Personalaufwandes erläutert. Dieser Abschnitt soll daher vorwiegend der EDV-Abwicklung und ihrer Verknüpfung mit der Sachkontenbuchführung gewidmet sein.

Durch einen zunehmenden Umfang gesetzlicher Vorschriften bei gleichzeitig steigender Kompliziertheit ist die Abrechnung von Löhnen und Gehältern ein immer schwierigeres und personalintensives Feld geworden. Hinzu kommt, daß die Personalabrechnung zu einem relevanten Teil terminlich gedrängt ist; ein großer Teil der Arbeiten fällt in der Monatsmitte oder zum Monatsende sowie am Ende des Kalenderjahres an. Dies hat dazu geführt, daß viele kleinere Betriebe ihre Personalabrechnung in fremde Hände gegeben und daß größere Betriebe schon früh die Abrechnung mit Hilfe der EDV bewältigt haben.

Der Einsatz der EDV erscheint vor allem deshalb sinnvoll, weil es sich um immer wiederkehrende Standardaufgaben mit großen Datenmengen handelt. Trotz gewisser Anpassungsnotwendigkeiten an spezifische betriebliche Gegebenheiten ist ferner ein breiter Einsatz von Standardsoftware zu beobachten. Ihre Entwicklung basiert darauf, daß die gesetzlichen Anforderungen an die Personalabrechnung einen Rahmen setzen, der von allen Betrieben einzuhalten ist.

Auch in der Lohn- und Gehaltsabrechnung sind Stamm- und Bewegungsdaten zu unterscheiden:

Die **Stammdaten** umfassen zum einen alle erforderlichen Angaben zu den Arbeitnehmern (Personalstammdaten), zum anderen Schlüsselverzeichnisse für die Berechnung von Entgelt und Abzügen.

Zu den **Personalstammdaten** gehören Personalnummer, Name und Anschrift, Alter, Betriebseintrittsdatum, Entgeltart (Gehalt, Zeitlohn, Akkordlohn), Schlüssel für die Berechnung des Entgelts und der Abzüge, die Bankverbindung u.a.m.

Eine weitere Stammdatei wird für die **vermögenswirksamen Leistungen** angelegt.

Eine dritte Kategorie von Stammdaten betrifft verschiedene **Schlüsselverzeichnisse**, deren Daten bei der Entgeltabrechnung benötigt werden. Es handelt sich hierbei um Daten zur Kennzeichnung von

(1) Entgeltarten (Stundenlohn, Monatslohn, Gehalt, Überstundenentgelt, Ausbildungsvergütung etc.)

(2) Krankenversicherungen

(3) Rentenversicherungen

(4) Arbeitslosenversicherung sowie

(5) Steuerabzügen.

Unter (2) bis (4) werden die Versicherungsträger mit den Prozentwerten der Abzüge in bezug auf das Bruttoentgelt geführt, in (5) ist die Steuertabelle enthalten, auf die für die Berechnung von Lohn- und Kirchensteuer zugegriffen wird.

Bei den **Bewegungsdaten** werden die Daten der Belege erfaßt und verarbeitet, die die jeweilige Arbeitsleistung der Beschäftigten dokumentieren. Bei Zeitlöhnen und Gehältern sind dies Anwesenheitsnachweise (z.B. Stechkarten), bei Leistungslöhnen wie Akkord die Arbeitsnachweise.

Das Programm ermittelt aus all diesen Daten das Bruttoentgelt, die Abzüge und das Nettoentgelt. Anschließend werden in Auswertungsläufen die periodisch erforderlichen Dokumente erstellt. Das sind vor allem:

(1) die Lohnnachweise für die einzelnen Beschäftigten, aus der sie die Errechnung ihres Nettoentgelts entnehmen können;

(2) die Lohnliste, die aus den Lohnnachweisen aller Beschäftigten für das Unternehmen zusammengestellt wird;

(3) die Lohnkonten, die gem. § 7 Lohnsteuer-Durchführungsverordnung für jeden Arbeitnehmer zu führen sind und alle lohnsteuerrelevanten Angaben enthalten; daraus werden zum Jahresende die Lohnsteuerbescheinigungen erstellt.

Wird die Lohn- und Gehaltsabrechnung mittels EDV mit der Finanzbuchführung verknüpft, erstellt das Programm periodisch Buchungssätze, die im FiBu-Programm verarbeitet werden. Sie bewirken die Buchungen auf den Lohn- und Gehaltskonten und den weiteren Konten für den Personalaufwand sowie auf den Finanz- bzw. Verbindlichkeitenkonten. Hierbei ist es von Vorteil, wenn Programme desselben Software-Herstellers verwendet werden, da dann die Datenübergabe mit den wenigsten Problemen behaftet ist (vgl. Kap. 6).

Je nach Leistungsfähigkeit des Programms sind unterschiedliche Auswertungen über die Zusammenstellung von Personal- oder Lohnlisten hinaus möglich. Zu denken ist hierbei etwa an Fehlzeitenstatistiken, bereichsbezogene Personalkostenauswertungen sowie kostenstellen- oder kostenträgerbezogene Übersichten. Tiefergehende Personal-Informationssysteme übersteigen allerdings die Leistungsgrenzen von PC-gängigen Abrechnungsprogrammen.

5.3 Lagerbuchführung

5.3.1 Grundlagen

Eine geordnete Übersicht über die Läger (Eingangs-, Zwischen- und Ausgangsläger) ist aus verschiedenen Gründen erforderlich:

Zum einen sind bei der Anwendung bestimmter Verfahren der Inventur nach handels- und steuerrechtlichen Vorschriften (z.B. §§ 240 ff. HGB) Aufzeichnungen der Lagerbewegungen nach Mengen- und Wertveränderungen notwendig, die nicht zuletzt als Grundlage für die Bestandsbewertung für den Jahresabschluß dienen. Zum zweiten stellen die gelagerten Materialien sowie Halb- und Fertigfabrikate aus betriebswirtschaftlicher Sicht eine Bindung von Kapital dar, über deren Höhe die Unternehmensführung informiert sein sollte. Diese Bindung kann je nach betrieblicher Situation zu hoch oder zu niedrig sein. Die Information ist von Bedeutung, damit ggf. Anpassungsmaßnahmen vorgenommen werden können.

Ähnlich der Lohn- und Gehaltsbuchführung wird auch die Lagerbuchführung meist als Nebenbuchführung betrieben, die mit der Sachkontenbuchführung über Sammelbuchungen verbunden ist. Gegenstand der Lagerbuchführung ist die Entwicklung der Lagerbestände über die Aufzeichnung der Einzelheiten von Zugängen und Abgängen. Damit wird die Disposition und Kontrolle bei Beschaffung, Verbrauch und Verkauf sowie bei der Bestandsbewertung erleichtert. Eine Lagerbuchführung sollte mindestens Aufzeichnungen enthalten über:

Material- bzw. Artikelnummer und -bezeichnung, nähere Kennzeichnungen der Materialien wie Größe, Materialart, Farbe usw.; Lieferant; Rechnungsnummern bzw. Entnahmeschein-Nummern; Mindestbestand, Zugänge, Abgänge, aktueller Bestand.

5.3.2 EDV-Abwicklung

Die Funktionsweise einer EDV-gestützten Lagerbuchführung soll im folgenden am Beispiel des bisher schon verwendeten Standard-Programmpaketes erläutert werden, wobei hier ein Handelsbetrieb zugrundegelegt wird. Von einem Materialverbrauch für Produktionszwecke soll an dieser Stelle zur Vereinfachung abgesehen werden.

Auch hier gilt wieder die grundlegende Einteilung in **Stamm-** und **Bewegungsdaten**. Alle Artikel, mit denen das Unternehmen handelt, werden in einer **Artikelstammdatei** erfaßt. Ein Artikelstammsatz umfaßt zahlreiche Datenfelder zur genauen Kennzeichnung der Artikel. Sie sind aus der nachfolgend wiedergegebenen **Erfassungsmaske** ersichtlich:

ARTIKELSTAMM-PFLEGEDIENST			
Lager-Nr.:	0	Artikel-Nr.:	1111
Kurzbez.:	H-Hemd k.	Preis- und Bestandsdaten:	
Bez. 1:	Herren-Hemd		
Bez. 2:	kurzer Arm		
Bez. 3:		MwSt-KZ:	1
Art.Gruppe:	120	Verkaufspreis 1:	23,50
Material:	Baumwolle	Verkaufspreis 2:	27,80
Größe:	39	Verkaufspreis 3:	29,80
Mengeneinheit:	20	Verkaufspreis 4:	32,10
Bestandskonto:	3900	Erlöskonto:	8150
Art.Rabattsatz:	2,00	Mindestbestand:	200
Prov.Satz:	8,00	Bestellzeit (Tg):	10
Rab./Prov.Sperre	N	Verfügbar:	400
Mindestabnahme:	60	Off.Bestellmenge:	0
Selbstkosten/ME lfd.J.:		dto. Vorjahr:	
Var.Kosten/ME lfd.J.:		dto. Vorjahr:	
Herst.kosten/ME lfd.J.:		dto. Vorjahr:	
akt.Einkaufspreis:			
durchschn. EK-Preis:			

Abb. 39: Erfassungsmaske Artikelstamm-Pflegedienst

Die Artikelnummer hat zwei Bestandteile: Die ersten beiden Stellen kennzeichnen das spezielle Lager, die Stellen 3 bis 6 die eigentliche Artikelnummer. "00" bezeichnet ein Zentrallager, daneben sind bis zu 99 Depotlägern definierbar. Die eigentliche vierstellige Artikelnummer ermöglicht somit die Verwaltung von bis zu 9999 Artikeln.

Weitere Datenfelder sind für die detaillierte Bezeichnung der Artikel vorgesehen. Die meisten sind selbstsprechend, weitere dienen etwa für Zwecke der Verpackungsorganisation zur Kennzeichnung, wieviele Einzelstücke desselben Artikels zusammen versandt werden.

Die Verbindung zur Finanzbuchführung für Fälle der Zu- und Abgänge wird mit weiteren Datenfeldern hergestellt, z.B. Rabattsatz, Mehrwertsteuer-Kennzeichen, Konto-Nr. u.a.. Auf diese Verbindung wird in Kap. 6 ausführlicher eingegangen.

Die Eingabemaske zeigt ferner vier verschiedene Verkaufspreise. Dies dient zur Steuerung des Absatzes, die eine Preisdifferenzierung nach unterschiedlichen Kundenkategorien zuläßt. So ist es etwa denkbar, daß Großkunden die Ware zu einem günstigeren Preis als Kleinkunden erhalten oder daß eine Differenzierung zwischen Großhändlern und Endverbrauchern vorgenommen wird.

Letztendlich kann der Einkaufspreis der Artikel eingegeben werden, das Programm errechnet den für steuerliche Zwecke benötigten durchschnittlichen Einkaufspreis automatisch.

Mit den Stammdaten wird somit das Grundgefüge der Lagerverwaltung festgelegt. Die **Bewegungsdaten**, die im Programm zu verarbeiten sind, umfassen zum einen **Mengendaten**, zum anderen **Wertedaten** der Artikelbestandsveränderungen. Die Veränderungen können aus Zugängen (Beschaffung oder Verkaufsretouren), internen Verschiebungen von einem Lager zum anderen (Lagerumbuchungen) oder Abgängen (Retouren an Lieferanten oder Verkäufe) bestehen.

Auf der **Beschaffungsseite** sind die Veränderungen in Mengen pro Artikel sowie in Verbindung mit dem einzugebenden Einkaufspreis als Werteänderungen zu erfassen. Lagerumbuchungen betreffen ebenso Mengen- und Wertveränderungen wie Verkaufsretouren oder Verkäufe. Die detaillierte Darstellung der Verkaufsabgänge wird in Kap. 6.2 am Beispiel der Fakturierung erfolgen.

Zu einem Lagerbuchhaltungsprogramm gehört ferner die Möglichkeit, Mengen- und Wertkorrekturen vorzunehmen. **Mengenkorrekturen** sind erforderlich, wenn die mindestens einmal jährlich vorzunehmende Inventur andere Mengenbestände als die Fortschreibung in der Lagerbuchführung ergeben hat. Gründe hierfür können etwa in Verderb, Schwund oder unkorrekten Aufzeichnungen liegen. **Wertkorrekturen** fallen in Verbindung mit dem Jahresabschluß insbesondere dann an, wenn ein anderes als das vom Programm vorgegebene Durchschnittsbewertungsverfahren bevorzugt wird.

Auswertungen des Artikelstammes sind nach unterschiedlichen Kriterien möglich. So können Artikellisten, Inventurbestandslisten, Preislisten, Verkaufsstatistiken, Provisionsauswertungen u.a. erstellt werden, die einen komprimierten Überblick über die vorhandenen Lagerbestände bzw. die Struktur der Abgänge bieten.

Weitere Nutzungsvarianten des Programms seien hier nur kurz erwähnt, da sie den engen Rahmen der Lager**buchführung** verlassen und eher in den Bereich einer dispositiv orientierten **Lager- und Materialwirtschaft** fallen:

Im Artikelstammsatz ist die Möglichkeit einer Festlegung von Mindestbeständen gegeben. Durch Abgleich von vorhandenen und Mindestbeständen kann eine Bestellvorschlagsliste erstellt werden, auf deren Basis fehlende Materialien bei Lieferanten nachbestellt werden können. Bereits in Auftrag gegebene Bestellungen werden als "Offene Bestellmenge" festgehalten, sodaß über diese Materialien schon disponiert werden kann. Bereits für die Verwendung in der Produktion oder zum Verkauf disponierte Bestände werden als "reservierte Bestände" deklariert.

Preiskorrekturen für alle oder auch nur bestimmte Artikel können mit Programmunterstützung leicht durchgeführt werden, ohne daß in jedem einzelnen Artikelstammsatz der Verkaufspreis geändert werden muß.

Zusammengefaßt: Eine eigenständige Lagerbuchführung unterstützt die Kontrolle der Bestände und des Verbrauchs der Materialien. In erweiterter Form vermag sie zu einer dispositiven, entscheidungsunterstützenden Nutzung der vorhandenen Artikelinformationen beizutragen.

5.4 Anlagenbuchführung

Für anlagenintensive Betriebe ist eine eigenständige Anlagenbuchführung als Nebenbuchführung sinnvoll, die ähnlich den zuvor behandelten Nebenbuchführungen über Sammelbuchungen mit der Sachkontenbuchführung verknüpft ist. Eine Anlagenbuchführung hat die Aufgabe der Erfassung der Bestände und Bestandsveränderungen von Betriebsmitteln nach Mengen und Werten.

Während für die Buchungen auf den Sachkonten in der Regel die Werte der Buchungsbelege ausreichen - z.B. der Bruttobetrag der Lieferantenrechnung bei der Beschaffung einer Maschine oder die jährliche Abschreibung aus dem selbsterstellten Beleg gemäß Abschreibungsplan - müssen für die Anlagenbuchführung auch zahlreiche technische Daten erfaßt werden, die die jeweilige Anlage genau beschreiben. Hierzu gehören z.B. Angaben über Hersteller, Baujahr, Zeitpunkt der Inbetriebnahme, Fabriknummer der Anlage, Leistungsdaten, Standort, Inventarnummer etc..

Diese Angaben sind um die für die Buchführung relevanten wirtschaftlichen Daten zu ergänzen. Hierzu gehören die Anschaffungskosten einschließlich der Anschaffungsnebenkosten, Wertbemessungen für Versicherungszwecke, die veranschlagte Nutzungsdauer, ggf. Zeit- und Wertangaben beim Verkauf der Anlage, Instandhaltungskosten sowie die Abschreibungen und die aktuellen Buchwerte.

Aus diesen Angaben läßt sich - insbesondere bei EDV-Unterstützung - leicht das Inventar bezüglich der Anlagevermögensgegenstände zusammenstellen (vgl. Kap. 2.2). Die Verbindung zur Sachkontenbuchführung ist in der Regel derart gestaltet, daß Zu- und Abgänge, die extern gerichtete Belege begründen, in der Sachkontenbuchführung erfaßt werden und daraus abgeleitet in der Anlagenbuchführung gebucht werden; umgekehrt werden interne Vorgänge wie die Abschreibungen zunächst in der Anlagenbuchführung erfaßt und gebucht und anschließend in die Sachkontenbuchführung übergeben.

Auf eine detaillierte Darstellung der EDV-Abwicklung soll an dieser Stelle verzichtet werden, da sich hinsichtlich der Stamm- und Bewegungsdaten keine prinzipiellen Unterschiede gegenüber der Lagerbuchführung ergeben.

6
INTEGRIERTE RECHNUNGSWESEN-SOFTWARE

Die Vorteile einer EDV-Unterstützung des betrieblichen Rechnungswesens beschränken sich nicht nur darauf, in bestimmten Teilbereichen des Rechnungswesen die großen Mengen anfallender Daten schneller und sicherer als bei manueller Buchführung zu verarbeiten und für gesetzliche wie entscheidungsunterstützende Zwecke auszuwerten. Zwischen den einzelnen Teilen des Rechnungswesens (Haupt- und Nebenbuchführungen, internes und externes Rechnungswesen, Dokumentations-, Dispositions- und Planungsrechnungen) bestehen vielfältige inhaltliche Beziehungen und damit auch Beziehungen auf Datenebene.

In Zeiten manueller Bewältigung der Aufgaben mußten viele Daten in unterschiedlichen Abteilungen mehrfach gehalten werden, der betriebliche Informationsfluß war kompliziert und langwierig. Auch heute kann nur in Ausnahmefällen von einer integrierten Datenverarbeitung gesprochen werden, in der die Datenverarbeitungsgegebenheiten der verschiedenen Funktionsbereiche mit ihren unterschiedlichen Anforderungen vollständig aufeinander abgestimmt sind.

In diesem Kapitel sollen zunächst die Informationsbeziehungen zwischen den einzelnen Bereichen des Rechnungswesens skizziert werden. Danach wird ein einfacher Ansatz einer integrierten Rechnungswesen-Software am Beispiel des Fakturierungsmoduls des ausgewählten Finanzbuchhaltungsprogramms dargestellt.

6.1 Informationsbeziehungen im Rechnungswesen

In der folgenden Betrachtung gehen wir von der Finanzbuchhaltung als dem Kern des Rechnungswesens aus, wobei die beiden zentralen Nebenbuchführungen für Debitoren und Kreditoren eingeschlossen sein sollen:

Alle Eingangsrechnungen wie auch Gutschriften der Kreditoren werden in der Kreditorenbuchführung sowie über Sammelbuchungen in der Sachkontenbuchführung gebucht. Für Ausgangsrechnungen und Gutschriften an die Debitoren gilt Entsprechendes für die Debitorenbuchführung.

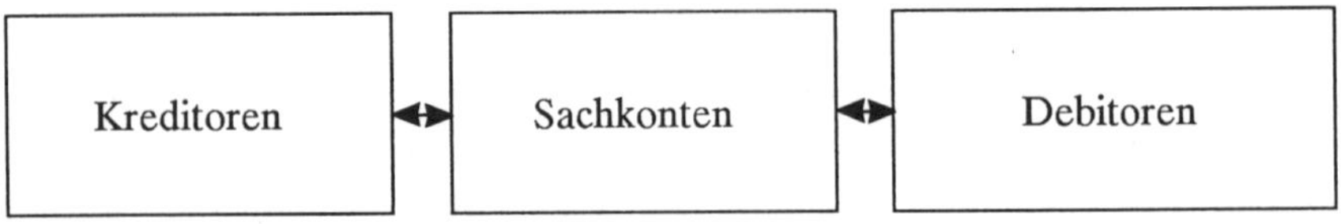

Beide Nebenbuchführungen sind ihrerseits eng mit weiteren betrieblichen Funktionsbereichen verknüpft, deren informatorische Abbildung den Kern des Rechnungswesens berührt:

Die **Kreditorenbuchführung** ist mit der Beschaffung und der Lagerbuchführung verbunden, da die eingehenden Materialien und Rechnungen auf Vollständigkeit, Qualität und Korrektheit dort zu prüfen sind.

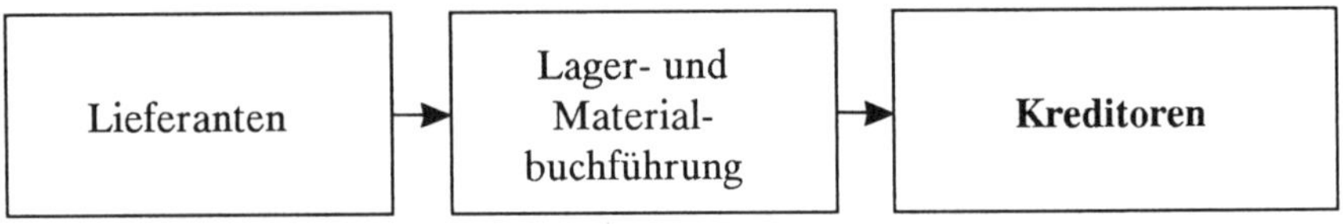

Die Debitorenbuchführung ist ihrerseits über die Fakturierung mit dem Absatzbereich verbunden, wobei auch hier die Lagerbuchführung hinsichtlich der Fertigfabrikate bzw. Handelswaren berührt ist.

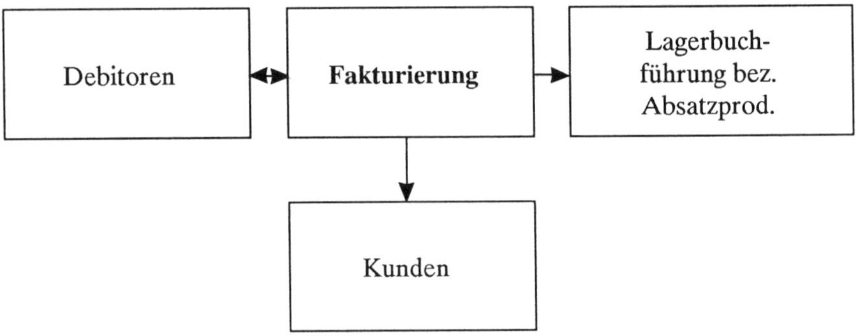

Die weiteren genannten Nebenbuchführungen unterhalten über Sammelbuchungen Informationsbeziehungen zur Sachkontenbuchführung. Hierbei sind die betrieblichen Funktionsbereiche Personal- bzw. Anlagenwirtschaft berührt:

Die Sachkontenbuchführung selbst ist eine wesentliche Informationsgrundlage für das interne Rechnungswesen in Gestalt der Kosten- und Leistungsrechnung sowie der Betriebsstatistik und der Unternehmensplanung. Diese Rechnungswesen-Teilbereiche erhalten ihre Informationen teilweise auch direkt aus den Funktionsbereichen. Die Finanzbuchführung stellt jedoch ein wesentliches Bindeglied dar, nicht zuletzt, weil für den Jahresabschluß Abstimmungen zwischen den einzelnen Bereichen erforderlich sind.

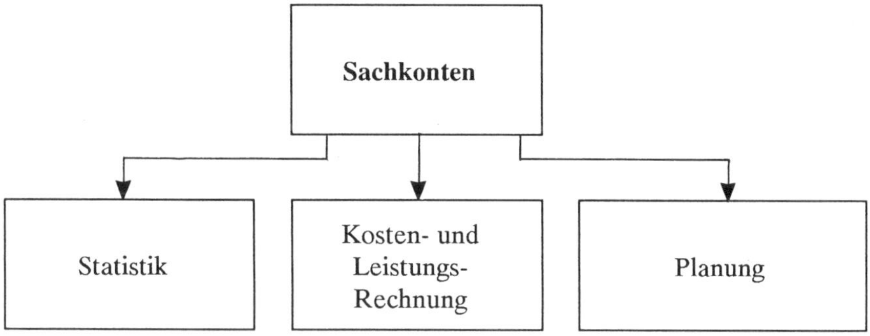

Weiterhin sind die extern gerichteten Informationsbeziehungen der Finanzbuchführung herauszustellen, die sich mit den Adressaten des Jahresabschlusses näher bezeichnen lassen. Unter Außerachtlassung von weiteren Adressaten wie Arbeitnehmer und interessierte Öffentlichkeit sei die Darstellung auf die unmittelbaren Zielgruppen des Jahresabschlusses in handels- bzw. steuerrechtlicher Sicht eingegrenzt:

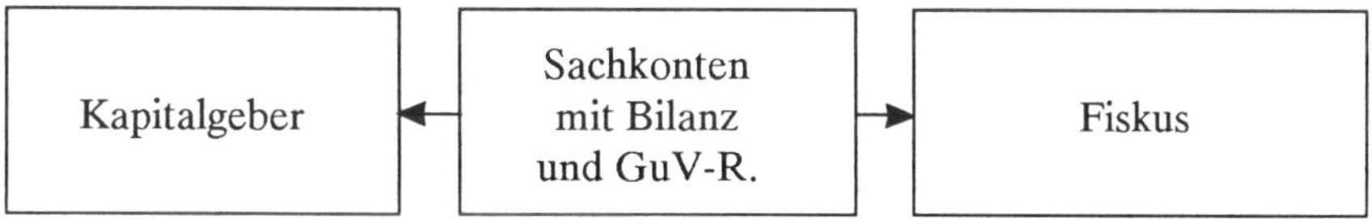

Für betriebswirtschaftliche Auswertungen zu Zwecken der Unternehmensplanung und -kontrolle ist zum Schluß auf die Verknüpfung der Finanzbuchführung mit den beiden wichtigsten Nebenbuchführungen abzustellen. Die Daten, die hier zur Verfügung gestellt werden, umfassen die aktuellen wie zukünftig absehbaren Zahlungsverpflichtungen und Forderungen, gestuft nach ihren Fälligkeiten, sowie die Bestände auf den Sachkonten.

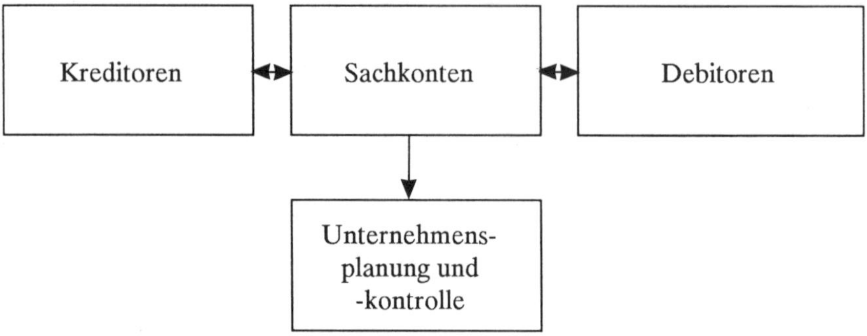

Diese vielfältigen, z.T. miteinander verwobenen oder zumindest voneinander abhängigen Informationsbeziehungen stellen Anforderungen an eine gute Abstimmung der Informationsbedarfe. Diese Abstimmung berührt vor allem

- den Ort der Erfassung der ursprünglichen, unverdichteten Daten;
- den Zeitpunkt, zu dem die Daten für ihre Verwendung zur Verfügung stehen;
- die Struktur und Verdichtung der Daten, die je nach Verwendungszweck unterschiedliche Gestalt annehmen können;
- die Art der Datenübermittlung;
- die Berücksichtigung von Datenänderungen.

Je größer ein Unternehmen ist, umso arbeitsteiliger werden in der Regel die anstehenden Aufgaben bewältigt. Das bedeutet, daß ein umfangreicher Informationsfluß im Unternehmen organisiert werden muß. Die Ergebnisse aus der Bewältigung einzelner Aufgaben müssen in geeigneter Form festgehalten werden - etwa auf Belegen. Diese Belege dienen als Basis für eine Weiterverarbeitung der Informationen im Rahmen anderer Aufgaben.

Im Vorgriff auf das Fallbeispiel "Fakturierung" im nächsten Abschnitt stellt sich dies konkret wie folgt dar:

Ein Unternehmen, das keine EDV einsetzt, hat Ware an einen Kunden versandt. Dabei wurde ein Lieferschein erstellt, der dem eigenen Lager als Unterlage über den Warenabgang dient. Der Lieferschein bildet die Grundlage für das Erstellen der Rechnung, für die ferner aus anderen schriftlichen Unterlagen die Zahlungskonditionen, die für diesen Kunden gelten, zur Verfügung gestellt werden müssen. Ein Durchschlag der Rechnung bildet den Ausgangsbeleg für eine Verbuchung der Forderung und der Umsatzerlöse in der Debitorenbuchhaltung. Nach der Buchung auf dem Personenkonto ist die

Forderung - neben anderen - als Sammelbuchung auf dem Forderungskonto der Sachkontenbuchführung zu erfassen.

Die Daten zu demselben Geschäftsvorfall werden - bedingt durch die schrittweise Abwicklung - an unterschiedlichen Stellen jeweils neu erfaßt, z.T. in der ursprünglichen Form, z.T. verdichtet. Abgesehen von einer rationelleren Bewältigung großer Datenmengen liegt der Vorteil eines EDV-Einsatzes nun vor allem darin, daß diese Mehrfacherfassungen desselben Sachverhalts vermieden werden können.

Voraussetzung für einen sinnvollen EDV-Einsatz ist allerdings, daß die einzelnen Verarbeitungsschritte aufeinander abgestimmt sind, d.h., daß **eine** diese Aufgaben umfassende EDV-Konzeption vorliegt. Dies ist in der Regel z.B. dann nicht der Fall, wenn das Fakturierungsprogramm und das Buchführungsprogramm von verschiedenen Software-Herstellern stammen. Probleme ergeben sich ebenfalls, wenn keine geschlossene EDV-Konzeption vorliegt und bestimmte Teilaufgaben nur durch manuelle Erfassung und Verarbeitung bewältigt werden können.

Für eine Integration müssen insbesondere die beiden folgenden Anforderungen erfüllt sein[1]:

(1) **Datenintegration**:

Die Daten, die in unterschiedlichen Anwendungen benötigt werden, müssen so gestaltet werden, daß eine automatisierte Datenübergabe von dem einen in den anderen Bereich möglich ist. Es sind somit **Schnittstellen** zu den angrenzenden Arbeitsgebieten zu gestalten, wie sie in den obigen Schaubildern durch die Linien symbolisiert sind.

(2) **Verarbeitungsintegration**

Diese Forderung bezieht sich auf die einzelnen Verarbeitungsfunktionen innerhalb des gesamten Programmablaufs. Es sollen möglichst wenig Eingriffe der Benutzer erforderlich sein, was bedeutet, daß der Output einer Verarbeitung ohne Zwischenschritte zum Input einer anderen Verarbeitung wird.

Beide Aspekte sollen in der nachfolgenden Konkretisierung näher erläutert werden.

1 Vgl. etwa Horvath,P./Petsch,M./Weihe,M., Standard-Anwendungssoftware für die Finanzbuchhaltung und die Kosten- und Leistungsrechnung, 1.Aufl., München 1983, S.43

6.2 Fallbeispiel Fakturierung

Das Modul zur Rechnungserstellung aus dem Beispielsprogramm wird im folgenden herangezogen, um die Funktionsweise einer integrierten Rechnungswesen-Software zu erläutern. Eingrenzend ist zu betonen, daß eine weitgehende Integration über die klassische Form von Programmen nur schwer zu realisieren ist. Erst eine auf Basis von Datenbanken aufgebaute Rechnungswesen-Software läßt die Forderung nach Integration im weiten Sinne erfüllbar erscheinen. Ihre Darstellung würde hier jedoch zu weit führen.

Die Fakturierung ist eine eng mit dem Absatz von Produkten verbundene Funktion. Im ursprünglichen Sinne bedeutet "Fakturierung" lediglich das Erstellen von Rechnungen an die Kunden. Faktisch sind jedoch die Geschäftsbeziehungen eines Unternehmens zu einem Kunden hinsichtlich des Erzeugnisverkaufes differenzierter zu betrachten:

Zunächst wird ein Kunde anfragen, inwieweit das Unternehmen zur Lieferung einer Ware in der Lage ist und welche Konditionen gelten. Das Unternehmen prüft seine Lieferfähigkeit etwa anhand der vorhandenen Warenbestände und erstellt daraufhin ein **Angebot**, das Preis, Zahlungskonditionen wie Rabatt oder Skonto sowie mögliche Liefertermine benennt. Erscheint dem Kunden das Angebot interessant, wird er eine **Bestellung** aufgeben, die anschließend vom Unternehmen als **Auftrag** zu **bestätigen** ist. Dies bedeutet, daß aus den eigenen Warenbeständen eine dem Auftrag entsprechende Menge zu **reservieren** ist, da sie für andere Angebote nicht mehr zur Verfügung steht. Wird die Ware an den Kunden überstellt, ist ein **Lieferschein** zu schreiben; die eigenen Lagerbestände müssen auch in den Büchern um die abgehende Menge verringert werden, der oben reservierte Bestand ist verwendet. Gleichzeitig mit dem Lieferschein oder in einem gewissen Zeitabstand danach wird die eigentliche **Rechnung** geschrieben. Mit der Rechnung entsteht eine **Forderung** gegenüber dem Kunden, die in der Debitoren- bzw. Sachkontenbuchführung zu buchen und zu verwalten ist. Später wird der Kunde die **Rechnung**, ggf. unter Skontoabzug, **begleichen**. Möglicherweise ist er aber auch mit der Ware nicht zufrieden und schickt sie zurück. War sie schon bezahlt, muß eine **Gutschrift** erstellt werden.

An diesen verschiedenen Aufgaben ist zu erkennen, daß die Fakturierung sowohl mit der Finanzbuchführung einschließlich Debitorenbuchführung wie mit der Lagerbuchführung verbunden ist.

Der geschilderte Ablauf von der Anfrage eines Kunden bis zur Rechnungserstellung läuft EDV-unterstützt nun wie folgt ab:

Die Sachbearbeiterin betrachtet im Dialog mit dem Computer die vorhandenen bzw. bereits reservierten Bestände der nachgefragten Artikel. Sie wird hierfür die Anzeigefunktion des **Artikelstammes** aufrufen und über die Eingabe der Artikelnummern die im Artikelstamm gespeicherten Bestandsdaten abfragen. Daraufhin wird ein Angebot erstellt.

Nach dem Aufruf des Fakturierungsmoduls erscheint folgende Eingabemaske im oberen Teil des Bildschirms:

FAKTURIERUNG

Kunde 01001	Absender 08001	**Art/?** R	Versand 0,00	Erlös 81
Kopftext 00	Fußtext 00	Kopf N	Kostenst. 0	Lager 0

Mögliche **Art**-Kennzeichen:

R = Rechnung	G = Gutschrift
B = Lieferschein/Rechnung	L = Lieferschein
S = Storno Lieferschein	E = Bestellung
T = Angebot	A = Auftragsbestätigung

Abb. 40: Erster Teil der Eingabemaske Fakturierung (schrittweiser Aufbau)

An erster Stelle ist die Nummer des Kunden einzugeben, der im **Kundenstammsatz** gespeichert sein muß. Erinnern wir uns an das Kapitel über die Debitorenbuchführung: Der Kundenstammsatz enthält neben Namen, Adressen und Bankverbindung auch Angaben über die Zahlungskonditionen. Hier ist festgelegt, ob ein kundenspezifischer Rabattsatz gilt, welches Zahlungsziel und welcher Skontoprozentsatz dem Kunden eingeräumt wird, welcher Verkaufspreis bei differenzierter Preisgestaltung anzuwenden ist.

An zweiter Stelle muß die Nummer des eigenen Unternehmens eingegeben werden.

Die dritte Stelle ist für die Auswahl der Möglichkeiten vorgesehen, die das Fakturierungsmodul bietet. Für die Angebotserstellung ist gemäß den unten auf dem Bildschirm aufgezeigten Varianten ein T einzugeben. (Es wird deutlich, daß unabhängig von der gewählten Möglichkeit die Struktur der Eingabemaske identisch ist, was von Vorteil für die Programmbedienung ist.)

Die beiden nächsten Felder wie auch die Felder in der zweiten Zeile sind erst für das Erstellen der Lieferscheine oder Rechnungen von Bedeutung.

Werden diese Eingaben bestätigt, blendet das Programm im nächsten Schritt Daten aus dem Kundenstammsatz des gewählten Kunden ein. Wenn abweichend von den Festlegungen im Kundenstammsatz andere Preise oder Zahlungskonditionen für dieses Angebot gelten sollen, können die entsprechenden Felder rechts außen überschrieben werden. Anschließend sind auch diese Daten zu bestätigen.

FAKTURIERUNG

Kunde 01001	Absender 08001	Art/? R	Versand 0,00	Erlös 81
Kopftext 00	Fußtext 00	Kopf N	Kostenst. 0	Lager 0
Dittmeyer & Sohn KG			Knd.Rab. 0,00	Knd.Art 2
Großhandel				Zahl.mod.3
			Datum	20.12.01

Abb. 41: Eingabemaske Fakturierung (zweiter Schritt)

Die Bildschirmmaske wird schrittweise aufgebaut. Im unteren Teil erfolgt nun die Eingabe der Artikeldaten. Das Programm fordert zur Auswahl der Artikelnummer und der Artikelmenge auf und blendet anschließend die Daten aus dem Artikelstammsatz (vgl. S. 149) ein: Artikelbezeichnung, Verkaufspreis, artikelspezifischer Rabattsatz. Auch hier können angebotsspezifische Änderungen eingegeben werden. Die Eingabe pro Artikelnummer muß bestätigt werden, und danach wird in den Feldern oberhalb des Eingabebereichs das Angebot zeilenweise zusammengestellt.

FAKTURIERUNG						
Kunde 02873	Absender 08001		Art/? R	Versand 0,00		Erlös 81
Kopftext 00	Fußtext 00		Kopf N	Kostenst. 0		Lager 0
Ernst Franzke & Sohn KG				Knd.Rab. 0,00		Knd.Art 5
Großhandel						Zahl.mod.3
				Datum		20.12.01
			Rechnung	4875		
Pos	Art.	Anzahl	Art d. Leist.	Preis	Rab	MW
1	400	120	Autoradio MP 30	450,00	2,0	1
2	408	120	Einbausätze	35,00	2,0	1
0	780	210	Antenne ZX 13	23,00	1,0	1

Abb. 42: Vollständige Eingabemaske Fakturierung

Nach Beendigung aller Eingaben ist das Angebot fertiggestellt. Durch das Verlassen des Programmbereichs "Fakturierung" wird automatisch die Weiterverarbeitung der eingegebenen Daten eingeleitet.

Diese Weiterverarbeitung umfaßt im Fall der Erstellung eines Angebots jedoch nur dessen Druck, damit das Angebot an den Kunden geschickt werden kann. Die Bestände haben sich nicht verändert, auch hat sich noch nichts für die Buchführung Relevantes ereignet.

In der Abfolge unseres Beispiels ist als nächstes Ereignis die Bestellung des Kunden zu erfassen. Dies geschieht ebenfalls unter Zuhilfenahme des Fakturierungsmoduls nach der gleichen Abfolge wie bei der Angebotserstellung, nur daß als ART-Kennzeichen ein "E" einzugeben ist (s. oben). Als Ergebnis der Weiterverarbeitung wird auch hier lediglich eine Liste erstellt, die für betriebsinterne Zwecke zu verwenden ist: Sie wird an das Lager bzw. die Auslieferung überstellt. Zusätzlich wird allerdings im Artikelstamm das Datum dieser Bestellung in das Feld "Datum letzte Bestellung" geschrieben, damit bei bestimmten stichtagsbezogenen Auswertungen die Information darüber zur Verfügung steht, daß bei diesem Artikel Umsätze zu erwarten sind.

Als nächster Schritt ist - bei entsprechend positiver Rückmeldung aus der Auslieferung über die Realisierbarkeit dieser Bestellung - eine Auftragsbestätigung zu schreiben. Auch dies wird mit Hilfe der Fakturierung verwirklicht, das in der Erfassungsmaske einzugebende Kennzeichen ist nun ein "A". Die Folgewirkung nach der Verarbeitung ist neben der schriftlichen Auftragsbestätigung an den Kunden ein Vermerk im Artikelstamm, daß in Höhe des Auftrags ein reservierter Bestand besteht. Hierzu existiert ein Datenfeld im Artikelstammsatz. Der reservierte Bestand ist bei einer möglichen Angebotserstellung an andere Kunden zu berücksichtigen.

Dann kommt der Zeitpunkt, an dem die Ware an den Kunden ausgeliefert wird. Das Programm bietet die Möglichkeit, Lieferscheine und Rechnungen getrennt oder gleichzeitig zu erstellen. In die Maske ist jeweils ein "L" für Lieferschein, "R" für Rechnung oder "B" für beide einzugeben. Hier sind nun die Folgewirkungen der Eingabe weiterreichend als bei den bisher behandelten Varianten:

Wird ein **Lieferschein** erstellt, werden im Artikelstamm die beiden Datenfelder "Verkaufte Stück lfd. Monat" und "Verkaufte Stück lfd. Jahr" fortgeschrieben. Diese Felder sind für spätere statistische Auswertungen des **mengenmäßigen** Absatzes von Bedeutung.

Wird eine **Rechnung** erstellt, erfolgt eine Fortschreibung der Umsatzfelder pro laufenden Monat und Jahr, bedeutsam für die statistische Auswertung des **wertmäßigen** Absatzes (= Umsatz).

Bei gleichzeitiger Erstellung von Lieferscheinen und Rechnungen werden die Mengen- und Wertfelder fortgeschrieben.

Im Fall der Rechnungserstellung hat die Fakturierung ferner **Folgewirkungen** für die **Sachkonten- und Debitorenbuchführung** und auch für die **Kostenrechnung**. Zur Verdeutlichung wird noch einmal der Kopf der Eingabemaske gezeigt, denn jetzt bekommen die oben noch nicht relevanten Eingabefelder ihre Bedeutung:

FAKTURIERUNG				
Kunde 01001	Absender 08001	Art/? R	Versand 0,00	Erlös 81
Kopftext 00	Fußtext 00	Kopf N	Kostenst. 0	Lager 0

Abb. 43: Erster Teil der Eingabemaske Fakturierung

Zum ersten ist es möglich, dem Kunden Versandkosten in Rechnung zu stellen. Die Kosten sind in das vierte Feld der ersten Zeile einzugeben. Bei der Weiterverarbeitung wird ein Buchungssatz erzeugt:

Debitor
an Sonstige Erlöse
Mehrwertsteuer

Zur Erläuterung des nächsten Datenfeldes ist eine Besonderheit des Beispielsprogramms herauszustellen: Das Programm ermöglicht über dieses Datenfeld aus der Eingabemaske zur Fakturierung in Verbindung mit einem Datenfeld "Konto" im Artikelstammsatz eine differenzierte Betrachtung des Umsatzgeschehens. Dies soll an folgendem Beispiel erläutert werden:

Nehmen wir an, das Unternehmen hat seine Vertriebsorganisation nach regionalen Gegebenheiten gestaltet; das gesamte Umsatzgeschehen wird nach drei verschiedenen Regionen differenziert betrachtet. Es gibt eine Region NORD, eine Region WEST und eine Region SÜD. Für jede Region wird in der Finanzbuchführung eine eigene Kontengruppe innerhalb der Klasse 8 des Kontenplans gebildet. Die Kontonummern tragen an ihren ersten beiden Stellen Ziffern zur Kennzeichnung der Region:

81 für Region NORD
82 für Region WEST
83 für Region SÜD

Diese Regionenkennzeichnung ist in das Datenfeld "Konto" in der Eingabemaske der Fakturierung einzutragen. Wenn also eine Rechnung an den Kunden Franzke (Kundennummer 2873) aus Bremen (Region NORD) erstellt wird, ist in das Feld eine "81" einzugeben.

Ferner betreibt das Unternehmen eine produktgruppenspezifische Umsatzbetrachtung. Die einzelnen Artikel werden zu Gruppen zusammengefaßt, für die ebenfalls in der Finanzbuchführung Kontonummern vorzusehen sind. Diese Kontonummern werden im Artikelstammsatz festgelegt. Nehmen wir an, die gesamte Produktpalette wird in fünf Produktgruppen eingeteilt. Dann ist im Artikelstammsatz bei allen Artikeln, die zur Produktgruppe 1 gezählt werden, eine "10" einzugeben. Für die Produktgruppe 2 steht eine "20" usw. bis zur Produktgruppe 5 mit "50".

In der Finanzbuchführung wird diese produktgruppenorientierte Sichtweise nun mit der regionenorientierten Sichtweise zusammengeführt. Das Unternehmen richtet nicht nur **ein** Konto, sondern 15 Konten für die Umsatzerlöse ein (3 Regionen multipliziert mit 5 Produktgruppen). In der Bezifferung der Konten finden die geschilderten Festlegungen ihre Berücksichtigung. Die ersten beiden Stellen stehen für die Region, die letzten beiden Stellen für die Produktgruppe:

Kontonummer 8110: Umsatzerlöse Region NORD, Produktgruppe 1
Kontonummer 8120: Umsatzerlöse Region NORD, Produktgruppe 2
...
...
Kontonummer 8210: Umsatzerlöse Region WEST, Produktgruppe 1
...
...
...
Kontonummer 8350: Umsatzerlöse Region SÜD, Produktgruppe 5

Im Beispiel ist die Umsatzdifferenzierung noch relativ übersichtlich angelegt. Die Regionenunterteilung ist in diesem Programm auf maximal 10 Regionen begrenzt, da für die erste Stelle der Umsatzkonten eine "8" wegen des Kontenplans zwingend vorgeschrieben ist. Bei den Produktgruppen können maximal 99 Gruppen unterschieden werden.

Der Programmablauf gestaltet sich nun wie folgt:

Wird wie oben eine Rechnung an den Kunden Franzke aus der Region NORD erstellt, wird in der Fakturierungsmaske die "81" im Feld "Konto" eingegeben. Die Rechnung umfaßt u.a. 10 Artikel aus der Produktgruppe 1, das sind Artikel, deren Artikelnummer mit einer "1" beginnt. Für diese Artikel ist für diesen Kunden ein Verkaufspreis von DM 80.- festgelegt worden. Das Programm erstellt daraus einen Buchungssatz folgenden Inhalts:

1400.2873		DM	912.-
an	8110.0000	DM	800.-
	1750.0000	DM	112.-

(Zur Erinnerung und Klarstellung: Alle Debitorenkonten werden als Unterkonten des Kontos 1400 - Forderungen aus Lieferungen und Leistungen - geführt, wobei die Kundennummer das Unterkonto bezeichnet. Das Konto mit der Nummer 8110.0000 steht für "Umsatzerlöse Region NORD, Produktgruppe 1. Die Mehrwertsteuer wird auf dem Konto 1750.0000 gebucht.)

Dieser Buchungssatz wird automatisch vom Programm erstellt (= generiert) und beim nächsten Tagesbuchungslauf verarbeitet, also auf die Konten gebucht.

Nach dieser Erläuterung der Möglichkeiten einer differenzierten Umsatzbetrachtung - die bei anschließender betriebswirtschaftlicher Auswertung des

Umsatzgeschehens Erkenntnisse über Stärken und Schwächen des Unternehmens in den einzelnen Regionen und bei den verschiedenen Produktgruppen liefert - kehren wir zu der Erfassungsmaske des Fakturierungsmoduls zurück:

In der zweiten Zeile sind Datenfelder für die Wahl von Zusatztexten zu den Rechnungen vorgesehen. Diese Texte dienen zur inhaltlichen und optischen Gestaltung der Rechnungen. So ist es z.B. möglich, als Text für den Kopf einer Rechnung vorzusehen:

"Wir berechnen Ihnen aufgrund Ihrer (schriftlichen/telefonischen) Bestellung vom ..."

Am Ende einer Rechnung mag ein Hinweis folgender Art stehen:

"Die Ware bleibt bis zur vollständigen Bezahlung unser Eigentum."

Diese Texte werden in der Stammdatenverwaltung in der Abteilung "Textestamm" angelegt und ggf. verändert.

Die nächsten Felder in der Erfassungsmaske bieten Möglichkeiten für die Anbindung an die Kostenrechnung, die an dieser Stelle nicht behandelt werden sollen, sowie für eine gezielte Inanspruchnahme bestimmter Läger, in denen die in Rechnung gestellten Artikel gelagert werden.

Eine auf diese Weise fertiggestellte Rechnung hat dann im Druckbild folgendes Aussehen (s. nächste Seite):

Fassen wir zusammen:

Die Fakturierung als Beispiel für ein Programmodul, das verschiedene Bereiche integriert, benötigt als **INPUT** Daten aus folgenden Stammdateien:

Durch Eingabe der Kundennummer wird die **Kundenstammdatei** angesprochen. Sie liefert neben Namen und Adresse für das Anschriftsfeld auf der Rechnung die Daten für die Zahlungskonditionen, die für diesen Kunden festgelegt wurden (z.B. Zahlungsziel 30 Tage, bei Zahlung innerhalb von 10 Tagen 2 % Skonto) sowie für den Verkaufspreis, der für diesen Kunden anzusetzen ist. Aus dem Kundenstammsatz werden also folgende Felder abgefragt und bei der Rechnungserstellung verarbeitet:

Ernst Franzke & Sohn OHG Textilien Ladenstraße 24 2400 Lübeck				(Briefkopf des eigenen Unternehmens)	
		Kunden-Nr. 02873		Rechn.Nr. 0981	Datum 20.12.01
Wir lieferten und berechnen Ihnen gemäß Ihrer Bestellung vom 01.12.01:					
Artikel-Nr.	Art.-Bez.	MWSt	Anz.	E-Preis	G-Preis
1010	Pullover	14 %	10	80,00	800,00
2050	Hemden	14 %	350	21,92	7.672,00
4100	H-Socken	14 %	150	6,84	1.026,00
	Warenwert			9.498,00	
	Versand			250,00	
	Warennettowert			9.748,00	
	MwSt 14 %			1.364,72	
	Endbetrag			11.112,72	
Zahlbar bis	02.01.02 bei 2 % Skonto				
Zahlbar netto bis	19.01.02				

Abb. 44: Beispiel eines Rechnungsdrucks

- Name
- Adresse
- Zahlungskonditionen (Indexziffer, die auf Tabelle für Zahlungskonditionen verweist)
- Kundenart (Indexziffer, die auf das Feld "Verkaufspreis" im Artikelstammsatz verweist)

Durch die Eingabe von Kennziffern für den Rechnungskopf- oder Fußtext wird die **Textestammdatei** abgefragt. Für den Druck der Rechnung werden die dort festgelegten Texte eingespeist.

Aus dem **Informationsstamm** werden das Tagesdatum der Rechnung sowie die Tabellen für die Zahlungskonditionen und die Mehrwertsteuer, die für die einzelnen Artikel gilt, abgefragt und für die Weiterverarbeitung bereitgestellt.

Außerdem wird daraus die automatische Fortnummerierung der Lieferscheine, Rechnungen etc. gesteuert.

Aus dem **Artikelstamm** werden die für die Rechnungserstellung relevanten Daten zu den einzelnen Artikeln abgefragt und für die Weiterverarbeitung bereitgestellt (Artikelbezeichnung, Mehrwertsteuersatz, Verkaufspreis u.a.).

Der **OUTPUT** des Fakturierungsmoduls umfaßt folgende Daten:

In einer **Listdatei** wird die Rechnung erstellt (Dateiname RECHNUNG.-LST).

Die Rechnungsdaten werden für Auswertungszwecke in einer **Statistikdatei** abgelegt (Dateiname STATI.DAT).

Die Rechnungsnummern werden für den **Informationsstamm** fortgeschrieben.

Im **Artikelstamm** werden die Felder der Umsatzstatistik (lfd. Monat, lfd. Jahr) fortgeschrieben, außerdem werden die Bestandsfelder gemäß den abgesetzten Mengen verändert.

Es werden **Buchungssätze erzeugt**, die nach ihrer Verarbeitung auf den Personenkonten (Debitoren) und Sachkonten zu Veränderungen führen.

In einer schematischen Übersicht stellt sich dies wie folgt dar (s. nächste Seite):

Aus der Darstellung wird ersichtlich, wie verzahnt verschiedene Bereiche des Rechnungswesens sind, die hier allein mit dem Fakturierungsmodul angesprochen werden: nicht nur, daß der eigentliche Kern der Fakturierung, das Erstellen der Rechnungen, bewältigt wird. Für die Finanzbuchführung und die Debitorenrechnung werden Buchungssätze erzeugt, gleichzeitig wird die Lagerbuchführung über die Fortschreibung des Artikelstammes bearbeitet, und es werden Statistiken erzeugt, die eine kundenbezogene Auswertung des Umsatzgeschehens ermöglichen.

Eine vollintegrierte Software bietet darüberhinaus Anbindungen an die Kostenrechnung, was an dieser Stelle noch nicht behandelt wurde; ferner ist eine Integration mit der Fertigungssteuerung bei Produktionsbetrieben denkbar, auf die aus Vereinfachungsgründen ebenfalls nicht eingegangen wurde. Eine eingehende Darstellung setzt eine umfangreiche Erläuterung moderner EDV-Konzepte voraus, für die auf die weitergehende Literatur verwiesen wird.[1]

---

1 Vgl. zum Beispiel Stahlknecht, P., Einführung in die Wirtschaftsinformatik, 3.Aufl., Berlin u.a. 1989

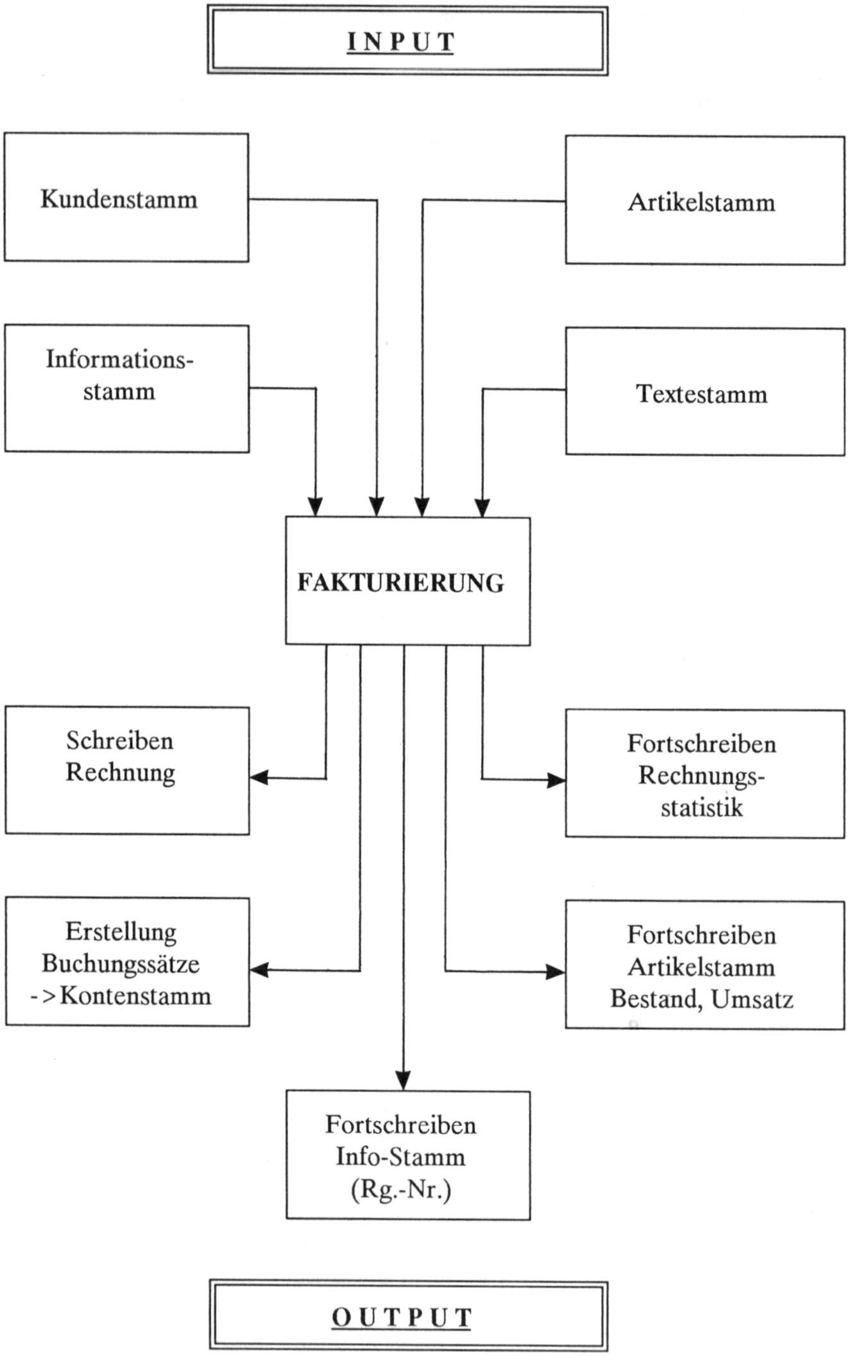

Abb. 45: Input-Output-Beziehungen des Moduls Fakturierung

7

DIE ERSTELLUNG DES JAHRESABSCHLUSSES

In den nachfolgenden Abschnitten wird der **Weg** aufgezeigt, der **von der Finanzbuchführung** in ihren Auffächerungen des Betriebsgeschehens auf zahlreiche Konten **zum Jahresabschluß** mit den beiden Rechenwerken Bilanz und Gewinn- und Verlustrechnung führt. Dabei geht es nicht allein um die Rechentechnik, vielmehr sind weitere inhaltliche Ausführungen zum Buchungsgeschehen erforderlich. Es handelt sich dabei um die sog. "vorbereitenden Abschlußbuchungen", hinter denen sich wesentliche Elemente der bilanzpolitischen Gestaltungsmöglichkeiten verbergen.

Die Technik der Jahresabschlußerstellung findet in der Regel in mehreren Stufen statt. Zunächst wird aus den einzelnen Konten eine komprimierte Übersicht über die Bewegungen auf den Konten erstellt, die meist die Bezeichnung "Hauptabschlußübersicht" trägt. Anschließend werden weitere Buchungen vorgenommen, die der Gestaltung des Jahresabschlusses dienen und rechtlich erforderliche sowie bilanzpolitisch gewünschte Buchungen umfassen. Durch diesen Schritt wird die Hauptabschlußübersicht erweitert und verändert. Aus dieser Fassung der Hauptabschlußübersicht werden anschließend die Bilanz und die GuV-Rechnung entwickelt.

7.1 Die Hauptabschlußübersicht

Die Übersicht hat die Form einer Tabelle (s. nächste Seite), in die links die **Kontennummern** und **Kontenbezeichnungen** eingetragen werden. Die weiteren Spalten nehmen die **Anfangsbestände** auf den Konten (bzw. gleichbedeutend die Werte der Eröffnungsbilanz) und als Summe in komprimierter Form die Soll- sowie die Habenbuchungen auf den Konten auf. Hierfür ist auch der Begriff **Jahresverkehrszahlen** gebräuchlich.

Die Zusammenführung der Anfangsbestände und der Jahresverkehrszahlen führt zu zwei weiteren Spalten der Tabelle, die zusammen als **Summenbilanz** bezeichnet werden. Sie zeigt somit die Summe aller Soll- und aller Habenbuchungen auf den Konten einschließlich der Eröffnungsbuchungen.

Hauptabschlußübersicht (TDM)

Bezeichnung	Anfangsbestand		Kontoumsätze		Summenbilanz		Saldenbilanz I		Umbuchungen		Saldenbilanz II		Bilanz		GUV-Rechnung	
	S	H	S	H	S	H	S	H	S	H	S	H	Aktiva	Passiva	Aufw.	Erträge
Grundst. u. Geb.																
Maschinen																
BGA																
Finanzanlagen																
RHB-Bestände																
Ford. L.L.																
Sonst. Forderungen																
Bank																
Kasse																
UFE/FE																
Eigenkapital																
Rückstellungen																
Darlehen																
Verb. L.L.																
Sonst. Verb.																
Umsatzerlöse																
Bestandsveränderungen																
Sonst. betr. Erträge																
Materialaufwand																
Pers.aufwand																
Abschreibungen																
Sonst. betr. Aufwand																
Zinserträge																
Zinsaufwand																
Privatentn./einl.																
Summe																
									Anfangskapital + Gewinn/-Verl. – Privatentnah. = Schlußkapital							

Abb. 46: Beispiel einer Hauptabschlußübersicht

Werden im nächsten Schritt die Differenzen zwischen den Soll- und Habenbuchungen ermittelt, erhält man die Daten für die nächsten beiden Spalten der Übersicht, welche zusammen die Bezeichnung **Saldenbilanz I** tragen. Zwei weitere Spalten dienen der Aufnahme von **Umbuchungen**, die sich aus den nachstehend behandelten vorbereitenden Abschlußbuchungen ergeben. Ihre Zusammenfassung mit der Saldenbilanz I führt zur **Saldenbilanz II**.

Diese Salden werden je nach dem Charakter des Kontos in die beiden letzten Spaltenpaare übernommen. Handelt es sich um ein Bestandskonto, erfolgt die Übernahme des Saldos in die **Bilanz**spalten; handelt es sich hingegen um ein Erfolgskonto, werden die Werte in die Spalten der **Gewinn- und Verlustrechnung** übernommmen. Bei gemischten Konten, die Bestandsveränderungs- und Erfolgsbuchungen aufnehmen, werden durch die Saldenübernahme die Bilanz- und die GuV-Spalten angesprochen.

Der Aufbau der Hauptabschlußübersicht bietet eine wichtige Kontrollmöglichkeit durch die Summenzeile am Ende der Kontenauflistung. Mit Ausnahme der beiden rechten Spaltenpaare zu Bilanz und GuV-Rechnung müssen die jeweils zusammengehörigen Soll- und Haben-Spalten zur gleichen Summe führen.

Die rechnerisch festgestellten Differenzen zwischen den Aktiva und Passiva bei der Bilanz sowie den Aufwendungen und Erträgen bei der GuV-Rechnung müssen aufgrund der Logik des Systems doppelter Buchführung identisch sein; sie stellen den **Gewinn** bzw. **Verlust** des Geschäftsjahres auf Basis der bisher erfolgten Buchungen dar. Die Hauptabschlußübersicht stellt somit einen **Rohabschluß** dar. (Eine Übungsaufgabe zur Hauptabschlußübersicht folgt im Anschluß an das Kapitel 7.2.)

7.2 Weitere Buchungen zur Vorbereitung des Jahresabschlusses

Für die endgültige Erstellung des Jahresabschlusses sind nun noch Buchungen erforderlich, deren Notwendigkeit aus recht unterschiedlichen Gründen rührt.

Zum einen sind **Wertminderungen** oder **-erhöhungen** von Vermögenspositionen zu erfassen, soweit dies nicht schon während des laufenden Geschäftsbetriebes geschehen ist. Hierunter fallen die periodischen, planmäßigen Abschreibungen sowie außerplanmäßige Abschreibungen und Zuschreibungen auf Gegenstände des Anlagevermögens, Wertminderungen bei Vorräten sowie Wertminderungen im Forderungsbestand des Unternehmens.

Zum zweiten sind für klar definierte Sachverhalte des zukünftigen Betriebsgeschehens, die im folgenden oder späteren Geschäftsjahren zahlungsrelevant werden, **Rückstellungen** zu bilden.

Wertberichtigungen bei Anlagen und Forderungen sowie Rückstellungen wurden bereits behandelt. Wegen der Stichtagsbezogenheit werden Wertkorrekturen der Vorräte zwingend erst in der Vorbereitung des Jahresabschlusses vorgenommen und deshalb an dieser Stelle erläutert.

Des weiteren müssen Bestandsveränderungen an unfertigen und fertigen Erzeugnissen festgestellt und erfolgswirksam gebucht werden.

Eine andere Gruppe von vorbereitenden Abschlußbuchungen betrifft die **zeitliche Abgrenzung** zweier Rechnungsperioden. Ein Jahresabschluß zu einem bestimmten Stichtag setzt einen künstlichen Schnitt in das auf der Zeitachse kontinuierliche Betriebsgeschehen. Es kommt hier darauf an, die Rechnungsperioden hinsichtlich der Erfolgs- und Zahlungswirkungen einzelner Geschäftsvorfälle, die in beide Perioden reichen, voneinander abzugrenzen, damit jede Periode richtig mit Aufwendungen und Erträgen belastet wird.

Im Zusammenhang mit der Kosten- und Leistungsrechnung können ferner Buchungen zur **sachlichen Abgrenzung** erforderlich sein. In der Kosten- und Leistungsrechnung werden u.a., wie bereits dargestellt, diejenigen Aufwendungen und Erträge als Kosten bzw. Leistungen erfaßt, die unmittelbar mit dem Betriebszweck zusammenhängen. Andere Aufwendungen und Erträge gelten in bezug auf den Betriebszweck als "neutral". Im Rahmen der sachlichen Abgrenzung werden diese neutralen Erfolgskomponenten von den betriebsbedingten getrennt. Die sachliche Abgrenzung wird nicht näher erläutert.

Eine letzte Gruppe von vorbereitenden Abschlußbuchungen betrifft bei Unternehmen in der Rechtsform einer Kapitalgesellschaft (GmbH, Aktiengesellschaft) die Buchungen von **Rücklagen** als gesonderten Bestandteilen des Eigenkapitals. Dies wird erst in Kapitel 8 über die Gewinnverwendung bei unterschiedlichen Rechtsformen näher beschrieben, da dort zunächst die Zusammensetzung des Eigenkapitals bei Kapitalgesellschaften zu erörtern ist.

Der endgültige Jahresabschluß wird dann nach Vornahme dieser Buchungen erstellt. Die oben gezeigte Hauptabschlußübersicht wird zu diesem Zweck um zwei Spalten erweitert: Eine Spalte "Umbuchungen" (mit Soll und Haben) nimmt die vorbereitenden Abschlußbuchungen auf. Durch sie wird die Saldenbilanz (in der erweiterten Fassung nun mit "Saldenbilanz I" bezeichnet) fortgeschrieben und in einer neuen Spalte "Saldenbilanz II" dokumentiert (vgl. S.170)

7.2.1 Abschreibungen auf Vorräte

Anders als bei den Abschreibungen auf Anlagen können bei Vorräten **keine planmäßigen Abschreibungen** vorgenommen werden, mit denen die Anschaffungs- oder Herstellungskosten auf einen bestimmten Nutzungszeitraum verteilt würden. Denn bei den Gegenständen des Vorratsvermögens (Roh-, Hilfs- und Betriebsstoffe, unfertige und fertige Erzeugnisse, Waren) handelt es sich um Vermögensbestandteile, deren wesentlicher Zweck im möglichst schnellen Umschlag liegt; sie zählen deshalb auch zum Umlaufvermögen. Roh-, Hilfs- und Betriebsstoffe werden in Fertigungsbetrieben verarbeitet, in veränderter Form liegen sie anschließend als unfertige oder fertige Erzeugnisse vor. Letztere wie auch Waren bei Handelsbetrieben sind für den Verkauf vorgesehen.

Abschreibungen auf Vorräte sollen Wertminderungen berücksichtigen, die im Zeitraum zwischen der Anschaffung bzw. Herstellung und dem Bilanzstichtag angefallen sind. Es kann sich hier im wesentlichen nur um gesunkene Wiederbeschaffungs- bzw. Wiederherstellungskosten handeln.

Beispiel:

Im Juni wurden Rohstoffe zum Nettowert von DM 80.000.- beschafft, von denen am Bilanzstichtag 31.12. noch die Hälfte vorhanden ist. Diese Hälfte repräsentiert Anschaffungskosten von DM 40.000.- Durch einen Preisverfall auf dem Beschaffungsmarkt wäre die Menge der noch vorhandenen Rohstoffe am Bilanzstichtag zum Preis von DM 30.000.- zu beschaffen. Es ist daher eine Abschreibung in Höhe von DM 10.000.- vorzunehmen. Die Buchungstechnik unterscheidet sich nicht von der der Abschreibungen auf Anlagen. Der Buchungssatz lautet:

Abschreibungen auf Vorräte
an Rohstoffe DM 10.000.-

Die Ursachen für solche Abschreibungen lassen sich kaum vorhersehen, die Abschreibungen sind daher auch nicht planbar. Es handelt sich somit bei Abschreibungen auf Vorräte durchgängig um außerplanmäßige Abschreibungen.

Die zentrale handelsrechtliche Vorschrift gibt § 253 HGB. In Abs. 1 ist festgelegt, daß die Anschaffungs- oder Herstellungskosten die absolute Obergrenze des Wertansatzes bilden, die nicht überschritten werden darf. Die Abschreibungen auf Gegenstände des Umlaufvermögens wie etwa die Vorräte sind gem. Abs. 3 vorzunehmen.

Betrachtet man die Gliederung der GuV-Rechnung nach § 275 Abs. 2 HGB (Gesamtkostenverfahren), so fällt auf, daß kein eigenständiger Gliederungspunkt für Vorratsabschreibungen vorgesehen ist.[1] Anders als bei den Anlagenabschreibungen werden die Vorratsabschreibungen nicht auf das GuV-Konto abgeschlossen, sondern mit den entsprechenden Aufwendungen (bei Roh-, Hilfs-, Betriebsstoffen sowie Waren) bzw. den Bestandsveränderungen verrechnet. Die Abschreibungen erhöhen jeweils den Aufwand.

Im obigen Beispiel wäre daher abschließend zu buchen:

Rohstoffaufwand
an Abschreibungen auf Vorräte DM 10.000.-

Übungsaufgabe 15
(Lösung im Anhang)

Bei der Inventur zum Jahresende werden 100.000 l Heizöl (Betriebsstoffbestände) aufgenommen, die im Oktober zu einem Literpreis von DM 0,50 beschafft wurden. Am 31.12. (Stichtag) beträgt der Literpreis DM 0,45, der voraussichtlich auch längere Zeit Bestand haben wird. Nehmen Sie die notwendige Korrekturbuchung vor.

7.2.2 Bestandsänderungen an unfertigen und fertigen Erzeugnissen

Wir haben in Kap. 2 den buchungsmäßigen Umgang mit den Waren sowie den Hauptgruppen von Produktionsfaktoren - Werkstoffe, Betriebsmittel und Arbeitskraft - kennengelernt. In diesem Abschnitt steht nun noch ein Sonderfall des **Ergebnisses der Produktion** im Mittelpunkt:

Die Unternehmen beschaffen die verschiedenen Produktionsfaktoren auf den unterschiedlichen Beschaffungsmärkten und kombinieren diese in der Produktion zum Zweck der Leistungserstellung. Der Wertedurchfluß durch den Betrieb ist erst dann zu seinem beabsichtigten Ende gelangt, wenn die Produkte auf den Absatzmärkten auch verkauft worden sind.

Aus unterschiedlichen Gründen kommt es nun sehr häufig vor, daß diese Werterealisierung nicht unmittelbar an die Produktion anschließt. So können sich etwa konjunkturelle Schwankungen dahingehend auswirken, daß die Nachfrage nach den gefertigten Produkten stockt und das Unternehmen auf seinen Erzeugnissen "sitzenbleibt"; oder es fällt ein wichtiger Großkunde aus, der in wirtschaftliche Schwierigkeiten gekommen ist und die Produkte nicht in der vorhergesehenen Menge abnimmt. Ein weiterer Grund für eine Ungleich-

1 Dies gilt entsprechend bei Gliederung nach dem Umsatzkostenverfahren (§ 275, Abs. 3 HGB)

zeitigkeit von Produktion und Absatz kann darin bestehen, daß aus Kostengründen eine kontinuierliche Produktion bevorzugt wird, die unabhängig von saisonalen oder anders begründeten Absatzschwankungen eine bestimmte Menge an Erzeugnissen fertigt. Zu den genannten kommen zahlreiche weitere Gründe, die eine unmittelbare Abstimmung zwischen Produktion und Absatz verhindern, sodaß - abgesehen von einer direkten Auftragsfertigung - ein Bestand an Erzeugnissen für die Betriebe die Regel bildet.

In all diesen Fällen übernimmt das **Lager** der Fertigerzeugnisse eine Pufferfunktion; werden mehr Produkte gefertigt als abgesetzt, wächst der Lagerbestand. Umgekehrt sind Situationen gegeben, in denen weniger produziert als abgesetzt wird, was eine Minderung der Lagerbestände zur Folge hat.

Diese Betrachtung gilt nicht nur für die Fertigerzeugnisse, sondern auch für unfertige Erzeugnisse, die sog. Halbfabrikate. Sie entstehen in mehrstufigen Produktionsprozessen. Beispielsweise werden in einem Stahlwerk die sog. Brammen (Blöcke aus Stahl) gegossen, die in einer nachfolgenden Produktionsstufe zu Blechen gewalzt werden. Die Bleche stellen Fertigfabrikate dar, während die Brammen als unfertige Erzeugnisse anzusehen sind. Als unfertige Erzeugnisse können somit diejenigen Vorräte angesehen werden, die nicht mehr Rohmaterial und noch nicht Fertigerzeugnisse sind. Zur Abstimmung der Abläufe in den einzelnen Produktionsstufen werden Zwischenläger gebildet. Werden mehr Brammen gefertigt als zu Blechen gewalzt, wächst das Zwischenlager. Übersteigt die Anzahl der gewalzten die der gefertigten Brammen, wird der Bestand an unfertigen Erzeugnissen abgebaut.

Das ganze Problem der Veränderung der Bestände an unfertigen und fertigen Erzeugnissen hat auf den ersten Blick nichts mit der Finanzbuchführung zu tun; denn diese betrachtet ja im Kern nur die Vorgänge zwischen dem Unternehmen und seiner ökonomischen Umwelt. Relevant wird die buchungsmässige Erfassung im Zusammenhang mit dem Jahresabschluß, der u.a. der Feststellung des Vermögens und des Ertrages dient. Die Herstellung von unfertigen und fertigen Erzeugnissen stellt unbestreitbar eine Leistung des Betriebes dar, auch wenn diese noch nicht marktlich verwertet wurde. Es sind Erzeugnisse entstanden, die das Vermögen des Unternehmens erhöhen. Folglich müssen sie als Vermögenszuwachs erfaßt werden. Ein Vermögenszuwachs bedeutet eine Erhöhung der Aktivseite der Bilanz, gleichzeitig einen Ertrag. Umgekehrt stellt der Fall eines Lagerabbaus bei fertigen oder unfertigen Erzeugnissen eine Vermögensminderung und damit einen Aufwand dar.

Für die Finanzbuchführung sind also nur die Veränderungen der Bestände als Ertrag oder Aufwand bzw. als Vermögensänderung von Bedeutung. Dies soll an folgendem Beispiel verdeutlicht werden:

Zu Beginn des Geschäftsjahres hat das Unternehmen einen Lagerbestand an unfertigen Erzeugnissen von DM 280.000.- und an Fertigerzeugnissen von

DM 420.000.-. Am Ende des Geschäftsjahres sind durch die Inventur Bestände an unfertigen Erzeugnissen in Höhe von DM 300.000.- sowie an Fertigerzeugnissen in Höhe von DM 380.000.- festgestellt worden.

Der Anfangsbestand an fertigen und unfertigen Erzeugnissen wird aus der Eröffnungsbilanz auf die entsprechenden Konten übernommen:

Unfertige Erzeugnisse
an Eröffnungsbilanzkonto DM 280.000.-

Fertigerzeugnisse
an Eröffnungsbilanzkonto DM 420.000.-

Nach der Inventur zum Jahresende werden die Endbestände mit der Gegenbuchung auf dem Schlußbilanzkonto (SBK) erfaßt:

SBK
an Unfertige Erzeugnisse DM 300.000.-

SBK
an Fertigerzeugnisse DM 380.000.-

Für die beiden Bestandskonten gilt wieder die schon bekannte Gleichung:

Anfangsbestand + Zugänge = Abgänge + Endbestand.

Durch Umformung erhalten wir:

Endbestand - Anfangsbestand = Zugänge - Abgänge
= Bestandsveränderungen

Anfangsbestände und Endbestände sind durch die obigen Buchungen erfaßt; der verbleibende Saldo auf den Bestandskonten muß also die Bestandsveränderungen darstellen. Um die Konten abzuschließen, werden diese Salden auf ein Konto "Bestandsveränderungen an fertigen und unfertigen Erzeugnissen" gegengebucht. In dem Beispiel haben wir den Fall einer Bestandserhöhung bei den unfertigen und einer Bestandsminderung bei den Fertigerzeugnissen. Die Salden stehen somit auf verschiedenen Seiten der Konten, das Beständeänderungskonto wird entsprechend auf beiden Seiten bebucht. Im Kontenbild stellt sich die Sachlage wie folgt dar (s. nächste Seite):

Die Buchungssätze hierzu lauten:

Unfertige Erzeugnisse
an Beständeänderungen DM 20.000.-

Beständeänderungen
an Fertigerzeugnisse DM 40.000.-

S	UFE		H
AB	280.000		
		EB	300.000
BÄ	20.000		

S	FE		H
AB	420.000		
		EB	380.000
		BÄ	40.000

S	Bestände-Änderungen (BÄ)		H
FE	40.000	UFE	20.000
		GuV	20.000

Auf dem Beständeänderungskonto ergibt sich aus diesen Buchungen ein Saldo von DM 20.000.-, der im Haben zu buchen ist. Er stellt die Differenz aus dem Ertrag, der mit der Bestandserhöhung an unfertigen Erzeugnissen erzielt wurde, und dem Aufwand dar, der mit der Bestandsminderung bei Fertigerzeugnissen verbunden war. Das Beständeänderungskonto wird als ein Erfolgskonto zum GuV-Konto abgeschlossen. Insgesamt wurden die Bestände vermindert, der Buchungssatz lautet daher:

GuV-Konto
an Beständeänderungen DM 20.000.-

Das Beispiel ist insoweit stark vereinfacht worden, als die Bewertung der Endbestände an Erzeugnissen hier nicht weiter als Problem behandelt wird. Über die Inventur werden im ersten Schritt die Mengen der im Lager befindlichen Erzeugnisse ermittelt; daran schließt sich ihre Bewertung an, die die Basis für die Aktivierung in der Bilanz und daraus abgeleitet für die Feststellung der Beständeänderungen bildet. Wie bewertet wird, richtet sich nach den Möglichkeiten, die das HGB bzw. das Steuerrecht eröffnet.

7.2.3 Zeitliche Rechnungsabgrenzung

Den wichtigsten Gedanken der zeitlichen Rechnungsabgrenzung haben wir bereits bei den Abschreibungen und den Rückstellungen kennengelernt: Den einzelnen Perioden soll der ergebniswirksame Aufwand bzw. Ertrag richtig zugeordnet werden. Der Abschlußstichtag setzt nun aber einen künstlichen Schnitt in das kontinuierlich ablaufende Betriebsgeschehen. In denjenigen Fällen, in denen zeitliche Unterschiede zwischen der Zahlung und der Erfolgswirksamkeit gegeben sind, muß daher eine Rechnungsabgrenzung vorgenommen werden. Dies ist z.B. der Fall bei Mietvoraus- oder Nachzahlungen, bei den in der Regel für ein Jahr entrichteten Versicherungsprämien oder Kfz-Steuern, bei Zinszahlungen, die im Abstand von mehr als einem Monat anfallen.

Man unterscheidet folgende Arten: Bei den **transitorischen** Rechnungsabgrenzungsposten (RAP) liegt der Zahlungsvorgang vor der Erfolgswirkung, bei den **antizipativen** Rechnungsabgrenzungsposten liegt die Erfolgswirkung vor dem Zahlungsvorgang. Ferner handelt es sich um einen **aktiven** Rechnungsabgrenzungsposten, wenn durch die Buchung der Gewinn der laufenden Periode erhöht wird, um einen **passiven**, wenn er vermindert wird. Aus § 250 HGB ergibt sich, daß antizipative RAP in der Bilanz **nicht** als Rechnungsabgrenzungsposten ausgewiesen werden dürfen. Ihre Erfassung erfolgt unter den Positionen "sonstige Forderungen" bzw. "sonstige Verbindlichkeiten".

Beispiele:

(1) Transitorischer aktiver Rechnungsabgrenzungsposten:

Am 1.9.01 wird die jährliche Kfz-Steuer für einen betriebseigenen PKW an das Finanzamt überwiesen. Der Buchungssatz lautet:

Kfz-Steuer
an Bank DM 240.-

Die Ausgabe liegt (zum Teil) vor dem Aufwand. Der Gesamtbetrag von DM 240.- ist auf die Jahre 01 und 02 aufzuteilen. Rechnerisch ist jeder Monat mit DM 20.- zu belasten, d.h., auf die Monate September bis Dezember des Jahres 01 entfallen DM 100.-. Sie stellen periodengerechten Aufwand dar. Der Rest von DM 140.- für die Monate Januar bis August 02 muß abgegrenzt werden. Zu buchen ist im **alten** Jahr:

Aktive RAP
an Kfz-Steuer DM 140.-

Auf dem Konto "Kfz-Steuer" stehen damit nur noch die periodenzugehörigen DM 100.-, die beim Abschluß auf das GuV-Konto gegengebucht werden. Der Rechnungsabgrenzungsposten wird auf das Schlußbilanzkonto gebucht.

GuV-Konto
an Kfz-Steuer DM 100.-

SBK
an Aktive RAP DM 140.-

Im **Folgejahr** wird der RAP wieder auf das Aufwandskonto aufgelöst, womit die periodengerechte Zuordnung des Restbetrages hergestellt wird:

Kfz-Steuer
an Aktive RAP DM 140.-

(2) Transitorischer passiver Rechnungsabgrenzungsposten:

Hier liegt die Einnahme als Zahlung vor der Erfolgswirksamkeit. Als Beispiel diene die Vorauszahlung von Miete durch einen Mieter. Er hat am 1.7.01 die Miete für ein ganzes Jahr in Höhe von DM 24.000.- überwiesen. Am 1.7. wurde gebucht:

Bank
an Mieterträge DM 24.000.-

Zur Vorbereitung des Jahresabschlusses ist die Rechnungsabgrenzung vorzunehmen. Man bucht entsprechend die Hälfte der Mieterträge um:

Mieterträge
an Passive RAP DM 12.000.-

Die Abschlußbuchungen lauten dementsprechend:

Mieterträge
an GuV-Konto DM 12.000.-

Passive RAP
an SBK DM 12.000.-

Im neuen Jahr wird der Rechnungsabgrenzungsposten wiederum auf das Erfolgskonto umgebucht:

Passive RAP
an Mieterträge DM 12.000.-

(3) **Antizipativer aktiver Rechnungsabgrenzungsposten:**

Bei den antizipativen Posten liegt die Zahlung nach der Erfolgswirksamkeit. Am 1.10.01 hat das Unternehmen einem Kunden ein Darlehen in Höhe von DM 100.000.- gewährt, es wurden halbjährliche Zinszahlungen bei einem Zinssatz von 8 % vereinbart. Die erste Zinszahlung von DM 4.000.- steht also erst am 1.4.02 an. Am 1.10.01 wurde gebucht:

Darlehensforderungen
an Bank DM 100.000.-

Zur Abschlußvorbereitung müssen die Zinserträge, die auf das alte Jahr fallen, gebucht werden. Es handelt sich um DM 2000.- für die Monate Oktober bis Dezember 01. Der Buchungssatz lautet:

Sonstige Forderungen
an Zinserträge DM 2.000.-

Beim Abschluß erfolgt die Gegenbuchung zu diesen beiden Konten auf dem Schlußbilanz- bzw. GuV-Konto.

Wenn am 1.4.02 die Zinsen gezahlt werden, ist wie folgt zu buchen:

Bank	DM	4.000.-
an Sonstige Forderungen	DM	2.000.-
Zinserträge	DM	2.000.-

(4) **Antizipativer passiver Rechnungsabgrenzungsposten:**

Hierfür diene das Beispiel des selben Darlehens, dessen Buchung wir nun aber auf Seiten des Kunden betrachten. Am 1.10.01 erfolgte die Einbuchung:

Bank
an Darlehensverbindlichkeiten DM 100.000.-

Zum Jahresabschluß muß der Zinsaufwand periodengerecht gebucht werden. Die Zinszahlung erfolgt erst im nächsten Jahr, also wird auf das Konto "Sonstige Verbindlichkeiten" gebucht:

Zinsaufwand
an Sonst.Verbindlichkeiten DM 2.000.-

Am 1.4.02 werden die Zinsen überwiesen, der Kunde bucht:

Sonst.Verbindlichkeiten	DM	2.000.-
Zinsaufwand	DM	2.000.-
an Bank	DM	4.000.-

Transitorische Rechnungs-abgrenzungsposten	**Antizipative Rechnungs-abgrenzungsposten**
1. Aktivisch Auszahlung **vor** Erfolgswirkung (bilanziert als RAP unter Aktiva)	**3. Aktivisch** Einzahlung **nach** Erfolgswirkung (bilanziert als Sonstige Forderungen)
2. Passivisch Einzahlung **vor** Erfolgswirkung (bilanziert als RAP unter Passiva)	**4. Passivisch** Auszahlung **nach** Erfolgswirkung (bilanziert als Sonstige Verbindlichkeiten)

Abb. 47: Übersicht über die Rechnungsabgrenzungsposten

Halten wir aus diesen vier Fällen das Wesentliche fest:

Die transitorischen Rechnungsabgrenzungsposten dienen der Verschiebung der Erfolgswirksamkeit von Zahlungsvorgängen der laufenden in die nächste Rechnungsperiode. Dies ist immer dann der Fall, wenn die Zahlung im alten Jahr erfolgt ist, aber ihre Erfolgswirkung zumindest zu einem bestimmten Anteil in das nächste Jahr hineinreicht. Nur diese Fälle werden in den Bilanzpositionen der Rechnungsabgrenzungsposten erfaßt. Die aktiven Rechnungsabgrenzungsposten stellen dabei kein Vermögen dar, ebenso wie die passiven kein Eigen- oder Fremdkapital darstellen.Sie stehen jeweils für Ausgaben bzw. Einnahmen vor dem Stichtag, die erst in der Folgeperiode als Aufwand bzw. Ertrag gelten.

Die antizipative Rechnungsabgrenzung nimmt die Erfolgswirksamkeit von Zahlungen der Folgeperiode durch Buchungen auf Erfolgskonten in der laufenden Periode vorweg. Diese Fälle sind in den Bilanzpositionen "Sonstige Forderungen" bzw. "Sonstige Verbindlichkeiten" zu erfassen.

Übungsaufgabe 16
(Lösung im Anhang)

Bilden Sie die notwendigen Buchungssätze zu folgenden Vorgängen über den Jahreswechsel hinaus und benennen Sie den Charakter des jeweiligen Rechnungsabgrenzungspostens:

(1) Die Verpflichtung aus dem Wartungsvertrag für zwei Personal Computer ist mit DM 684.- incl. Mehrwertsteuer am 1.11.01 für ein halbes Jahr im voraus an den Computerlieferanten überwiesen worden.
(2) Die Zinsgutschrift für den Dezember 01 aus einer Festgeldanlage in Höhe von DM 8.000.- wird erst im Januar 02 gutgeschrieben.
(3) An einem LKW ist eine größere Reparatur zu ca. DM 7.000.- fällig. Da der Wagen im Dezember 01 dringend benötigt wird, wird die Reparatur auf den Januar verschoben und dann in einer Kfz-Werkstatt zu DM 6.000.- zuzüglich Mehrwertsteuer durchgeführt.
(4) Wir erhalten am 1.11.01 Lizenzgebühren für die Nutzung eines von uns entwickelten Computerprogrammes. Der Betrag von DM 1.710.- incl. Mehrwertsteuer gilt für den Zeitraum vom 1.10.01 bis 31.3.02.
(5) Die Miete von DM 5.400.- für angemietete Verkaufsräume wird am 1.12.01 für ein Vierteljahr im voraus an den Vermieter überwiesen.
(6) Im Dezember 01 fällige Vertreterprovisionen in Höhe von DM 15.000.- werden erst im Januar 02 überwiesen (keine Berücksichtigung von Steuern).

Übungsaufgabe 17
(Lösung im Anhang)

Die Konten unseres Unternehmens zeigen das nachfolgende Bild. Es wurden die Anfangsbestände gebucht sowie die in einer Summe dargestellten Soll- und Habenbuchungen vorgenommen. Schließen Sie die Konten ab und erstellen Sie eine **Hauptabschlußübersicht** gemäß der Darstellung auf S. 170. Der lt. Inventur festgestellte Bestand an fertigen und unfertigen Erzeugnissen beträgt TDM 1.000; ferner sind Abschreibungen vorzunehmen: auf Maschinen in Höhe von TDM 600 und auf Betriebs- und Geschäftsausstattung in Höhe von TDM 100.

S	Grundst./Gebäude	H
AB	5.000	400
	1.000	

S	Maschinen	H
AB	1.200	100
	600	

S	BGA		H
AB	290		40
	130		

S	Finanzanlagen		H
AB	3.600		400
	500		

S	RHB-Bestände		H
AB	700		7.800
	7.500		

S	Forderungen L.L.		H
AB	1.200		12.200
	12.400		

S	Sonst.Ford.		H
AB	600		1.100
	1.000		

S	Bank		H
AB	2.500		14.500
	14.000		

S	Kasse		H
AB	70		4.800
	5.200		

S	Fert./Unf.Erz.		H
AB	1.100		

S	Eigenkapital		H
		AB	5.160

S	Rückstellungen		H
	1.800	AB	6.500
			2.200

S	Darlehen		H
	800	AB	2.800
			400

S	Verbindl.L.L.		H
	8.000	AB	1.100
			7.700

S	Sonst.Verbindl.		H
	2.200	AB	700
			2.100

Bei den Erfolgskonten haben sich folgende Buchungen ergeben:

Umsatzerlöse	TDM	12.200
(bei Erlösschmälerungen von)	TDM	40
Sonst.betriebl.Erträge	TDM	420
Materialaufwand	TDM	7.400
Personalaufwand	TDM	3.000
Sonst.betriebl.Aufwendungen	TDM	620
Zinserträge	TDM	120
Zinsaufwendungen	TDM	230

Außerdem wurden auf dem Privatkonto Entnahmen von TDM 120 und Einlagen von TDM 60 gebucht.

7.3 Der Abschluss bei EDV-Buchführung

Der Jahresabschluß wird aus den Kontenständen entwickelt, die am Abschlußstichtag gegeben sind. Programmtechnisch handelt es sich dabei lediglich um Zusammenführungen der einzelnen Konten zu den Positionen der Bilanz bzw. der Gewinn- und Verlustrechnung. Die inhaltlichen Arbeiten, d.h. das korrekte Buchen sowohl der einzelnen Geschäftsvorfälle wie auch der vorbereitenden Abschlußbuchungen müssen abgeschlossen sein.

Der Anwender eines Finanzbuchführungsprogrammes muß jedoch einige Vorbereitungsarbeiten durchführen, um die spätere Routinerechnung des Programms auf die eigenen Abschlußstrukturen zu orientieren. Dies betrifft im Kern die **Charakterisierung** der einzelnen Konten **als Bestands- bzw. Erfolgskonten**, um die Zuweisung der Kontenstände zur Bilanz bzw. GuV-Rechnung zu steuern, sowie die Festlegung des formalen Aufbaus dieser beiden Rechenwerke.

In den folgenden Abschnitten werden diese Vorbereitungsarbeiten anhand des Beispielsprogramms erläutert und die einzelnen Verarbeitungsschritte zur Erstellung des Jahresabschlusses aufgezeigt. Den Abschluß dieses Kapitels bildet die Darstellung des Jahreswechsels, d.h. die Umstellung der Buchführungsdaten auf das nächste Geschäftsjahr.

7.3.1 Die Strukturierung des Jahresabschlusses

Ein flexibel anwendbares Finanzbuchführungsprogramm ermöglicht es, den **Kontenrahmen** (vgl. Kap. 2.4) frei zu wählen. Im Beispielsprogramm geschieht dies bei der **Installation**, wobei der Kontenrahmen als ein wesentlicher Unternehmensparameter festgelegt wird.

Aus dem hier nicht gezeigten Installationsmenü wählt der Anwender die Funktion **"Wahl der Kontenklassen"**, worauf folgende Maske auf dem Bildschirm erscheint (s. nächste Seite):

Die Eintragungen in den einzelnen Feldern steuern die Zuweisung der Kontenstände zu Bilanz und Gewinn- und Verlustrechnung. In der hier gezeigten Maske ist der Gemeinschaftskontenrahmen der Industrie (GKR) realisiert: Die Klassen 0, 1, 3 und 7 sind Bestandskonten, die Klassen 2, 4 und 8 Erfolgskonten. Die Klassen 5 und 6 werden nicht benötigt, sie dienen im GKR der Kostenstellen- und Kostenträgerrechnung. Die Klasse 9 im GKR ist für die Abschlußkonten vorgesehen. Im Beispielsprogramm existiert in der Klasse 9

GFU / AUB	VORGABE KONTENKLASSEN								
KONTENKLASSEN:	0	1	2	3	4	5	6	7	8
BILANZ:	x	x		x				x	
GUV:			x		x				x
ERLÖSE:									x
KOSTENSTELLEN:					x				x

Abb. 48: Bildschirmmaske für die Festlegung der Kontenklassen

(neben Verrechnungskonten und dem Fehlersammelkonto) das wichtige Konto "Saldovortrag"[1], das die Funktion des Eröffnungsbilanz- und des Schlußbilanzkontos erfüllt. Vom Anwender wird dieses Konto direkt nur bei der Erfassung der Anfangsbestände bei erstmaliger Einrichtung der Konten bebucht. Die Abschlußbuchungen und die Eröffnungsbuchungen der Folgeperiode nimmt das Programm über das Saldovortragskonto automatisch vor. Bi-

1 Dieses Konto haben wir bereits kennengelernt, es dient als Gegenkonto bei der erstmaligen Einrichtung der Konten für die EDV-Buchführung und übernimmt dabei die Funktion des Eröffnungsbilanzkontos.

lanz und Gewinn- und Verlustrechnung werden jedoch nicht aus dem Saldovortragskonto, sondern als Listen aus der Zusammenführung der Einzelkonten entwickelt.

Die Eintragungen in der Maske bewirken, daß bei der automatischen Erstellung des Abschlusses alle Bestandskonten in der Bilanz und alle Erfolgskonten in der GuV-Rechnung zusammengeführt werden.[1]

Der formale Aufbau von Bilanz und GuV-Rechnung ist in seinen Grobstrukturen durch die Wahl des Kontenrahmens festgelegt. Die Details werden auf andere Weise gesteuert:

Hierfür benötigen wir eine Teilfunktion der **STAMMDATENVERWALTUNG.** Neben dem Informations-, dem Konten-, Kunden- und Artikelstamm haben wir in einem früheren Kapitel bereits den **Textestamm** kennengelernt[2]. Die Maske für den Pflegedienst hat folgende Struktur:

PFLEGEDIENST - Z U S A T Z T E X T E		
Text-Präfix	(KO)	
Text-Nummer	(14)	(ESC=Ende)
(Forderungen aus Lieferungen und Leistungen)		
KO = Kontentexte; MT = Mahntexte; BT = Buchungstexte		
RK = Rechnungs-Kopftext; RF = Rechnungs-Fußtext		

Abb. 49: Bildschirmmaske Pflegedienst Textestamm

Um das Druckbild von Bilanz und GuV-Rechnung zu steuern, muß in das Feld "Textpräfix" ein "KO" für "Kontentexte" eingegeben werden. Im darunterliegenden Nummernfeld werden die Ziffern der ersten Stellen der Kontonummern eingegeben. Alle Konten, die mit diesen Ziffern beginnen, werden für den Abschluß zusammengefaßt und unter der festgelegten Bezeichnung ausgegeben.

---

1 Die Zuweisung von Kontenklassen zu "Kosten" bzw. "Erlösen" bleibt an dieser Stelle außer Betracht. Diese Zuweisungen steuern die Anbindung der Kosten- und Leistungsrechnung.

2 Vgl. Kap. 5.1, Mahntexte in der Debitorenbuchführung, oder Kap. 6.2, Rechnungskopf- und -fußtexte

Beispiel:

Der Kontenplan des Unternehmens enthält u.a. folgende Konten mit ihren aktuellen Salden:

1.3000.0000 Rohstoffbestände	DM	4.260.000.-
1.3300.0000 Hilfsstoffbestände	DM	1.820.000.-
1.3400.0000 Betriebsstoffbestände	DM	520.000.-

Als Textnummer wird "13" festgelegt, als Textbezeichnung "Roh, Hilfs- und Betriebsstoffe". Unter dieser Bezeichnung wird in der Bilanz die Summe aller Konten ausgegeben, die an den ersten beiden Stellen (unter Einbeziehung des Unternehmenskennzeichens - hier "1") die Ziffern "13" besitzen. In der Bilanz ergibt sich somit:

Roh-, Hilfs- und Betriebsstoffe	DM	6.600.000.-

Analog ist die Zuweisung zur Gewinn- und Verlustrechnung vorzunehmen.

Übungsaufgabe 18:

Beim Personalaufwand sind folgende Konten mit ihren Abschlußsalden gegeben:

1.4310.0000 Fertigungslöhne	DM	960.000.-
1.4320.0000 Hilfslöhne	DM	353.000.-
1.4390.0000 Gehälter	DM	570.000.-
1.4410.0000 Ges. Sozialleist.Lohnempfänger	DM	475.000.-
1.4450.0000 Freiw. Sozialleist.	DM	240.000.-
1.4460.0000 Altersversorgung	DM	350.000.-
1.4490.0000 Ges. Sozialleist.Angestellte	DM	232.000.-

Stellen Sie aus diesen Angaben die Textnummern und -bezeichnungen für die Gewinn- und Verlustrechnung zusammen.

7.3.2 Einzelne Verarbeitungsschritte

Wird im Beispielsprogramm der Jahresabschluß erstellt, ruft der Anwender aus dem Hauptmenü die Funktion **AUSWERTUNGEN** auf. Hier stehen verschiedene Auswertungsmöglichkeiten der einzelnen Stammdateien zur Verfügung. Für den Abschluß sind die Auswertungen des **Kontenstammes** von Bedeutung. Das Programm bietet verschiedene Möglichkeiten (s. nächste Seite):

Die ersten beiden Funktionen dienen der Betrachtung der **einzelnen** Konten mit ihren Soll- und Haben-Umsätzen, wobei die Funktion 2 nach einer Festlegung entsprechender Kontentexte im Textestamm (vgl. die obigen Ausführungen) Verdichtungsmöglichkeiten bietet.

Bevor über die Funktionen 3 und 4 die Rechenwerke des Jahresabschlusses erstellt werden, wird der Anwender allerdings über die Funktion 5 eine Hauptabschlußübersicht erstellen. Sie entspricht im Beispielsprogramm allerdings lediglich der zusammengefaßten Summen- und Saldenbilanz, wie sie oben erläutert wurde (vgl. S. 170). Die in einer klassischen Hauptabschlußübersicht vorhandenen Spalten "Umbuchungen", "Bilanz" und "Gewinn- und Verlustrechnung" fehlen hier; es werden alle Konten mit ihren Nummern, Bezeichnungen, Anfangsbeständen, aggregierten Soll- und Habenbuchungen sowie den Endbeständen ausgegeben.

GFU / AUB	- AUSWERTUNG KONTENSTAMM
	0 = KONTENPLAN
	1 = SALDENLISTE
	2 = VERDICHTETE SALDENLISTE
	3 = ROHBILANZ
	4 = GEWINN- UND VERLUSTRECHNUNG
	5 = HAUPTABSCHLUSSÜBERSICHT
	ESC = Ende
	(0) BITTE FUNKTION EINGEBEN
Copyright GFU Software-Service, 5000 Köln / ALBRECHT UB, 3006 Burgwedel 1	

Abb. 50: Auswahlmaske Auswertungen Kontenstamm

HAUPTABSCHLUSSÜBERSICHT					
KTO-NR.	BEZEICHN.	ANFANGS-SALDO	UMSATZ SOLL	UMSATZ HABEN	END-SALDO
0200	Maschinen	500.000	200.000	50.000	650.000
0300	BGA	150.000	30.000	15.000	165.000
...					
...					
4310	Fertigungslöhne	0	450.000		450.000
...					
...					
8499	Diverse Erlöse			86.200	-86.200
	Summen				

Abb. 51: Ausschnitt aus einer Hauptabschlußübersicht des Beispielsprogramms

Die Hauptabschlußübersicht kann ebenso wie Bilanz und Gewinn- und Verlustrechnung zu jedem beliebigen Zeitpunkt erstellt werden. Im praktischen Umgang mit dem Programm wird der Anwender sie zunächst vor den vorbereitenden Abschlußbuchungen erstellen, dann diese Buchungen vornehmen und anschließend zur Kontrolle einen weiteren Probeabschluß durchführen.

Die Abbildungen auf der nächsten Seite zeigen - verkürzte - Druckbilder von Bilanz und Gewinn- und Verlustrechnung.

In beiden Rechenwerken wird der Gewinn bzw. Verlust als Differenz zwischen Aktiva und Passiva bzw. Erträgen und Aufwendungen in einer eigenen Zeile ausgegeben.

Die Bilanz trägt hier die Bezeichnung "Rohbilanz", da das Programm als Standardprogramm nicht auf eine bestimmte Rechtsform (Personen- oder Kapitalgesellschaft) zugeschnitten sein kann.[1] Der Ausweis des Jahresergebnisses wie auch die Gewinnverwendung ist allerdings rechtsformabhängig; je nachdem, welche Rechtsform das Unternehmen besitzt, werden unterschiedliche weitere Buchungen noch im alten oder erst im neuen Geschäftsjahr erforderlich.

1 Zudem zeigt es die Bilanz nicht in der üblichen Form eines Kontos mit Aktiva auf der linken und Passiva auf der rechten Seite.

JAHRES- R O H B I L A N Z			
KTO-NR.	**BEZEICHN.**	**AKTIVA**	**PASSIVA**
...			
02	Maschinen	650.000	
03	BGA	165.000	
...			
07	Eigenkapital		1.200.000
...			
18	Sonst.Verbindl.		520.000
	Gewinn		yyy
	Summen	xxx	xxx

Abb. 52: Beispiel einer Bilanz (Ausschnitte)

GEWINN- UND VERLUSTRECHNUNG			
KTO-NR.	**BEZEICHN.**	**AUFWAND**	**ERTRAG**
...			
43	Löhne u. Gehälter	845.000	
44	Sozialleistungen	165.000	
...			
47	Verwaltungs- und Vertriebskosten	220.000	
...			
81	Umsatz Region Nord		720.000
82	Umsatz Region West		310.000
83	Umsatz Region Süd		440.000
	Gewinn	yyy	

Abb. 53: Beispiel einer Gewinn- und Verlustrechnung

7.3.3 Der Jahreswechsel

Die Erstellung des Jahresabschlusses erfolgt in diesem Programm nur durch Zusammenstellen von Listen , wobei auf die aktuellen Kontenstände aus dem Kontenstammsatz zugegriffen wird. Es wird nicht auf Abschlußkonten im oben behandelten Sinn gebucht. Das im theoretischen Teil gezeigte Schlußbilanzkonto existiert somit ebensowenig wie ein Gewinn- und Verlust-Konto.

Stattdessen werden die entscheidenden Buchungen über das Saldovortragskonto abgewickelt. Auf dieses Konto werden beim Jahreswechsel **alle** Kontensalden automatisch gebucht. Die Kontensalden stehen damit auf Null. Im nächsten Jahr werden durch einen ersten Tagesbuchungslauf die **Salden sämtlicher Bestandskonten** - **nicht** der Erfolgskonten - als neuer Anfangsstand auf diese Konten übernommen. Die Kontensalden der **Erfolgskonten** stehen bis zur Buchung neuer erfolgswirksamer Geschäftsvorfälle auf Null. Auf dem Saldovortragskonto verbleibt die Differenz aus den alten Salden der Erfolgskonten, also Gewinn oder Verlust als Saldo aus allen Ertrags- und Aufwandskonten.

Die Abwicklung der **Gewinnverwendungsbuchungen** auf Basis der Daten des Rohabschlusses wird im nächsten Kapitel dargestellt.

7.3.4 Standardlistings von Finanzbuchführungsprogrammen

Die auf dem Markt befindlichen Standardprogramme bieten in unterschiedlicher Ausprägung Möglichkeiten zu Auswertungen des Datenmaterials der Buchführung. Dabei kann man folgende grundsätzliche Unterscheidung treffen[1]:

7.3.4.1 Periodische Auswertungen

Hierzu zählen das **Journal** oder Grundbuch, das den Buchungsstoff in regelmäßigen Abständen in chronologisch geordneter Reihenfolge auflistet. Die **Kontenschreibung** hat die Funktion des Hauptbuches, hier werden die nach sachlichen Kriterien geordneten Geschäftsvorfälle dokumentiert.

Die Erstellung von **Summen- und Saldenlisten** hat abschlußvorbereitende Funktion, die Zusammenführung der Kontenstände zu **Bilanz** und **Gewinn- und Verlustrechnung** dient unmittelbar der Jahresabschlußerstellung.

---

1 Vgl. Horvath, P./Petsch, M./Weihe, M., Standardanwendungssoftware für die Finanzbuchhaltung und die Kosten- und Leistungsrechnung, 2.Aufl., München 1986

7.3.4.2 Betriebswirtschaftliche Auswertungen

Sie ermöglichen es, für Zwecke der Unternehmensführung das vorhandene Datenmaterial "intelligent zu schütteln". Das bedeutet, daß betriebswirtschaftliche Analyseinstrumente zur Anwendung kommen, die es dem Unternehmen ermöglichen, zusätzliche Erkenntnisse über die ökonomische Situation zu gewinnen. Hierunter fallen Auswertungen wie

- Liquiditätsübersichten und Finanzpläne
- Kapitalverwendungsrechnungen (Bewegungsbilanzen)
- Kennzahlen zur Vermögens-, Finanz- und Ertragslage
- die kurzfristige Erfolgsrechnung
- Periodenvergleiche

u.a.m.

Die Qualität solcher betriebswirtschaftlicher Auswertungen (BWA) ist inhaltlich wie formal bei den einzelnen Softwareprodukten sehr unterschiedlich:

Inhaltlich zeigt sich ein großes Gefälle hinsichtlich der programmierten Auswertungsmöglichkeiten. Manche Produkte bieten, wenn überhaupt, nur einfachste Kennzahlen, die lediglich auf Zusammenfassungen verschiedener Abschlußpositionen hinauslaufen (z.B.: Summe Anlagevermögen, Summe Fremdkapital); andere Produkte beinhalten komfortable Auswertungsmöglichkeiten wie etwa die Cash-Flow-Ermittlung und daraus abgeleitete weitere Kennzahlen.

Formal lassen sich die Unterschiede in der Qualität vor allem am Standardisierungsgrad der Auswertungen belegen. Er reicht von einer Festprogrammierung, die dem Anwender keine Auswertungsalternativen zur vorgefertigten Lösung bietet, über individuelle Änderungsmöglichkeiten einer Standardlösung bis hin zu Listengeneratoren, die dem Anwender weitgehend freie Hand für die Gestaltung der Auswertung lassen.

Das Beispielsprogramm bietet eine weitere Variante an: Außer den o.g. periodischen Auswertungen sind standardmäßig keinerlei betriebswirtschaftliche Auswertungsmöglichkeiten programmiert. Stattdessen können aus dem Datenmaterial der Stammdaten Übergabedateien erstellt werden, die die weitere Verarbeitung für Auswertungszwecke im Rahmen von **Tabellenkalkulationsprogrammen**[1] ermöglichen. Hier kann der Anwender entweder selbst hochflexible Auswertungsstrukturen entwerfen oder vorgefertigte Modelle als sog. Templates nutzen. Die weitreichenden Möglichkeiten dieser PC-spezifischen Software werden in Zukunft für die Analyse des Buchführungsstoffes an Bedeutung gewinnen. Sie finden zunehmend auch bei Großrechnern Anwendung, indem über Selektionsläufe aus dem umfangreichen Datenmaterial des

1 Vgl. Kap. 1.3.2

Großrechners bestimmte Daten für spezielle Auswertungen abgerufen und auf dem PC analysiert werden.

Die nachfolgende Übersicht stellt die Möglichkeiten betriebswirtschaftlicher Auswertungen zum Abschluß gerafft dar.

Varianten betriebswirtschaftlicher Auswertungen	
(Teil-)Standardisiert	Frei gestaltbar
Fest programmierte Auswertungsstrukturen Vom Anwender veränderbare vorgegebene Auswertungs-strukturen	Im Programm enthaltene Listgeneratoren Übergabe in Tabellen-kalkulationsprogramme bzw. Integrierte Software

Abb. 54: Varianten betriebswirtschaftlicher Auswertungen mit EDV

8

DIE GEWINNVERBUCHUNG BEI UNTERSCHIEDLICHEN RECHTSFORMEN

Während bei den bisher behandelten Buchungen im allgemeinen nicht zwischen den verschiedenen Rechtsformen zu unterscheiden war, ergeben sich notwendige Differenzierungen bei der Gewinnverbuchung. Denn die Bilanzposition "Eigenkapital", die durch Gewinne bzw. Verluste verändert wird, erfährt in Abhängigkeit von der Rechtsform eine unterschiedliche Ausgestaltung, die buchungsmäßige Konsequenzen nach sich zieht. Neben weiteren Unterschieden in den Ausprägungen der Eigenkapitalposition kommt es wesentlich darauf an, ob das Eigenkapital eine voll variable Größe darstellt, die als Ganze durch Gewinne oder Verluste verändert wird, oder ob einzelne Bestandteile des Eigenkapitals konstant gehalten werden. Um dies näher zu erläutern, werden der buchmäßigen Abwicklung der Gewinnverbuchung kurz die hier wichtigsten Charakteristika relevanter Rechtsformen vorangestellt.

8.1 Die Gewinnverbuchung bei der Einzelunternehmung

Bei der Einzelunternehmung gibt es **eine** nicht weiter differenzierte Bilanzposition "Eigenkapital". Ihr Wert repräsentiert das in die Firma eingebrachte Kapital des Unternehmers. Für Schulden des Unternehmens haftet der Eigentümer mit seinem vollen Privatvermögen. Im allgemeinen führt er selbst die Geschäfte. Gewinne bzw. Verluste verändern in ihrer Höhe die Position "Eigenkapital" unmittelbar.[1]

Die Gewinnverbuchung entspricht voll der Darstellung in Kap. 1.

Beispiel:

Aus der Gewinn- und Verlustrechnung wurden DM 150.000.- als Jahresüberschuß von ermittelt. Es wird gebucht:

GuV
an   Eigenkapital   DM 150.000.-

---

1 Das Eigenkapital wird bei der Einzelunternehmung und bei den Vollhaftern von Personengesellschaften ferner durch Privatentnahmen und Privateinlagen verändert - vgl. Kap. 1. Da dies nicht den Unternehmenserfolg und seine buchmäßige Behandlung berührt, wird darauf nicht noch einmal eingegangen.

8.2 Die Gewinnverbuchung bei der Offenen Handelsgesellschaft (OHG)

Die OHG - vgl. §§ 105 ff.HGB - hat mehrere, mindestens zwei, Gesellschafter, die alle mit ihrem vollen Privatvermögen für mögliche Schulden des Unternehmens haften. Sofern im Gesellschaftsvertrag nichts Abweichendes vereinbart wurde, sind alle Gesellschafter leitungsbefugt. Für **jeden** Gesellschafter wird ein **eigenes Eigenkapitalkonto** geführt. Gewinne bzw. Verluste verändern - entsprechend der gesetzlichen oder im Gesellschaftsvertrag festgelegten Ergebnisverteilung - direkt die Höhe der einzelnen Eigenkapitalpositionen.

Für das nachfolgende Beispiel gehen wir von der gesetzlich vorgesehenen Gewinnverteilung nach § 121 HGB aus. Er besagt, daß der Kapitalanteil jedes Gesellschafters mit 4 % zu verzinsen ist (ggf. niedriger, wenn ein Gewinn hierfür nicht ausreicht) und daß ein weiterer Gewinn bzw. ein Verlust nach Köpfen zu verteilen ist. Nach einer weiteren Vorschrift des HGB (§ 121 Abs. 2) müßten die über das Jahr verteilten Privateinlagen und Privatentnahmen auf zeitentsprechende Zinsen umgerechnet und bei der Gewinnverteilung berücksichtigt werden. Wir sehen von dieser dokumentations- und rechenaufwendigen Vorschrift ab, zumal auch in der Praxis in vielen Gesellschaftsverträgen auf eine Umsetzung verzichtet wird.

Beispiel:

Eine OHG hat drei Gesellschafter A, B und C. Ihre Kapitalanteile zu Periodenbeginn werden in folgender Höhe auf unterschiedlichen Eigenkapitalkonten geführt:

Gesellschafter A:	DM 800.000.-
Gesellschafter B:	DM 400.000.-
Gesellschafter C:	DM 600.000.-

Die Gewinn- und Verlustrechnung zeigt einen Jahresüberschuß in Höhe von DM 360.000.-. Davon sind zunächst 4 % auf die Eigenkapitalanteile zu berechnen und zu verteilen, insgesamt DM 72.000.-. Der restliche Gewinn von DM 288.000.- verteilt sich nach Köpfen.

Üblicherweise wird die Verteilung nach folgender Gewinnverteilungstabelle vorgenommen, die auch eine Spalte für die Kapitalveränderungen durch Privateinlagen bzw. Privatentnahmen enthält. Gesellschafter A hat DM 20.000.- privat entnommen, B hat DM 10.000.- eingebracht:

Gesellschafter	Kapital 1.1.	4% Zinsen	Kopfanteil	Gewinnanteil gesamt	Privatentnahmen/-einlagen	Kapitalveränderung	Kapital 31.12.
A	800	32	96	128	-20	108	908
B	400	16	96	112	10	122	522
C	600	24	96	120	0	120	720

Abb. 55: Gewinnverteilungstabelle bei der OHG (Werte in TDM)

Die Buchungssätze bezüglich der Eigenkapitalveränderungen aus diesem Beispiel beziehen sich auf die Werte der Spalten "Gewinnanteil gesamt" sowie "Privateinlagen/-entnahmen". Sie lauten:

(1)
GuV
an Eigenkapital A DM 128.000.-
Eigenkapital B DM 112.000.-
Eigenkapital C DM 120.000.-

(2)
Eigenkapital A
an Privat A DM 20.000.-

Privat B
an Eigenkapital B DM 10.000.-

Übungsaufgabe 19
(Lösung im Anhang)

Ermitteln Sie die Gewinnverteilung für nachstehende OHG und bilden Sie die Buchungssätze.

An der Frauenbuch Wittmann & Co OHG sind vier Gesellschafterinnen beteiligt: Stellmer mit DM 30.000.-, Gleich mit DM 15.000.-, Pauer mit DM 40.000.- und Lange mit DM 20.000.-. Der Jahresüberschuß des Geschäftsjahres 01 beträgt DM 100.000.-. Die Privatentnahmen der Gesellschafterinnen belief en sich im Geschäftsjahr auf DM 25.000.- / DM 10.000.- / DM 30.000.- und DM 10.000.- (in obiger Reihenfolge); Gleich hat im März des Geschäftsjahres ihren vorher privaten PKW im Wert von DM 5.000.- in die OHG eingebracht. Es gilt die gesetzliche Gewinnverteilung gem. § 121 HGB, wobei die Anwendung von Abs. 2 durch den Gesellschaftsvertrag ausgeschlossen wurde.

8.3 Die Gewinnverbuchung bei der Kommanditgesellschaft (KG)

Bei der Kommanditgesellschaft - vgl. §§ 161 ff. HGB - werden zwei Gruppen von Gesellschaftern unterschieden: Die **Komplementäre** haften wie die Gesellschafter einer OHG mit ihrem vollen Privatvermögen, die **Kommanditisten** nur bis zur Höhe ihrer Einlage. Nur die Vollhafter besitzen Leitungsbefugnis. Für alle Gesellschafter werden eigene Eigenkapitalkonten geführt. Allerdings gelten nur die Eigenkapitalkonten der Komplementäre als voll variabel, sie verändern sich durch die gesetzliche oder vertragliche Ergebnisverteilung direkt. Die Eigenkapitalkonten der Kommanditisten bleiben, nachdem der Kapitalanteil voll eingezahlt ist, im Gewinnfall konstant. Gewinnanteile werden auf einem Konto "Gewinngutschrift" erfaßt. Nur ein zu verteilender Verlust wirkt sich mindernd auf die Höhe des Eigenkapitalanteils aus.

Gem. § 168 HGB sind die Kapitalanteile der Gesellschafter wie bei der OHG mit 4 % zu verzinsen. Die Verteilung eines möglichen weiteren Gewinns und eines Verlustes bestimmt sich nach einem "angemessenen Verhältnis" der Kapitalanteile. Hier können sowohl die Geschäftsführungstätigkeiten von Komplementären wie auch das unterschiedliche Haftungsrisiko berücksichtigt werden.

Die Berechnung der Gewinnverteilung erfolgt analog zur OHG mittels einer Tabelle.

Beispiel:

Es gelten die Ausgangszahlen des OHG-Beispiels:

Jahresüberschuß DM 360.000.- bei gleichen Kapitalanteilen. Gesellschafter A ist der Komplementär, B und C sind Kommanditisten.

Für die Gewinnverteilung ist festgelegt, daß A für seine Leitungstätigkeit DM 30.000.- vorab erhält; die Kapitalanteile sind mit 4 % zu verzinsen, der Restgewinn soll in einem Verhältnis von 60:10:30 aufgeteilt werden. Privatentnahmen und -einlagen sind in diesem Beispiel nicht zu berücksichtigen.

Gesell-schafter	Kapital 1.1.	Leitungs-vergü-tung	Ver-zin-sung	Rest-gewinn-anteil	Gewinn-anteil gesamt	Kapital-verän-derung	Kapital-31.12.
A	800	30	32	154,8	216,8	216,8	1.016,8
B	400	0	16	25,8	41,8	0	400
C	600	0	24	77,4	101,4	0	600

Abb. 56: Gewinnverteilungstabelle bei der KG (Werte in TDM)

Die Gewinnverbuchung für die Komplementäre geschieht ebenfalls wie bei der OHG durch Umbuchung des Gewinnanteils vom GuV-Konto auf das als variabel zu verstehende Eigenkapitalkonto.

GuV
an Eigenkapital A DM 216.800.-

Der Kapitalanteil der Kommanditisten ist im Gesellschaftsvertrag festgelegt. Ihre Eigenkapitalkonten bleiben konstant, ein Gewinn erhöht nicht ihren Kapitalanteil.[1] Der Gewinnanteil wird gem. § 167 Abs. 2 HGB einem Gewinnanteilskonto gutgeschrieben bzw. sofort ausbezahlt.

GuV DM 143.200.-
an Gewinnanteil B DM 41.800.-
Gewinnanteil C DM 101.400.-

Die Gewinnanteilskonten werden für den Jahresabschluß auf das Konto "Sonstige Verbindlichkeiten" abgeschlossen.

Hat allerdings die KG in früheren Jahren mit einem Verlust abgeschlossen, dann hat sich die Einlage auch der Kommanditisten verringert. In diesem Fall ist es den Kommanditisten gem. § 169 HGB untersagt, Gewinne zu entnehmen, bevor die Einlage wieder aufgefüllt ist. Die Gewinnverbuchung würde dann zugunsten der Eigenkapitalkonten der Kommanditisten erfolgen.

1 Von dem Fall, das der Eigenkapitalanteil noch nicht voll eingezahlt ist, sei hier abgesehen.

8.4 Die Gewinnverbuchung bei Kapitalgesellschaften

Die OHG und die KG sind **Personengesellschaften**. Eine weitere Kategorie von Rechtsformen bilden die **Kapitalgesellschaften**.

Die beiden wichtigsten Kapitalgesellschaften sind die Gesellschaft mit beschränkter Haftung (GmbH) und die Aktiengesellschaft (AG). Sie besitzen keine vollhaftenden Gesellschafter, und die Eigenschaft des Gesellschafters bewirkt nicht für sich eine Leitungsbefugnis. Die Leitung liegt in den Händen von angestellten Geschäftsführern (bei der GmbH) bzw. Vorständen (bei der AG).

Das **Eigenkapital** ist bei beiden Rechtsformen gem. § 266 Abs. 3 HGB in verschiedene Positionen **aufgeteilt**:

I.	Gezeichnetes Kapital
II.	Kapitalrücklage
III.	Gewinnrücklagen
	1. Gesetzliche Rücklage
	2. Rücklage für eigene Anteile
	3. Satzungsmäßige Rücklage
	4. Andere Gewinnrücklagen
IV.	Gewinnvortrag/Verlustvortrag
V.	Jahresüberschuß/Jahresfehlbetrag

Abb. 57: Die Eigenkapitalpositionen bei Kapitalgesellschaften

An die Stelle der Positionen IV und V kann gem. § 268 Abs. 1 HGB auch der Posten "Bilanzgewinn/Bilanzverlust" treten.

Die einzelnen Eigenkapitalbestandteile werden hier nur insoweit erläutert, wie es zum Verständnis der Gewinnverbuchung erforderlich ist. Bei den Einzelheiten sind im wesentlichen die Vorschriften für die Aktiengesellschaft der Darstellung zugrundegelegt.

Das **gezeichnete Kapital** ist das vertragsmäßig festgelegte Nominalkapital. Gemäß Gesellschaftsvertrag haben die Gesellschafter einer GmbH Anteile zu zeichnen, die in ihrer Summe als **Stammkapital** bezeichnet werden. In der Satzung einer AG ist das **Grundkapital** als Summe der Nominalwerte aller ausgegebenen Aktien festgelegt.

Eine **Kapitalrücklage** entsteht u.a. bei der Ausgabe neuer Aktien, wenn die neuen Aktionäre durch einen erhöhten Börsenkurs mehr einzahlen als den Nennwert der Aktien. Der Buchungssatz lautet, wenn Aktien im Wert von DM 2.000.000.- zu einem Kurs von 110 % ausgegeben werden:

Kasse (oder Bank)		DM	2.200.000.-
an	Gezeichnetes Kapital	DM	2.000.000.-
	Kapitalrücklage	DM	200.000.-

Gewinnrücklagen sind Gewinnbestandteile, die durch gesetzliche oder satzungsmäßige Vorschriften, durch Beschluß des Vorstandes oder der Hauptversammlung nicht an die Aktionäre ausgeschüttet werden.

Bei der Aktiengesellschaft **müssen** bis zu bestimmten Obergrenzen Teile des Jahresüberschusses in die **gesetzliche Rücklage** eingestellt werden (vgl. § 150 AktG). Die Satzung kann Einstellungen von Gewinnanteilen in die **satzungsmäßige Rücklage** fordern.

Bei der AG sind nach den §§ 172 und 173 AktG zwei Möglichkeiten für die Feststellung des Jahresabschlusses gegeben. Zum einen können Vorstand und Aufsichtsrat die Feststellung beschließen, zum anderen können sie den Feststellungsbeschluß der Hauptversammlung überlassen. Im ersten Fall hat das zur Folge, daß nach § 58 Abs. 2 AktG in Verbindung mit § 268 Abs. 1 HGB ein Teil des Jahresüberschusses schon **vor** der Aufstellung des Jahresabschlusses verwendet werden kann: Über die Verwendung des Jahresüberschusses können bis zu 50 % der Vorstand und der Aufsichtsrat der AG entscheiden, über den restlichen Jahresüberschuß muß die Hauptversammlung der Aktionäre befinden.

Entscheidet allein die Hauptversammlung über die Verwendung des Jahresüberschusses, sind die später behandelten Buchungen über die Verwendung des Bilanzgewinns zu tätigen.

Einen weiteren Eigenkapitalbestandteil stellt ein möglicher **Gewinnvortrag** (bzw. **Verlustvortrag**) dar. Beim Gewinnvortrag handelt es sich um nicht ausgeschüttete und nicht den Rücklagen zugewiesene Gewinnanteile der Vorperiode(n), er besitzt aber den Charakter von Rücklagen. Ein Verlustvortrag ergibt sich aus einem Verlust von Vorperiode(n), der nicht durch Inanspruchnahme einer Rücklagenminderung ausgeglichen wurde.

Der **Jahresüberschuß** bzw. **Jahresfehlbetrag** als letzter Bestandteil des Eigenkapitals stellt den Saldo des Gewinn- und Verlust-Kontos als Differenz von Erträgen und Aufwendungen dar.

Für die Gewinnverwendung bei Aktiengesellschaften kann folgendes Schema Anwendung finden:

	Jahresüberschuß/Jahresfehlbetrag
+/-	Gewinn- bzw. Verlustvortrag aus dem Vorjahr
+	Entnahmen aus der Kapitalrücklage
+	Entnahmen aus Gewinnrücklagen
-	Einstellungen in Gewinnrücklagen
=	Bilanzgewinn/Bilanzverlust
-	auszuschüttender Betrag
=	Gewinnvortrag/Verlustvortrag

Ausgehend vom Jahresüberschuß entsteht nach Berücksichtigung eines Gewinn- oder Verlustvortrages aus dem Vorjahr und der Veränderung von Rücklagen der sog. **Bilanzgewinn** bzw. **Bilanzverlust**. Es handelt sich hier um einen rein auf den Jahresabschluß orientierten Gewinnbegriff. Der betriebswirtschaftliche Gewinn wird durch den Jahresüberschuß repräsentiert. Der Bilanzgewinn repräsentiert **die Gewinnanteile**, über die **nach** Vollzug der Beschlüsse von Vorstand und Aufsichtsrat über die teilweise Gewinnverwendung die Hauptversammlung beschließt. Der Bilanzgewinn stellt damit den **ausschüttungsfähigen Gewinn** dar, denn die Hauptversammlung kann beschliessen, ihn voll als Dividende an die Aktionäre auszuschütten. Sie kann aber u.a. auch eine weitere Zuweisung zu Gewinnrücklagen beschließen, wenn die ökonomische Lage des Unternehmens dies als angemessen erscheinen läßt.

Im einzelnen sind bei der Gewinnverwendung[1] folgende Buchungen vorzunehmen, wobei ein Bilanzergebniskonto einzurichten ist:

(1) Übernahme des Jahresüberschusses:

GuV
an Bilanzergebnis

(2) Übernahme des Gewinnvortrags aus dem Vorjahr:

Gewinnvortrag
an Bilanzergebnis

1 Zur Vereinfachung der Darstellung wird nur vom Fall eines Gewinnes ausgegangen. Im Verlustfall sind außer der Vornahme analoger, umgekehrter Buchungen zahlreiche Sondervorschriften des Aktiengesetzes zu berücksichtigen, auf die hier nicht eingegangen werden soll.

(3) Buchungen der gesetzlichen und satzungsmäßigen Rücklagen:

Bilanzergebnis
an gesetzliche Rücklage

Bilanzergebnis
an satzungsmäßige Rücklage

(4) Wird durch Vorstand und Aufsichtsrat entschieden, die Hälfte des Jahresüberschusses im Unternehmen zu belassen, ist zu buchen:

Bilanzergebnis
an andere Gewinnrücklagen

(5) Der daraus entstehende Saldo des Bilanzergebniskontos stellt den Bilanzgewinn dar. Das Konto wird wie folgt abgeschlossen:

Bilanzergebnis
an Schlußbilanzkonto

Im Kontenbild hat das Bilanzergebniskonto im Gewinnfall somit folgendes Aussehen:

S Bilanzergebnis	H
(3) Einstellung in gesetzl. Rückl.	(1) Jahresüberschuß
(3) Einstellung in satzungsm. Rückl.	(2) Gewinnvortrag
(4) Einstellung in andere Rückl.	
Saldo (= Bilanzgewinn)	

Wird über die Gewinnverwendung nicht von Vorstand und Aufsichtsrat, sondern von der Hauptversammlung in vollem Umfang entschieden, entfällt die Buchung (4).

In der Eröffnungsbilanz des Folgejahres wird der Bilanzgewinn auf ein Konto "Gewinnverwendung" gebucht, auf dem zur Umsetzung der Beschlüsse die weiteren Buchungen vorgenommen werden. Hierunter fallen dann auch gewinnabhängige Bezüge von Vorstand und Aufsichtsrat (Tantiemen u.ä.).

8.5 Die Abwicklung im Beispielsprogramm

Die Gewinnverwendung ist auch bei der EDV-Unterstützung wiederum Gegenstand von Buchungen. Dabei ergibt sich eine unterschiedliche Durchführung je nach Rechtsform der Unternehmung:

(1) Bei **Einzelunternehmungen** und **Personengesellschaften**:

Hier wird die Ergebnisbuchung noch im alten Jahr durchgeführt. Das Ergebnis bzw. die Ergebnisanteile der Gesellschafter werden auf den Eigenkapitalkonten bei Gegenbuchung auf dem Saldovortragskonto gebucht.

Beispiel:

Bei einer OHG ist ein Gewinn von DM 360.000.- entstanden, der aus der Gewinn- und Verlustrechnung des Rohabschlusses ersichtlich ist. Die OHG hat drei Gesellschafter A. B und C. Aus den Regelungen des Gesellschaftsvertrages ergibt sich folgende Gewinnverteilung:

Gesellschafter A:	DM 140.000.-
Gesellschafter B:	DM 100.000.-
Gesellschafter C:	DM 120.000.-

Für jeden Gesellschafter ist ein Eigenkapitalkonto eingerichtet:

Gesellschafter A:	1.0701.0000
Gesellschafter B:	1.0702.0000
Gesellschafter C:	1.0703.0000

Das Saldovortragskonto hat die Nummer 1.9001.0000.

Noch vor dem Jahreswechsel, den das Programm in Stapelverarbeitung durchführt, wird mit dem Buchungstext "Gewinnverteilung" gebucht:

1.9001.0000		DM	360.000.-
an	1.0701.0000	DM	140.000.-
	1.0702.0000	DM	100.000.-
	1.0703.0000	DM	120.000.-

Dies bewirkt somit eine Buchung im Soll des Saldovortragskontos in Höhe von DM 360.000.-. Beim Jahreswechsel werden die Salden der Erfolgskonten, also der Ertrags- und Aufwandskonten, ebenfalls auf das Saldovortragskonto gebucht. Im Beispiel bewirkt dies in Summe einen Überschuß der Habenbuchungen über die Sollbuchungen von DM 360.000.-. Das Saldovortragskonto ist damit nach dem Jahreswechsel ausgeglichen.

(2) Bei **Kapitalgesellschaften**:

Hier wird die Buchung der Ergebnisverwendung häufig erst im neuen Jahr durchgeführt. Der Jahreswechsel bewirkt, daß auf dem Saldovortragskonto der Gewinn bzw. Verlust als Saldo bestehen bleibt, nachdem im ersten Tagesbuchungslauf des neuen Jahres alle Bestandskonten mit ihren Anfangssalden bebucht wurden. Um die Ausführungen aus Kap. 7 hier nicht unnötig zu wiederholen, soll die erste Ergebnisverwendungsbuchung stark vereinfacht dargestellt werden:

Es wird ein Konto "Ergebnisverwendung" mit der Nummer 1.9860.0000 eingerichtet. Die Buchung lautet dann, einen Gewinn von DM 900.000.- unterstellt:

Saldovortragskonto
an Ergebnisverwendung DM 900.000.-

bzw.

1.9001.0000
an 1.9860.0000 DM 900.000.-

Alle weiteren Buchungen auf die Rücklagenkonten bzw. für die Abwicklung der Ausschüttung an die Gesellschafter werden dann zu Lasten des Ergebnisverwendungskontos getätigt.

9

ANHANG

Lösungen zu den Übungsaufgaben

Kontenrahmen

Lösung zu Aufgabe 1
(Bilanzerstellung):

AKTIVA (TDM)		BILANZ	PASSIVA (TDM)
A: ANLAGEVERMÖGEN		**A: EIGENKAPITAL**	7.600
1.Immaterielle Vermögens-gegenstände	0		
2.Sachanlagen			
a) Grundstücke und Gebäude	5.600	**B: RÜCKSTELLUNGEN**	6.600
b) Maschinen	1.000		
c) Betriebs- und Geschäftsausstattung	500		
3. Finanzanlagen	3.800		
B: UMLAUFVERMÖGEN		**C: VERBINDLICHKEITEN**	
1. Vorräte		1. Mittel-und langfrist.Verbindl.	2.800
a) Roh-, Hilfs- u. Betriebsstoffe	6.600		
b) Unfertige Erzeugnisse	600		
c) Fertige Erzeugnisse	700		
2. Forderungen u. sonst. Vermögensgegenstände	5.300	2. Kurzfristige Bankverbindl.	6.400
3. Wertpapiere	0	3. Verb.aus Lief. und Leist.	2.700
4. Schecks, Kasse, Guthaben bei Kreditinstituten	2.000	4. Sonstige Verbindlichkeiten	0
Bilanzsumme	**26.100**	**Bilanzsumme**	**26.100**

Lösung zu Aufgabe 2 (Bilanzveränderungen):

Fall 1: Bilanzverlängerung (Zuwachs bei Aktiva und Passiva);
Fall 2: Passivtausch (Zuwachs bei einer, Abnahme bei einer anderen Passivposition);
Fall 3: Bilanzverkürzung (Abnahme bei Aktiva und Passiva);
Fall 4: Aktivtausch (Zuwachs bei einer, Abnahme bei einer anderen Aktivposition).

Die Bilanzsumme wächst um DM 15.000.- aufgrund der Fälle 1 (Zuwachs DM 20.000.-) und 3 (Abnahme DM 5.000.-). Die Fälle 2 und 4 lassen die Bilanzsumme unverändert.

Lösung zu Aufgabe 3 (Bildung von Buchungssätzen, Buchung auf T-Konten und Saldenermittlung):

(1) Buchungssätze:

a)	Beteiligungen			
	an	Bank	DM	100.000.-
b)		Bank		
	an	Forderungen	DM	22.800.-
c)	Kasse			
	an	Bank	DM	15.500.-
d)		Grundstücke	DM	800.000.-
	an	Bank	DM	160.000.-
		Darlehen	DM	640.000.-
e)	Lieferverbindlichkeiten			
	an	Kasse	DM	8.000.-
f)	Darlehen			
	an	Bank	DM	50.000.-

(2) Buchung auf T-Konten mit Saldenermittlung

S	Grundstücke/Gebäude		H
AB	200.000		
d)	800.000		
		S	1.000.000
	1.000.000		1.000.000

S	BGA		H
AB	120.000		
		S	120.000
	120.000		120.000

S	Beteiligungen		H
AB	0		
a)	100.000		
		S	100.000
	100.000		100.000

S	Warenbestände		H
AB	140.000		
		S	140.000
	140.000		140.000

S	Forderungen		H
AB	140.000		
		b)	22.800
		S	117.200
	140.000		140.000

S	Kasse		H
AB	15.000		
c)	15.500	e)	8.000
		S	22.500
	30.500		30.500

S	Bank		H
AB	310.000	a)	100.000
b)	22.800	c)	15.500
		d)	160.000
		f)	50.000
		S	7.300
	332.800		332.800

S	Eigenkapital		H
		AB	300.000
S	300.000		
	300.000		300.000

S	Rückstellungen		H
		AB	170.000
S	170.000		
	170.000		170.000

S	Darlehen		H
		AB	320.000
f)	50.000	d)	640.000
S	910.000		
	960.000		960.000

S	Lieferverbindl.		H
		AB	108.000
e)	8.000		
S	100.000		
	108.000		108.000

S	Sonst.Verbindl.		H
	AB	27.000	
S	27.000		
	27.000		27.000

Lösung zu Aufgabe 4 (Aufwands- und Ertragsbuchungen):

Versicherungen
an Postgiro DM 550.-

Bank
an Zinserträge DM 2.200.-

Mietaufwand
an Kasse DM 4.000.-

Kfz-Steuern
an Bank DM 780.-

Bank
an betriebl.periodenfremde Erträge DM 4.200.-

Gas, Strom, Wasser
an Bank DM 120.-

Lösung zu Aufgabe 5 (Warenkonten und Abschluß):

(1) Abschluß nach Nettomethode:

S	Wareneinkauf		H
a)	80.000	e)	3.200
d)	140.000	g) (EB)	75.000
		WE	141.800

S	Warenverkauf		H
c)	8.000	b)	16.000
		f)	166.000
WE	141.800		
GuV (WRG)	32.200		

S	Schlußbilanzkonto		H
Waren	75.000		

S	GuV-Konto		H
	WV	32.200	

(2) Abschluß nach Bruttomethode:

S	Wareneinkauf		H
a)	80.000	e)	3.200
d)	140.000	g)	75.000
		(EB)	
		GuV	141.800

S	Warenverkauf		H
c)	8.000	b)	16.000
		f)	166.000
GuV	174.000		

S	Schlußbilanzkonto		H
Waren	75.000		

S	GuV-Konto		H
WE	141.800	WV	174.000

Abkürzungen:
EB: Endbestand; WRG: Warenrohgewinn; WE: Wareneinsatz; WV: Warenverkauf

Lösung zu Aufgabe 6 (Verbuchung der Umsatzsteuer):

a)

Wareneinkauf		DM	50.000.-
Vorsteuer		DM	7.000.-
an	Lieferverbindlichkeiten	DM	57.000.-

b)

Kasse		DM	22.800.-
an	Warenverkauf	DM	20.000.-
	Mehrwertsteuer	DM	2.800.-

c)

Lieferforderungen	DM	114.000.-
an Warenverkauf	DM	100.000.-
Mehrwertsteuer	DM	14.000.-

d)

Wareneinkauf	DM	40.000.-
Vorsteuer	DM	5.600.-
an Lieferverbindlichkeiten	DM	45.600.-

Ermittlung der Zahllast nach der Nettomethode (Umbuchung von Vorsteuer auf Mehrwertsteuer, Saldo des Mehrwertsteuerkontos = Zahllast):

S	Vorsteuer		H
a)	7.000		
d)	5.600		
		MwSt	12.600

S	Mehrwertsteuer		H
		b)	2.800
		c)	14.000
VorSt	12.600		
Zahllast	4.200		

Lösung zu Aufgabe 7 (Retouren und Preisnachlässe):

a)

Bank	DM	11.058.-
Skontoerträge	DM	300.-
Mehrwertsteuer	DM	42.-
an Forderungen	DM	11.400.-

b)

Wareneinkauf	DM	2.500.-
Vorsteuer	DM	343.-
an Skontoerträge	DM	50.-
Kasse	DM	2.793.-

c)

Lieferverbindlichkeiten		DM	3.420.-
an	Lieferantenboni	DM	3.000.-
	Vorsteuer	DM	420.-

d)

Warenverkauf		DM	4.000.-
Mehrwertsteuer		DM	560.-
an	Postgiro	DM	4.560.-

e)

Wareneinkauf		DM	10.200.-
Vorsteuer		DM	1.428.-
an	Lieferverbindlichkeiten	DM	11.628.-

f)

Lieferverbindlichkeiten		DM	22.800.-
an	Wareneinkauf	DM	20.000.-
	Vorsteuer	DM	2.800.-

Abschluß:

SBK			
an	Wareneinkauf	DM	10.000.-
Warenverkauf			
an	Wareneinkauf	DM	42.700.-
Warenverkauf			
an	GuV	DM	13.300.-
Mehrwertsteuer			
an	Vorsteuer	DM	4.151.-

Zahllast: DM 3.647.-

Lösung zu Aufgabe 8 (Materialbuchungen):

(a)

Hilfsstoffe		DM	20.000.-
Vorsteuer		DM	2.800.-
an	Lieferverbindlichkeiten	DM	22.800.-
Bezugsaufwand		DM	300.-
Vorsteuer		DM	42.-
an	Kasse	DM	342.-

(b)

Rohstoffe		DM	120.000.-
Vorsteuer		DM	16.800.-
an	Lieferverbindlichkeiten	DM	136.800.-

(c)

Lieferverbindlichkeiten		DM	11.400.-
an	Rohstoffe	DM	10.000.-
	Vorsteuer	DM	1.400.-

(d)

Lieferverbindlichkeiten		DM	125.400.-
an	Bank	DM	121.638.-
	Skontoerträge	DM	3.300.-
	Vorsteuer	DM	462.-

(e)

Rohstoffaufwand			
an	Rohstoffe	DM	50.000.-
Hilfsstoffaufwand			
an	Hilfsstoffe	DM	15.000.-

Abschluß:

Hilfsstoffe			
an	Bezugsaufwand	DM	300.-
Skontoerträge			
an	Rohstoffe	DM	3.300.-
SBK			
an	Rohstoffe	DM	56.700.-
	Hilfsstoffe	DM	5.300.-
GuV-Konto			
an	Rohstoffaufwand	DM	50.000.-
	Hilfsstoffaufwand	DM	15.000.-

Lösung zu Aufgabe 9 (Betriebsmittel)

(a)

Fuhrpark		DM	70.000.-
Vorsteuer		DM	9.800.-
an	Lieferverbindlichkeiten	DM	79.800.-

(b)

Variante 1: direkte Aktivierung:

Maschinen		DM	220.000.-
Vorsteuer		DM	28.000
an	Lieferverbindlichkeiten	DM	243.000.-
	aktivierte Eigenleistungen	DM	5.000.-

Variante 2: Zwischenbuchung auf Bezugsaufwandskonten mit späterer Umbuchung:

Maschinen		DM	200.000.-
Vorsteuer		DM	28.000.-
an	Lieferverbindlichkeiten	DM	228.000.-

Versicherungsaufwand			
an	Lieferverbindlichkeiten	DM	15.000.-

Montagekosten			
an	aktivierte Eigenleistungen	DM	5.000.-

Maschinen		DM	20.000.-
an	Versicherungsaufwand	DM	15.000.-
	Montagekosten	DM	5.000.-

(c)

Immaterielle Vermögensgegenstände		DM	14.700.-
Vorsteuer		DM	2.058.-
an	Bank	DM	16.758.-

(d)

Hier ist keine Buchung möglich, denn nach § 248 Abs. 2 HGB dürfen immaterielle Vermögensgegenstände nur aktiviert werden, wenn sie entgeltlich erworben wurden. Der Aufwand für die Programmentwicklung verbirgt sich in den verschiedenen Aufwandsposten der EDV-Abteilung (z.B. Gehälter, Abschreibungen auf Computer etc.).

(e)

Maschinen
an aktivierte Eigenleistungen DM 30.000.-

(f)

(1) Ermittlung der Abschreibungsbeträge:

Immaterielle Vermögensgegenstände:	60.000.-/3 = 20.000.-
Maschinen/techn. Anlagen	650.000.-/10 = 65.000.-
Fuhrpark	200.000.-/5 = 40.000.-

(2) Buchungssätze:

Abschreibungen immat.Vermögen
an immaterielles Vermögen DM 20.000.-

Abschreibungen Maschinen/techn.Anlagen
an Maschinen/techn.Anlagen DM 65.000.-

Abschreibungen Fuhrpark
an Fuhrpark DM 40.000.-

Lösung zu Aufgabe 10 (Anlagenabschreibungen):

(1) Ermittlung der Abschreibungsbeträge:

a) leistungsabhängig: Abschreibungssatz pro km: 60.000 DM/600.000 km = 0,10 DM/km

Jahr 1	150.000 km x 0,10 DM/km = DM 15.000.-
Jahr 2	130.000 km x 0,10 DM/km = DM 13.000.-
Jahr 3	120.000 km x 0,10 DM/km = DM 12.000.-
Jahr 4	100.000 km x 0,10 DM/km = DM 10.000.-
Jahr 5	100.000 km x 0,10 DM/km = DM 10.000.-

b) linear: Abschreibungssatz = Anschaffungskosten/Nutzungsdauer = DM 12.000.-/Jahr

c) geometrisch-degressiv (30 % von Anschaffungskosten bzw. Restbuchwert):

Jahr 1	DM	18.000.-
Jahr 2	DM	12.600.-
Jahr 3	DM	8.820.-
Jahr 4	DM	6.174.-
Jahr 5	DM	4.322.-
...		

(2) Buchungssatz für Jahr 1:

Abschreibungen auf Fuhrpark
an Fuhrpark DM 18.000.-

(3) Methodenvergleich:

Unter der Zielsetzung möglichst hoher Abschreibungen würde sich im Jahr 3 ein Übergang von der degressiven auf die lineare Methode empfehlen.

Lösung zu Aufgabe 11 (Personalaufwand):

(1) Ermittlung des Auszahlungsbetrages:

(1.1) Steuerpflichtiges Bruttogehalt			
(Bruttomonatsgehalt + ArbG-Beitrag vwL)		DM	4.300.-
(1.2) Gehaltsabzüge:			
(a)	Lohn- und Kirchensteuer	DM	1.171.-
(b)	Krankenversicherung, ArbN-Anteil	DM	258.-
	Rentenversicherung, ArbN-Anteil	DM	409.-
	Arbeitslosenversicherung, ArbN-Anteil	DM	64.-
(c)	Vermögenswirksame Leistungen	DM	52.-
(d)	Vorschuß	DM	800.-
(1.3) Auszahlung ArbN-Sparzulage		DM	12.-
Auszahlung:		DM	1.558.-

(2) Ermittlung des Personalaufwandes:

(e)	Bruttogehalt	DM	4.287.-
(f)	vermögenswirksame Leistungen	DM	13.-
(g)	ArbG-Anteil Krankenversicherung	DM	258.-
	ArbG-Anteil Rentenversicherung	DM	409.-
	ArbG-Anteil Arbeitslosenversicherung	DM	64.-

(3) Buchungssätze:

Gehälter (e)		DM	4.287.-
vw. Leistungen (f)		DM	13.-
noch abz. Abgaben (1.3)		DM	12.-
an	Bank	DM	1.558.-
	Sonstige Forderungen (d)	DM	800.-
	noch abz. Abgaben (a-c)	DM	1.954.-

Gesetzl. Sozialaufwand (g)			
an	noch abz.Abgaben	DM	731.-

Lösung zu Aufgabe 12 (Forderungsabschreibungen):

Die Forderungen gegenüber Schlagmann, Mangelmeyer und Emig (Gesamtbetrag brutto: DM 53.580.-) sind als uneinbringlich anzusehen, sie müssen daher bei Korrektur der Mehrwertsteuer abgeschrieben werden. Gleiches gilt für die Forderung gegenüber Plötz, die jedoch noch nicht als zweifelhaft gebucht wurde. Die Abschreibungsbuchung findet auf dem Konto der einwandfreien Forderungen bei Steuerkorrektur statt. Die Forderung gegenüber Habemeyer ist in Höhe des erwarteten Ausfalls zu berichtigen; jedoch wird, da der Vorgang noch nicht abgeschlossen ist, die Mehrwertsteuer nicht korrigiert.

Buchungssätze:

(1) Schlagmann, Mangelmeyer, Emig:

Abschreibung auf Forderungen		DM	47.000.-
Mehrwertsteuer		DM	6.580.-
an	Dubiose	DM	53.580.-

(2) Plötz:

Abschreibung auf Forderungen	DM	10.000.-
Mehrwertsteuer	DM	1.400.-
an Forderungen	DM	11.400.-

(3) Habemeyer:

Abschreibung auf Forderungen	DM	10.000.-
an Einzelwertbericht.a.Ford.	DM	10.000.-

Neuberechnung der Pauschalwertberichtigung:

Forderungsbestand ursprünglich:	DM	1.368.000.-
abzüglich einzelwertberichtigte endgültige Ausfälle (Nr. 1 u. 2):	DM	64.980.-
Zwischensumme:	DM	1.303.020.-
abzügl. weitere Ausfälle:	DM	51.300.-
Neuer Forderungsbestand:	DM	1.251.720.-
Bestand netto (ohne MwSt):	DM	1.098.000.-
darauf Pauschalwertberichtigung von 4 %:	DM	43.920.-

Buchungssätze:

(4) Forderungsausfälle (nicht einzelwertberichtigt):

Pauschalwertberichtigungen a.Ford.	DM	45.000.-
Mehrwertsteuer	DM	6.300.-
an Forderungen	DM	51.300.-

(5) Neubildung der Pauschalwertberichtigung:
(Saldo nach (1): DM 50.000.- ./. DM 45.000.- = DM 5.000.-

Abschreibungen auf Forderungen		
an Pauschalwertberichtigungen a:Ford.	DM	38.920.-

(Alternativbuchungen:)

Pauschalwertberichtigungen a.Ford.
an sonst. betr. Erträge DM 5.000.-

Abschreibungen auf Forderungen
an Pauschalwertberichtigungen a.Ford. DM 43.920.-

(6) Abschlußbuchungen (ohne die Alternativbuchungen):

Kein passivischer Ausweis der Wertberichtigungen bei Kapitalgesellschaften möglich, daher:

Pauschalwertberichtigungen a.Ford.
an Forderungen DM 43.920.-

Einzelwertberichtigungen a.Ford.
an Dubiose DM 10.000.-

Forderungen
an Dubiose DM 7.100.-

Schlußbilanzkonto
an Forderungen DM 1.197.800.-

Sonst.betriebl.Aufwendungen
an Abschreibungen a.Ford. DM 105.920.-

GuV-Konto
an Sonst.betriebl.Aufwendungen DM 105.920.-

(Mehrwertsteuer
an Sonst.Verbindlichkeiten DM 14.280.-)

Lösung zu Aufgabe 13 (Rückstellungen):

(a)

Sonstige Rückstellungen		DM	120.000.-
Instandhaltungsaufwand			
(sonst.betriebl.Aufwendungen)		DM	15.000.-
Vorsteuer		DM	18.900.-
an	Bank	DM	153.900.-

(b)

Sonstige Rückstellungen		DM	50.000.-
an	Bank	DM	32.500.-
	Erträge a.Aufl.Rückstell.		
	(sonst.betriebl.Erträge)	DM	17.500.-

(Abschlußbuchungen)

Sonstige Rückstellungen			
an	Schlußbilanzkonto	DM	430.000.-
GuV-Konto			
an	sonst.betriebl.Aufwendungen	DM	15.000.-
Sonst.betriebliche Erträge			
an	GuV-Konto	DM	17.500.-

Lösung zu Aufgabe 14 (Rückstellungen):

Buchungen im Jahr 02:

Gewerbesteueraufwand			
an	Bank	DM	54.000.-
Gewerbesteueraufwand			
an	Steuerrückstellungen	DM	8.000.-
GuV-Konto			
an	Gewerbesteueraufwand	DM	62.000.-
Steuerrückstellungen			
an	Schlußbilanzkonto	DM	8.000.-

Buchungen im Jahr 03 (ohne Eröffnungsbuchungen):

Steuerrückstellungen		DM	8.000.-
an	Bank	DM	4.000.-
	Sonst.betriebl.Erträge	DM	4.000.-

Lösung zu Aufgabe 15 (Vorratsabschreibungen):

a) Abschreibungsbuchung:

Abschreibungen auf Vorräte			
an	Betriebsstoffe	DM	5.000.-

b) Abschlußbuchung:

Betriebsstoffverbrauch			
an	Abschreibungen auf Vorräte	DM	5.000.-

Lösung zu Aufgabe 16 (Rechnungsabgrenzungsposten):

(1) Transitorischer aktiver Rechnungsabgrenzungsposten (RAP)

Buchung am 1.11.01:

Allg. Verwaltungskosten		DM	600.-
Vorsteuer		DM	84.-
an	Bank	DM	684.-

Buchungen am 31.12.01:

Aktive RAP			
an	Allg. Verwaltungskosten	DM	400.-
Allg. Verwaltungskosten			
an	GuV-Konto	DM	200.-
Schlußbilanzkonto			
an	Aktive RAP	DM	400.-

Buchungen am 1.1.02:

Aktive RAP			
an	Eröffnungsbilanzkonto	DM	400.-
Allg. Verwaltungskosten			
an	Aktive RAP	DM	400.-

(2) Antizipativer aktiver Rechnungsabgrenzungsposten (RAP)

Buchung am 31.12.01 (ohne Schlußbilanz- und GuV-Buchungen)

Sonstige Forderungen			
an	Zinserträge	DM	8.000.-

Buchungen im Januar 02:

Bank			
an	Sonstige Forderungen	DM	8.000.-

(3) Kein Rechnungsabgrenzungsposten, sondern Rückstellung

<u>Buchungen im Dezember 01:</u>

Kfz-Kosten			
an	Sonstige Rückstellungen	DM	7.000.-
GuV-Konto			
an	Kfz-Kosten	DM	7.000.-
Sonstige Rückstellungen			
an	Schlußbilanzkonto	DM	7.000.-

<u>Buchungen im Januar 02:</u>

Eröffnungsbilanzkonto			
an	Sonstige Rückstellungen	DM	7.000.-
Sonstige Rückstellungen		DM	7.000.-
Vorsteuer		DM	840.-
an	Bank	DM	6.840.-
	Sonst.betriebl.Erträge	DM	1.000.-

(4) Transitorischer passiver Rechnungsabgrenzungsposten (RAP)

<u>Buchung am 1.11.01:</u>

Bank		DM	1.710.-
an	Sonst.betriebl.Erträge	DM	1.500.-
	Mehrwertsteuer	DM	210.-

<u>Buchungen am 31.12.01:</u>

Sonst.betriebl.Erträge			
an	Passive RAP	DM	750.-
Sonst.betriebl.Erträge			
an	GuV-Konto	DM	750.-
Passive RAP			
an	Schlußbilanzkonto	DM	750.-

<u>Buchungen am 1.1.02:</u>

Eröffnungsbilanzkonto
an Passive RAP DM 750.-

Passiva RAP
an Sonst.betriebl.Erträge DM 750.-

(5) Transitorischer aktiver Rechnungsabgrenzungsposten (RAP)

<u>Buchung am 1.12.01:</u>

Mietaufwand
an Bank DM 5.400.-

<u>Buchungen am 31.12.01:</u>

Aktive RAP
an Mietaufwand DM 3.600.-

Mietaufwand
an GuV-Konto DM 1.800.-

Schlußbilanzkonto
an Aktive RAP DM 3.600.-

<u>Buchungen am 1.1.02:</u>

Aktive RAP
an Eröffnungsbilanzkonto DM 3.600.-

Mietaufwand
an Aktive RAP DM 3.600.-

(6) Antizipativer passiver Rechnungsabgrenzungsposten (RAP)

<u>Buchungen am 31.12.01:</u>

Vertreterprovisionen
an Sonst.Verbindlichkeiten DM 15.000.-

GuV-Konto
an Vertreterprovisionen DM 15.000.-

Sonstige Verbindlichkeiten
an Schlußbilanzkonto DM 15.000.-

Buchungen im Januar 02:

Eröffnungsbilanzkonto
an Sonstige Verbindlichkeiten DM 15.000.-

Sonstige Verbindlichkeiten
an Bank DM 15.000.-

Lösung zu Aufgabe 17 (Hauptabschlußübersicht):

Die Lösung finden Sie auf der nächsten Seite.

Lösung zu Aufgabe 18 (Abschluß bei EDV):

1.43	Löhne u. Gehälter	(DM 1.883.000.-)
1.44	Sozialleist. und Altersversorgung	(DM 1.297.000.-)

Hauptabschlußübersicht (TDM)

Bezeichnung	Anfangsbestand		Kontoumsätze		Summenbilanz		Saldenbilanz I		Umbuchungen		Saldenbilanz II		Bilanz		GUV-Rechnung	
	S	H	S	H	S	H	S	H	S	H	S	H	Aktiva	Passiva	Aufw.	Erträge
Grundst. u. Geb.	5.000		1.000	400	6.000	400	5.600				5.600		5.600			
Maschinen	1.200		600	100	1.800	100	1.700			600	1.100		1.100			
BGA	290		130	40	420	40	380			100	280		280			
Finanzanlagen	3.600		500	400	4.100	400	3.700				3.700		3.700			
RHB-Bestände	700		7.500	7.800	8.200	7.800	400				400		400			
Ford. L.L.	1.200		12.400	12.200	13.600	12.200	1.400				1.400		1.400			
Sonst. Forderungen	600		1.000	1.100	1.600	1.100	500				500		500			
Bank	2.500		14.000	14.500	16.500	14.500	2.000				2.000		2.000			
Kasse	70		5.200	4.800	5.270	4.800	470				470		470			
UFE/FE	1.100				1.100		1.100			100	1.000		1.000			
Eigenkapital		5.160				5.160		5.160				5.160				
Rückstellungen		6.500	1.800	2.200	1.800	8.700		6.900				6.900		6.900		
Darlehen		2.800	800	400	800	3.200		2.400				2.400		2.400		
Verb. L.L.		1.100	8.000	7.700	8.000	8.800		800				800		800		
Sonst. Verb.		700	2.200	2.100	2.200	2.800		600				600		600		
Umsatzerlöse			40	12.200	40	12.200		12.160				12.160				12.160
Bestandsveränderungen									100		100				100	
Sonst. betr. Erträge				420		420		420				420				420
Materialaufwand			7.400		7.400		7.400				7.400				7.400	
Pers.aufwand			3.000		3.000		3.000				3.000				3.000	
Abschreibungen									700		700				700	
Sonst. betr. Aufwand			620		620		620				620				620	
Zinserträge				120		120		120				120				120
Zinsaufwand			230		230		230				230				230	
Privatentn./einl.			120	60	120	60	60				60					
Summen	16.260	16.260	66.540	66.540	82.800	82.800	28.560	28.560	800	800	28.560	28.560	16.450	10.700	12.050	12.700
									Anfangskapital		5.160					
									+ Gewinn/-Verl.		650				650	
									– Privatentnah.		60					
									= Schlußkapital		5.750			5.750		
													16.450	16.450	12.700	12.700

Lösung zu Aufgabe 19 (Gewinnverteilung OHG):

Gewinnverteilungstabelle:

Gesell-schafter	Kapital 1.1.	4% Zinsen	Kopf-anteil	Gewinn-anteil gesamt	Privat-entnah-men/-ein-lagen	Kapital-verän-derung	Kapital 31.12.
S	30	1,2	24	25,2	–25	+0,2	30,2
G	10	0,4	24	24,4	–5	+19,4	29,4
P	40	1,6	24	25,6	–30	–4,4	35,6
L	20	0,8	24	24,8	–10	+14,8	34,8

Buchungssätze:

Privat G
an Eigenkapital G DM 5.000.-

Eigenkapital S
an Privat S DM 25.000.-

Eigenkapital G
an Privat G DM 10.000.-

Eigenkapital P
an Privat P DM 30.000.-

Eigenkapital L
an Privat L DM 10.000.-

GuV DM 100.000.-
an Eigenkapital S DM 25.200.-
Eigenkapital G DM 24.400.-
Eigenkapital P DM 25.600.-
Eigenkapital L DM 24.800.-

Gemeinschaftskontenrahmen der Industrie (GKR)

Klasse 0	Klasse 1	Klasse 2	Klasse 3	Klasse 4
Anlagevermögen und langfristiges Kapital	Finanz - Umlaufvermögen und kurzfristige Verbindlichkeiten	Neutrale Aufwendungen und Erträge	Stoffe - Bestände	Kostenarten
00 Grundstücke und Gebäude	10 Kasse	20 Betriebsfremde Aufwendungen und Erträge	30 Rohstoffe	40 Fertigungsmateri
01/02 Maschinen und maschinelle Anlagen	11 Geldanstalten	21 Aufwendungen und Erträge für Grundstücke und Gebäude	33 Hilfsstoffe	41 Gemeinkostenma
03 Fahrzeuge, Werkzeuge, Betriebs- und Geschäftsausstattung	12 Schecks, Besitzwechsel	22 Frei	34 Betriebsstoffe	42 Brennstoffe, Ene u. dgl.
04 Sachanlagen - Sammelkonto	13 Wertpapiere des Umlaufvermögens	23 Bilanzmäßige Abschreibungen	38 Bezogene Bestand- und Fertigteile, Auswärtige Bearbeitung	43 Löhne und Gehä
05 Sonstiges Anlagevermögen	14 Forderungen auf Grund von Warenlieferungen und Leistungen	24 Zinsaufwendungen und -erträge	39 Handelswaren und auswärts bezogene Fertigerzeugnisse	44 Sozialkosten
06 Langfristiges Fremdkapital	15 Andere Forderungen	25 Betriebliche außerordentliche Aufwendungen und Erträge		45 Instandhaltung, v schiedene Leistu u. dgl.
07 Eigenkapital	16 Verbindlichkeiten auf Grund von Warenlieferungen und Leistungen	26 Betriebliche periodenfremde Aufwendungen und Erträge		46 Steuern, Gebühre träge, Versicheru prämien u. dgl.
08 Wertberichtigungen, Rückstellungen u.dgl.	17 Andere Verbindlichkeiten	27 Verrechnete Anteile betrieblicher periodenfremder Aufwendungen		47 Mieten, Verkehrs Büro-, Werbekos usw.
09 Rechnungsabgrenzung	18 Schuldwechsel, Bankschulden	28 Verrechnete kalkulatorische Kosten		48 Kalkulatorische Kosten
	19 Durchgangs-, Übergangs- und Privatkonten	29 Das Gesamtergebnis betreffende Aufwendungen und Erträge		49 Sondereinzelkos

Klasse 5/6	Klasse 7	Klasse 8	Klasse 9
	Kostenträger		
Kostenstellen	Bestände an unfertigen und fertigen Erzeugnissen	Erträge	Abschluß
Frei für Kostenstellen-Kontierungen der Betriebsabrechnung	78 Bestände an unfertigen Erzeugnissen 79 Bestände an fertigen Erzeugnissen	83 Erlöse für Erzeugnisse und andere Leistungen 85 Erlöse für Handelswaren 86 Erlöse aus Nebengeschäften 87 Eigenleistungen 88 Erlösberichtigungen 89 Bestandsveränderungen an unfertigen und fertigen Erzeugnissen	98 Ergebniskonten 99 Bilanzkonten

Kontenrahmen für den Gro

Klasse 0 – Anlage- und Kapitalkonten

Konto	Bezeichnung
00	**Bebaute Grundstücke**
000	Verwaltungsgebaude
001	Lagerhaus
002	Garagen
01	**Unbebaute Grundstücke**
02	**Maschinen und masch. Anlagen einschl. Transporteinrichtungen**
020	Betriebsmaschinen
021	Fuhrpark (Lieferwagen)
022	Fuhrpark (Personenwagen)
023	Fuhrwerk
03	**Betriebs- und Geschäftsausstattung**
030	Betriebsausstattung
031	Geschaftsausstattung
039	Geringwertige Wirtschaftsgüter
04	**Rechtswerte (Konzessionen, Patente, Lizenzen, Marken und ähnliche Rechte)**
05	**Beteiligungen und andere Wertpapiere des Anlagevermögens**
050	Beteiligungen an Personengesellschaften
051	Beteiligungen an Kapitalgesellschaften durch Wertpapiere
06	**Langfristige Forderungen**
060	Darlehen
061	Hypotheken
07	**Langfristige Verbindlichkeiten**
070	Hypotheken
071	Verbindlichkeiten gegenüber Kreditinstituten (durch Grundpfandrechte gesichert)
08	**Kapital und Rücklagen**
080	Eigenkapital Gesellschafter A
081	Eigenkapital Gesellschafter B
0810	Ausstehende Einlagen Gesellschafter B
082	Eigenkapital Gesellschafter C
0820	Ausstehende Einlagen Gesellschafter C
083	Rücklagen
0831	Gesetzliche Rücklage
0832	Freie Rücklagen
0835	Preissteigerungsrucklage
0836	Rücklage für Ersatzbeschaffung
0837	§ 6 b-Rücklage
084	Gewinn- und Verlustvortrag
09	**Wertberichtigungen, Rückstellungen, Abgrenzungsposten der Jahresrechnung**
090	Wertberichtigungen auf Anlagen
0901	Wertberichtigungen auf Betriebsausstattung
0902	Wertberichtigungen auf Geschäftsausstattung
091	Wertberichtigungen auf Forderungen
092	Rückstellungen
0920	Rückstellung für drohende Verluste
0921	Rückstellung für Rechts- und Beratungsaufwend
0922	Rückstellung für Steuern
09220	Gewerbesteuerrückstellung
09221	Körperschaftsteuerrückstellung
0923	Rückstellung für im Geschäftsjahr unterlassene Instandhaltungen
0924	Rückstellung für Gewährleistungen
0925	Rückstellung für laufende Pensionsverpflichtungen
0926	Ruckstellung für Pensionsanwartschaften (aus Betriebsvereinbarungen)
0928	Rückstellung für Lizenzgebuhren
0929	Ruckstellung für Personalkosten
093	Aktive Rechnungsabgrenzungsposten
0931	Disagio
094	Passive Rechnungsabgrenzungsposten

Klasse 1 – Finanzkonten

Konto	Bezeichnung
10	**Forderungen aufgrund von Warenlieferungen und Leistungen**
100	Einwandfreie Forderungen
101	Zweifelhafte Forderungen
102	Verpfändete Forderungen
109	Forderungen aus Kommissionsware
11	**Sonstige Forderungen**
110	Anzahlungen b. Lieferanten
111	Forderungen an Konzernunternehmungen
112	Sonstige kurzfristige Forderungen
1121	Forderungen an Belegschaftsmitglieder
114	Vorsteuer
1140	Vorsteuer ermäßigter Steuersatz
1141	Vorsteuer Regelsteuersatz
1142	Nicht verrechenbare Vorsteuer
12	**Wertpapiere**
120	Aktien fremder Gesellschaften
121	Eigene Aktien
122	Pfandbriefe u. Anleihen
13	**Guthaben bei Kreditinstituten**
130	Deutsche Bank
131	Sparkasse
14	**Besitzwechsel, Devisen**
140	Wechselforderungen gegenüber Kunden aus dem Warengeschäft
141	Sonstige Wechselforderungen
142	Protestwechsel
15	**Zahlungsmittel**
150	Kasse
1500	Hauptkasse
151	Postscheckguthaben
153	Landeszentralbankguthaben
154	Schecks
155	Ausländische Schecks
16	**Privatkonten (für Einzelunternehmen und Personengesellschaften)**
160	Privatentnahme Gesellschafter A
161	Privateinlage Gesellschafter A
162	Privatentnahme Gesellschafter B
163	Privateinlage Gesellschafter B
17	**Verbindlichkeiten aufgrund von Warenlieferungen und Leistungen**
170	Verbindlichkeiten
179	Konto des Kommittenten
18	**Schuldwechsel**
180	Warenwechsel
181	Finanzwechsel
19	**Sonstige Verbindlichkeiten**
190	Anzahlungen von Kunden
191	Verbindlichkeiten gegenüber Konzernunternehmungen
192	Noch abzuführende Abgaben
1920	Verbindlichkeiten gegenuber Sozialversicherungsträgern
1921	Noch abzuführende Lohn- und Kirchensteuer
1922	Noch abzuführende Kapitalertragsteuer
193	Sonstige kurzfristige Verbindlichkeiten
1930	Verbindlichkeiten gegenüber Belegschaftsmitgliedern
1931	Andere kurzfristige Verbindlichkeiten
194	Mehrwertsteuer
1940	Mehrwertsteuer ermäßigter Steuersatz
1941	Mehrwertsteuer Regelsteuersatz
1949	Umsatzsteuerverrechnung

Klasse 2 – Abgrenzungskonten

Konto	Bezeichnung
20	**Außerordentliche und betriebsfremde Aufwendungen**
200	Schenkungen, Spenden
201	Außerordentliche Warenverluste durch Preisherabsetzung, Modewechsel
202	Außerordentliche Verluste aus Forderungen
203	Verluste aus Anlageverkäufen und Schadensfällen
204	Sonstiger (außerordentlicher) Aufwand
205	Nicht abzugsfähige Aufwendungen
21	**Zins- und Diskontaufwendungen**
210	Zinsen für langfristige Schulden
211	Zinsen für Lieferantenkredite
212	Zinsen für Bankkredite
213	Provisionen für Bankkredite
214	Diskontaufwendungen
2141	Zinsaufwand für Protestwechsel
216	Sonstige Zinsen und ähnliche Aufwendungen (Disagio)
22	**Ertrag- und Vermögensteuern**
220	Außerordentlicher Steueraufwand (GewSt)
23	**Haus- und Grundstücksaufwendungen**
230	Haus- und Grundstückssteuern sowie Abgaben
231	Versicherungsprämien
2310	Versicherungsprämie Gebäude
233	Hypothekenzinsen
234	Instandsetzungen
235	Abschreibungen auf bebaute Grundstücke
24	**Großreparaturen und im Bau befindliche Anlagen**
25	**Konten der zeitlichen Abgrenzung bei Aufstellung von Monatsbilanzen**
26	**Sonstige Verrechnungskonten**
260	Bilanzielle Abschreibung
261	Verrechnete kalkulatorische Abschreibung
262	Eingetretene Wagnisverluste
263	Verrechnete kalkulatorische Wagnisse
265	Verrechnete Kfz-Steuer
269	Preisdifferenzkonto
27	**Außerordentliche und betriebsfremde Erträge**
270	Schenkungen, Spenden, Lotteriegewinn
271	Erträge aus Beteiligungen
272	Erträge aus Anlageverkäufen
273	Erträge aus Forderungen
274	Sonstige außerordentliche Erträge (z.B. Erträge aus Vermietung und Verpachtung)
275	Erträge aus der Auflösung von Rückstellungen
28	**Zins- und Diskonterträge**
280	Zinsen aus langfristigen Forderungen
281	Zinsen aus Bankguthaben
282	Zinsen aus Warenforderungen
283	Zins- und Diskonterträge auf Wertpapiere
2831	Zinserträge Protestwechsel
29	**Haus- und Grundstückserträge**
290	Steuerpflichtige Erträge aus Vermietung und Verpachtung
291	Steuerfreie Erträge aus Vermietung und Verpachtung

Klasse 3 – Wareneinkaufskonten

Konto	Bezeichnung
30	**Warengruppe I (z.B. Food)**
300	Fakturenbetrag (ohne Abzug von Skonto, jedoch vermindert um die bei der Rechnungserteilung feststehenden Rabatte)
301	Zölle und Ausgleichsteuern
302	Verbrauchsabgaben
303	Kursdifferenzen
304	Eingangsfrachten und sonstige Beschaffungsspesen
305	Verpackungsspesen
306	Leihemballagen
31	**Warengruppe II (z.B. Non Food) siehe I**
32	**Warengruppe III siehe I**
33	**Warengruppe IV siehe I**
34	**Warengruppe V siehe I**
35	**Kommissionswareneinkauf**

Klasse – Boni und Sko

Konto	Bezeichnung
40	Kundenbon (= Boni an gewährt)
41	Kundensko
47	Lieferanten (= Boni nac Lieferanten
48	Lieferanten

t)

Klasse 5	Klasse 6	Klasse 7	Klasse 8	Klasse 9
Konten der Kostenarten	Kostenerfassung für Nebenbetriebe bzw. Kostenstellenrechnung des Nebenbetriebs	Frei Nutzung für Aufzeichnung besonderer Geschäftsvorgänge	Warenverkaufskonten	Abschlußkonten
Personalkosten (Löhne, Gehälter, soziale Aufwendungen)) Gehälter der Geschäftsleitung (Vorstand und Geschäftsführer) I Gehälter des sonstigen kaufmännischen Personals 2 Löhne 20 Löhne für geleistete Arbeitszeit 21 Löhne für andere Zeit 3 Gehalt (Sachbezüge) 4 Löhne für Aushilfskräfte 5 Gehalt (Außendienstbereich) 6 Soziale Aufwendungen, soweit sie vom Arbeitgeber zu tragen sind 60 Arbeitgeberbeitrag zur Sozialversicherung (Lohnbereich) 61 Arbeitgeberbeitrag zur Sozialversicherung (Gehaltsbereich) 7 Aufwendungen für Altersversorgung 8 Freiwillige soziale Aufwendungen 9 Sonstige Personalkosten 90 Aufwendungen für Belegschaftsveranstaltungen **Miete und sonstige Sachkosten für Geschäftsräume** 0 Raumkosten 1 Energiekosten **Steuern, Abgaben, Pflichtbeiträge und Gebühren** 0 Gewerbesteuer (einschl. Lohnsummensteuer) 1 Körperschaftsteuer 2 Handelskammer- und sonstige Beiträge 3 Sonstige betriebliche Steuern 30 Wechselsteuer 31 Kfz-Steuer 32 Grundsteuer 6 Lizenzgebühren (Patentverletzung) **Nebenkosten des Finanz- und Geldverkehrs** 1 Wechselspesen **Besondere Kostenarten für Werbung und Reise** 0 Werbung und Public Relations 1 Werbeanzeigen 2 Sonstige Reklamekosten 3 Reisespesen **Provisionen** 0 Provisionen für Vertreter **Transportkosten (für nichtbetriebseigene Transportmittel) und Verpackung** 0 Bahn- und Postgebühren für Warentransporte 1 Transportkosten für fremde Spediteure 2 Verpackungsmaterial **Kosten des Fuhr- und Wagenparkes** 1 Kfz-Versicherung 2 Kfz-Betriebskosten 3 Kfz-Wartungskosten **Allgemeine Verwaltungskosten** 0 Büromaterial 1 Porti, Telegramme 2 Telefongebühren 5 Prozeßkosten (Mahn-, Klage-, Rechtsberatungskosten) 6 Aufwendungen für Gewährleistungen **Abschreibungen** 0 Abschreibungen auf maschinelle Anlagen einschl. Transporteinrichtungen 1 Abschreibungen auf Betriebs- und Geschäftsausstattung 2 Abschreibungen auf Rechtswerte (soweit normal) 3 Abschreibungen auf Vorräte 4 Abschreibungen auf Forderungen 5 Wagnisse			**80 Warengruppe I (z.B. Food)** 800 Bruttoverkaufswert ohne Abzug von Skonto (Warenerlöse) 801 Rücksendungen und Gutschriften 805 Warenentnahmen **81 Warengruppe II (z.B. Non Food) siehe I** **82 Warengruppe III siehe I** **83 Warengruppe IV siehe I** **84 Warengruppe V siehe I** **85 Kommissionswarenverkauf** **89 Sonstige Umsatzerlöse** 890 Provisionen 891 Verpackungserlöse	**90 Neutrales Ergebnis (Abgrenzungssammelkonto)** **91 Betriebsergebnis** **92 Monatsgewinn- und Verlustkonto** **93 Jahresgewinn- und Verlustkonto** **94 Bilanzkonto** 940 Eröffnungsbilanzkonto 941 Schlußbilanzkonto **95 Gewinnverwendungskonto**

Auszug aus dem DATEV-Kontenrahmen SKR 01

0 Anlage- und Kapitalkonten	1 Finanz- und Privatkonten	2 Abgrenzungskonten
0010 Grund und Boden	1000 Kasse	2000 Außerordentliche Aufwend
0020 Grund und Boden unbebaut		2010 Betriebsfremde Aufwendun
0050 Grund und Boden bebaut	1100 Postscheck	2020 Periodenfremde Aufwendu
		2030 Anlagenabgänge (Restbuch
0100 Gebäude	1200 Bank	2040 Steuernachzahlungen, Vorja
0110 Fabrikgebäude		
0120 Bürogebäude	1310 Besitzwechsel	2110 Zinsaufwendungen für kurz-
0130 Wohngebäude	1350 Wertpapiere des Umlaufver-	fristige Verbindlichkeiten
	mögens	2115 Zinsaufwendungen für lang-
0200 Maschinen, Anlagen, Betriebs-	1351 Zinsscheine	fristige Verbindlichkeiten
vorrichtungen		2120 Gewährte Skonti
0210 Maschinen	1400 Forderungen aL	2130 Diskontaufwendungen
0220 Maschinengebundene Werkzeuge	1490 Zweifelhafte Forderungen	
0240 Maschinelle Anlagen		2300 Grundstücksaufwendungen
0250 Transportanlagen u.ä.	1500 Sonstige Forderungen	2310 Gebäudeabschreibungen
0260 Betriebsvorrichtungen	1530 Forderungen an Personal	2320 Grundsteuer
	1540 Steuerüberzahlungen	2330 Sonstige Grundstücksauf-
0300 Kraftfahrzeuge, Transportmittel	1570 Anrechenbare Vorsteuer	wendungen
0310 Pkw		
0340 Lkw	1600 Verbindlichkeiten aL	2500 Außerordentliche Erträge
0370 Sonstige Transportmittel		2510 Betriebsfremde Erträge
	1710 Schuldwechsel	2520 Periodenfremde Erträge
0400 Sonstiges Inventar		2540 Steuererstattungen, Vorjah
0410 Betriebsausstattung	1800 Sonstige Verbindlichkeiten	
0420 Werkzeuge	1810 Anzahlungen von Kunden	2610 Zinserträge
0430 Ladeneinrichtung	1835 Verbindlichkeiten	2611 Zinserträge aus Wertpapiere
0440 Büroeinrichtung	Lohn- und Kirchensteuer	des UV
0450 Geschäftsausstattung	1840 Verbindlichkeiten	2612 Dividendenerträge aus Wert-
0460 Gerüst- und Schalungsmaterial	Sozialversicherung	papieren des UV
0480 Geringwertige Anlagegüter	1850 Lohn- und Gehaltsverrech-	2620 Erhaltene Skonti
100 bis 800 DM	nungen	2630 Diskonterträge
	1855 Verbindlichkeiten aus	
0500 Beteiligungen, Rechtswerte	Einbehaltungen	2700 Grundstückserträge
0510 Beteiligungen	1870 Umsatzsteuer (Traglast)	
0520 Geschäftsguthaben	1880 USt-Vorauszahlungen	
0540 Lizenzen, Patente	1897 USt-Verrechnungskonto	
0550 Geschäftswerte		
0560 Aktien	1900 Privat	
	1910 Privatsteuern	
0600 Langfristige Forderungen	1920 Beschränkt abzugsfähige	
0610 Hypotheken, Grundschulden	Sonderausgaben	
0630 Darlehen	1930 Unbeschränkt abzugsfähige	
0660 Wertpapiere, festverzinslich	Sonderausgaben	
	1940 Spenden	
0700 Langfristige Verbindlichkeiten	1950 Außergewöhnliche Belastungen	
0710 Hypotheken, Grundschulden	1960 Grundstücksaufwand	
0730 Darlehen	1970 Grundstücksertrag	
	1990 Einlagen	
0800 Kapital		
0930 Steuer-Rückstellungen		
0940 Sonstige Rückstellungen		
0960 Aktive Rechnungsabgrenzung		
0970 Passive Rechnungsabgrenzung		
0980 Damnum/Disagio u. a.		

3
Waren, Roh-, Hilfs- und Betriebsstoffe

Wareneinkauf

Handelswaren

Rohstoffe

Hilfs- und Betriebsstoffe

Bezugs- und Nebenkosten
Leergut
Zölle und Einfuhrabgaben

Erhaltene Boni
Erhaltene Rabatte

4
Konten der Kostenarten

4000 – 99	Material- und Stoffverbrauch
4100	Personalkosten
4110	Löhne
4120	Gehälter
4125	Ehegattengehalt
4129	Kalkul. Unternehmerlohn
4130	Gesetzliche soziale Aufwendungen
4140	Freiwillige soziale Aufwendungen
4150	Krankengeldzuschüsse
4160	Versorgungskassen
4170	Vermögenswirksame Leistungen
4180	Bedienungsgelder
4190	Aushilfslöhne
4200	Raumkosten
4210	Miete
4220	Pacht
4229	Kalkul. Miete und Pacht
4230	Heizung
4240	Gas, Strom, Wasser
4250	Reinigung
4260	Instandhaltung betriebl. Räume
4280	Sonstige Raumkosten
4320	Gewerbesteuer
4340	Sonstige Betriebssteuern
4360	Versicherungen
4380	Beiträge
4390	Sonstige Abgaben
4500	Fahrzeugkosten
4510	Kfz-Steuern
4520	Kfz-Versicherungen
4530	Laufende Kfz-Betriebskosten
4540	Kfz-Reparaturen
4550	Garagenmieten
4580	Sonstige Kfz-Kosten
4610	Werbekosten
4630	Geschenke (§ 4 Abs. 5 EStG)
4635	Geschenke über 50 DM
4640	Repräsentationskosten
4650	Bewirtungskosten
4660	Reisekosten Arbeitnehmer
4700	Kosten der Warenabgabe
4710	Verpackungsmaterial
4730	Ausgangsfrachten
4740	Sonstige Ausgangsfrachten
4750	Transportversicherungen
4760	Verkaufsprovisionen

4
Konten der Kostenarten

4810	Instandhaltung von Maschinen, Betriebs- und Geschäftsausstattung
4830	Werkzeuge und Kleingeräte
4850	Kalkul. Abschreibung
4860	Abschreibungen, Anlagevermögen
4870	Abschreibungen, GWG
4880	Abschreibungen, Umlaufvermögen
4900	Verschiedene Kosten
4910	Porto
4920	Telefon, Fernschreiber
4930	Bürobedarf
4940	Zeitschriften, Bücher
4950	Rechts- und Beratungskosten
4960	Mieten für Einrichtung
4970	Nebenkosten des Geldverkehrs
4979	Kalkul. Zinsen
4980	Betriebsbedarf
4990	Sonstige Kosten

8
Erlöskonten

8000	Erlöse
8500	Erlöse umsatzsteuerfrei
8600	Provisionserlöse
8700	Sonstige Erlöse
8710	Erlöse aus Anlageverkäufen
8720	Erlöse aus Abfallverwertung
8730	Erlöse Leergut
8750	Erlöse aus Zinsen/Diskontspesen
8799	Sonstige Erlöse umsatzsteuerfrei
8800	Erlösschmälerungen
8810	Gewährte Boni
8890	Forderungsverluste
8900	Eigenverbrauch
8910	Warenentnahmen
8920	Privater Kfz-Anteil
8930	Privater Telefonkostenanteil
8980	Sonstiger Eigenverbrauch

LITERATURHINWEISE

Baetge, J., Grundsätze ordnungsmäßiger Buchführung und Bilanzierung, in: Handwörterbuch des Rechnungswesens, 2. Aufl., Stuttgart 1981, Sp. 702-714

Eisele, W., Technik des betrieblichen Rechnungswesens, 2. Aufl., Wiesbaden 1985

Falterbaum, H./Beckmann, H., Buchführung und Bilanz, 12. Aufl., Achim 1987

Gabele,E./Sahm,B., Liquidas - Liquiditätsplanung mit LOTUS 1-2-3, Landsberg a.L. 1986

Heinen, E., Handelsbilanzen, 12. Aufl., Wiesbaden 1986

Heinen,E., Industriebetriebslehre, 7.Aufl., Wiesbaden 1983, S.640ff.

Horvath,P./Petsch,M./Weihe,M., Standard-Anwendungssoftware für die Finanzbuchhaltung und die Kosten- und Leistungsrechnung, 2. Aufl., München 1986

Leffson, Ulrich, Die Grundsätze ordnungsmäßiger Buchführung, 7. Aufl., Düsseldorf 1987

Mertens, P., Industrielle Datenverarbeitung, Band 1: Administrations- und Dispositionssysteme, 5. Aufl., Wiesbaden 1986

Mertens,P./Griese, J., Industrielle Datenverarbeitung, Band 2: Informations- und Planungssysteme, 5. Aufl., Wiesbaden 198

Schmalenbach, E., Der Kontenrahmen, Leipzig 1927

Sommer, M., Informatik - eine PC-orientierte Einführung, Hamburg/ New York 1987

Stahlknecht, P., Einführung in die Wirtschaftsinformatik, 3. Aufl., Berlin u.a. 1989

Wedell, H., Grundlagen des betriebswirtschaftlichen Rechnungswesens, 4. Aufl., Herne/Berlin 1986

Wente, K.W., Angewandte Informatik in der Betriebswirtschaft, Stuttgart 1980

VERZEICHNIS DER ABBILDUNGEN

VERZEICHNIS DER ABKÜRZUNGEN

a.o.	außerordentlich
AB	Anfangsbestand
Abb.	Abbildung
Abs.	Absatz
Abschr.	Abschreibungen
AfA	Absetzung für Abnutzung
AG	Aktiengesellschaft
AktG	Aktiengesetz
AO	Abgabenordnung
AP	Ausgeglichene Posten
ArbG	Arbeitgeber
ArbN	Arbeitnehmer
Aufl.	Auflage
AV	Anlagevermögen
BA	Bundesanzeiger
BÄ	Beständeänderungen
betr.	betrieblich(er)
bez.	bezüglich
BGA	Betriebs- und Geschäftsausstattung
BWA	Betriebswirtschaftliche Auswertung
d.h.	das heißt
EB	Endbestand
EBK	Eröffnungsbilanzkonto
EDV	Elektronische Datenverarbeitung
EK	Eigenkapital
EP	Einkaufspreis
EStDV	Einkommensteuer-Durchführungsverordnung
EStG	Einkommensteuergesetz
EStR	Einkommensteuer-Richtlinien
EWB	Einzelwertberichtigung
FE	Fertigerzeugnisse
ff.	folgende Seiten
FiBu	Finanzbuchführung
FP	Fuhrpark
gem.	gemäß
ggf.	gegebenenfalls
GKR	Gemeinschaftskontenrahmen der Industrie
GKV	Gesamtkostenverfahren
GmbH	Gesellschaft mit beschränkter Haftung
GmbHG	GmbH-Gesetz
GoB	Grundsätze ordnungsmäßiger Buchführung
GuV	Gewinn und Verlust (-Rechnung)

H	Haben
HGB	Handelsgesetzbuch
HR	Handelsregister
i.e.S.	im engeren Sinne
IKR	Industriekontenrahmen
kBit	Kilobit (1000 Bit)
KG	Kommanditgesellschaft
KZ	Kennzeichen
MBit	Megabit (1 Million Bit)
MwSt	Mehrwertsteuer
o.g.	oben genannt(e)
OHG	Offene Handelsgesellschaft
OP	Offene Posten
PC	Personal Computer
PROZ	Prozent
PWB	Pauschalwertberichtigung
RAP	Rechnungsabgrenzungsposten
RHB	Roh-, Hilfs- und Betriebsstoffe
S	Soll
s.	siehe
SBK	Schlußbilanzkonto
TDM	Tausend Deutsche Mark
u.a.	unter anderem
u.U.	unter Umständen
UFE	Unfertige Erzeugnisse
UKV	Umsatzkostenverfahren
UStG	Umsatzsteuergesetz
UV	Umlaufvermögen
vgl.	vergleiche
VP	Verkaufspreis
VSt	Vorsteuer
VWL	Vermögenswirksame Leistungen
WE	Wareneinkauf
WRG	Warenrohgewinn
WV	Warenverkauf
z.B.	zum Beispiel
z.T.	zum Teil

STICHWORTVERZEICHNIS